标准韩国语

第二册（第6版）

同步练习册

北京大学、复旦大学、对外经济贸易大学、
延边大学等25所大学《标准韩国语》教材编写组共同编写
安炳浩 张敏 总主编
杨磊 〔韩〕李宥承 编

图书在版编目(CIP)数据

标准韩国语第二册第6版同步练习册 / 安炳浩, 张敏总主编; 杨磊, (韩)李宥承编. —北京: 北京大学出版社, 2016.4
(标准韩国语丛书)
ISBN 978-7-301-27046-2

Ⅰ.①标⋯　Ⅱ.①安⋯②张⋯③杨⋯④李⋯　Ⅲ.①朝鲜语—习题集　Ⅳ.①H55-44

中国版本图书馆 CIP 数据核字(2016)第 074499 号

书　　　名	标准韩国语 第二册(第6版)同步练习册
	BIAOZHUN HANGUOYU DI-ER CE (DI-LIU BAN) TONGBU LIANXICE
著作责任者	安炳浩　张　敏　总主编　杨　磊　〔韩〕李宥承　编
责任编辑	张　冰　崔　虎
标准书号	ISBN 978-7-301-27046-2
出版发行	北京大学出版社
地　　　址	北京市海淀区成府路 205 号　100871
网　　　址	http://www.pup.cn　新浪微博: @北京大学出版社
电子信箱	zpup@pup.cn
电　　　话	邮购部 62752015　发行部 62750672　编辑部 62759634
印　刷　者	北京大学印刷厂
经　销　者	新华书店
	787 毫米×1092 毫米　16 开本　16.75 印张　338 千字
	2016 年 4 月第 1 版　2016 年 10 月第 2 次印刷
定　　　价	46.00 元(附 MP3 盘 1 张)

未经许可, 不得以任何方式复制或抄袭本书之部分或全部内容。
版权所有, 侵权必究
举报电话: 010-62752024　电子信箱: fd@pup.pku.edu.cn
图书如有印装质量问题, 请与出版部联系, 电话: 010-62756370

本书采用出版物版权追溯防伪凭证, 读者可通过手机下载 APP 扫描封底二维码, 或者登录互联网查询产品信息。

前　言

　　《标准韩国语》自出版以来，受到广大读者的欢迎。应读者的要求，我们组织编写了《标准韩国语同步练习册》，帮助韩国语学习者更好地掌握教材的内容，以达到事半功倍的效果。

　　本书是《标准韩国语》的配套读物，共三册。内容包括学习要点提示、扩展练习和习题答案。

　　学习要点提示将每课的教学内容进行全面的梳理和总结，对难点进行必要的提示，使学习者能更全面系统地巩固和掌握所学内容，对教师组织课堂教学也会有切实的帮助。

　　扩展练习是本书的重点。语言学习离不开练习，尤其是基础语言学习阶段，练习更是必不可少的。尽管教材中提供了一定数量的习题，但主要是配合相关语言点教学而设，远不能满足"在语言中学习语言"，在语言练习中培养、建立语感的需要。为此，我们精心编写了足够量的练习，内容包括教材讲授的知识并参照"韩国语水平考试"的相关要求有所深化，形式上采用与"韩国语能力考试"相同或接近的试题样式，从形式和内容两个方面向"韩国语水平考试"靠拢，以帮助学习者在将来的考试中取得理想的成绩。每个教学单元之后都附有"综合练习"一套，学习者可以以此检测自己本单元学习的效果。

　　为方便学习者，本书习题均附有答案（为方便教学，原附在教科书里的"参考答案"也移至《同步练习册》里），部分无标准答案的主观题尽可能提供参考答案或答题提示。

　　作为《标准韩国语》的配套辅助读物，本书全面反映教材的教学内容，并在此基础上有所拓展和延伸，为学习者语言学习的提高奠定坚实的基础。

目录 차례

第1课　紫禁城　자금성 ··· 1
第2课　预订　예약하기 ·· 12
第3课　将来计划　장래 계획 ··· 25
第4课　春节　설날 ·· 34
综合练习1　종합연습 1 ·· 42
第5课　游览万里长城　만리장성 구경하기 ······························· 46
第6课　道歉　사과하기 ·· 55
第7课　制订计划　계획 세우기 ·· 63
第8课　周口店　주구점 ·· 70
综合练习2　종합연습 2 ·· 79
第9课　人物介绍　인물소개 ·· 82
第10课　机场　공항 ·· 89
第11课　饮食，味道　음식, 맛 ·· 97
第12课　济州岛　제주도 ··· 112
综合练习3　종합연습 3 ·· 121
第13课　打电话2　전화하기 2 ··· 125
第14课　买东西2　물건 사기 2 ·· 136
第15课　颐和园　이화원 ··· 150
第16课　银行　은행 ··· 159
综合练习4　종합연습 4 ·· 166
第17课　美容院，理发店　미장원, 이발소 ····························· 170
第18课　金刚山　금강산 ··· 177
第19课　天坛　천단 ··· 187
第20课　暑假　여름 방학 ·· 193
综合练习5　종합연습 5 ·· 201
练习册答案 ·· 205
教科书答案 ·· 237

第1课 紫禁城 자금성

<핵심 사항>

중국 자금성의 역사를 살펴보고, 중국의 명승고적을 소개하는 표현 방법을 배운다.
-(으)ㄴ 적이 있다/없다
-아/어/여도
-(으)면 안 되다
-는/(으)ㄴ/(으)ㄹ 것 같다
-던

<발음 point>

1. 다음 용언의 활용형을 소리 나는 대로 읽어 보세요.

용언	품사	연결어미			종결어미		
		-고	-아/어/여서	-지만	과거	현재	미래
아니다	형	아니고	아니어서	아니지만	아니었다	아니다	아니겠다
같다	형	같고	같아서	같지만	같았다	같다	같겠다
지어지다	동	지어지고	지어져서	지어지지만	지어졌다	지어진다	지어지겠다
찍다	동	찍고	찍어서	찍지만	찍었다	찍는다	찍겠다
주다	동	주고	줘서	주지만	줬다	준다	주겠다

2. 다음 밑줄 친 부분의 발음에 유의하면서 소리 나는 대로 읽고 써 보세요.

1) <u>밖에</u> 나가서 <u>찍어</u> 드릴게요. [   ]
2) <u>1406년</u>부터 <u>1420년</u> 사이에 <u>지어졌습니다</u>. [   ]

<어휘 check>

1. 다음 <보기> 중에서 적당한 단어를 골라서 괄호 안에 써넣으세요.

<보기> 국가   느낌   등   도자기   목조건물
       예술품   채   아직   즉위식   일부
       시대   여

1) 12시가 지났는데 그 친구는 (   ) 연락이 없어요.
2) 그 걸그룹이 이번에 발표한 신곡은 (   )이 참 좋아요.
3) (   )마다 국기가 있습니다.
4) (   )는 흙을 구워서 만들기 때문에 바닥에 떨어지면 깨지기 쉬워요.
5) 아파트 한 (   ) 값이 그렇게 비싸요?
6) 우리 학교 창고는 나무로 지은 (   )입니다.
7) 서울에 있는 국립중앙박물관 전시실에 가면 여러 종류의 귀중한 (   )
   을 직접 볼 수 있어요.
8) 중국의 시성 두보는 어느 (   ) 사람입니까?
9) 교실 안에서 10(   ) 명의 학생들이 자습하고 있습니다.
10) (   ) 직원들은 이번 주부터 여름 휴가를 갈 것입니다.

2. 다음 왼쪽 단어와 관련이 없는 단어를 오른쪽 보기에서 찾으세요.

1) 궁궐   (ㄱ) 궁전   (ㄴ) 황궁   (ㄷ) 국궁   (ㄹ) 대궐   (ㅁ) 왕궁
2) 도자기   (ㄱ) 도기   (ㄴ) 자기   (ㄷ) 그릇   (ㄹ) 식기   (ㅁ) 돗자리
3) 꼭   (ㄱ) 반드시   (ㄴ) 성의껏   (ㄷ) 기어코   (ㄹ) 기어이   (ㅁ) 기필코
4) 황제   (ㄱ) 선비   (ㄴ) 임금   (ㄷ) 전하   (ㄹ) 과인   (ㅁ) 왕

3. 왼쪽과 뜻이 비슷한 단어를 오른쪽에서 찾아서 연결하세요.

1) 사용되다 ·   · 세워지다
2) 오래되다 ·   · 진열하다
3) 웅장하다 ·   · 쓰이다
4) 전시하다 ·   · 유구하다
5) 지어지다 ·   · 우람하다

<문법 point>

1. 다음 도표를 참고하여 밑줄 친 동사의 활용형을 만드세요.

결합 가능 품사	결합 조건		결합 양상
동사	개음절	과거	-ㄴ 적이 있었다/없었다
		현재	-ㄴ 적이 있다/없다
	폐음절	과거	-은 적이 있었다/없었다
		현재	-은 적이 있다/없다
동사, 형용사	양성모음	과거	-았던 적이 있었다/없었다
		현재	-았던 적이 있다/없다
	음성모음	과거	-었던 적이 있었다/없었다
		현재	-었던 적이 있다/없다
	하다	과거	-였던 적이 있었다/없었다
		현재	-였던 적이 있다/없다

1) 작년 여름에 나는 부모님과 함께 유럽 여행을 가다(　　　　　　).
2) 올 여름 휴가 때 제주도에서 생선회를 한 번 먹다(　　　　　　).
3) 나는 고등학교 2학년 겨울 방학 동안 책 열 권을 읽다(　　　　　　).
4) 공항에 늦게 도착해서 비행기를 못 타다(　　　　　　).
5) 용기가 없어서 여자친구에게 좋아한다고 고백하지 못하다(　　　　　　).

2. 다음 '-ㄴ(은)/는/ㄹ(을) 것 같다'의 활용형을 참고하여 물음에 답하세요.

결합 가능 품사	결합 조건		결합 양상		
	받침	시제	과거	현재	미래
동사	개음절	과거	-ㄴ 것 같았다	-는 것 같았다	-ㄹ 것 같았다
	폐음절		-은 것 같았다		-을 것 같았다
	개음절	현재	-ㄴ 것 같다	-는 것 같다	-ㄹ 것 같다
	폐음절		-은 것 같다		-을 것 같다
	개음절	미래	-ㄴ 것 같겠다	-는 것 같겠다	×
	폐음절		-은 것 같겠다		×

1) 다음 대화문에서 괄호 안에 넣을 활용형으로 적합하지 않은 것을 찾으세요.

   (1)
   가: 어제 야구 경기 봤어?
   나: 응, 정말 흥미진진했어. 너도 봤지?
   가: 그럼. 너무 재미있어서 1회초부터 9회말까지 너무 빨리 지나가다
      (   ).
   나: 우리 팀이 3:2로 이겨서 기분이 더 좋았어.
   (ㄱ) 지나가는 것 같았어   (ㄴ) 지나가는 것 같아
   (ㄷ) 지나간 것 같았어   (ㄹ) 지나간 것 같아

   (2)
   가: 이번 회사 노래자랑대회에서 누가 노래를 제일 잘 불렀습니까?
   나: 총무부 김형석 씨가 제일 잘 불러서 1등상을 탔습니다.
   가: 그럼 악기는 누가 제일 잘 연주했습니까?
   나: 영업부 직원들이 제일 잘 연주하다(   ).
   (ㄱ) 연주하는 것 같았습니다   (ㄴ) 연주한 것 같습니다
   (ㄷ) 연주한 것 같았습니다   (ㄹ) 연주할 것 같습니다

2) 다음 대화문에서 괄호 안에 넣을 활용형으로 적당한 것을 찾으세요.

   (1)
   가: 비가 너무 많이 오네요. 언제 비가 그치다(   )?
   나: 예, 내일쯤 비가 그친대요.
   가: 다행이네요. 농작물 피해가 없어야 할 텐데요.
   나: 남부지방에서 농작물 피해가 크게 났대요.
   (ㄱ) 그치는 것 같겠어요   (ㄴ) 그칠 것 같았어요
   (ㄷ) 그치는 것 같아요   (ㄹ) 그칠 것 같아요

   (2)
   가: 너 안색이 안 좋아 보이는데, 괜찮아?
   나: 입맛이 없어서 아침부터 아무것도 안 먹었더니 어지러워서 쓰러지다
      (   ).
   가: 여기 초콜릿 있는데 같이 먹자.
   나: 아니야. 고맙지만 지금은 매운 음식을 먹고 싶어.

(ㄱ) 쓰러질 것 같아   (ㄴ) 쓰러지는 것 같아
(ㄷ) 쓰러질 것 같겠어   (ㄹ) 쓰러진 것 같아

3. 다음 <보기>의 용법을 참고하여 각 대화문을 상황에 맞게 대답해 보세요.

<보기>

> 1) '-아/어/여도 되다/괜찮다/좋다/상관없다'와 부정형 '안 -아/어/여도 되다/괜찮다/좋다'에서 용언 어간이 양성모음일 때는 '-아도'와 결합하고, 음성모음일 때는 '-어도', '하다'용언일 때는 '-여도'와 결합한다. '안'을 이용한 부정문을 만들려면 '안 -아/어/여도'의 형태로 쓸 수 있다.
> 2) '-아/어/여도 되다/괜찮다/좋다/상관없다'는 허락의 상황에서 쓸 수 있고, '-(으)면 안 되다'는 금지의 상황에서 쓸 수 있다.

1) 이 서류를 한 부 복사해도 괜찮을까요?
   (허락) 예, 복사하셔도 됩니다.
   (금지) _____

2) 이쪽 출입문 옆에 벽보를 붙여도 됩니까?
   (허락) _____
   (금지) 아니요, 여기에 벽보를 붙이면 안 됩니다.

3) 이 옷이 마음에 드는데 입어봐도 될까요?
   (허락) 예, 입어보셔도 괜찮습니다.
   (금지) _____

4) 지금 제가 회의 중이니까 한 시간 후에 연락해도 괜찮겠습니까?
   (허락) 예, 그때 연락하셔도 좋습니다.
   (금지) _____

5) 이 쓰레기통에 음식물 쓰레기를 버려도 되나요?
   (허락) 응, 버려도 상관없어.
   (금지) _____

<이해와 표현>

1. 다음 문장을 중국어로 번역해 보세요.

1) 지난달 인천공항에서 만났던 김 과장님을 오늘 다시 사무실에서 만났어요.

2) 이 텔레비전은 절전 효과가 매우 뛰어나기 때문에 초절전형이라고도 합니다.

3) 이곳에 1,000년 전에 지어진 목조건물이 아직 남아있다니 정말 대단해요.

4) 이 유물은 송나라 시대 귀족들이 사용하던 도자기입니다.

5) 이번 주 목요일 회의 때 중요한 결정을 해야 하니까 한 명도 빠짐없이 전원 꼭 참석해 주세요.

6) 저희 회사 창립 30주년 기념식에 참석해 주신 여러분께 제가 이 회사의 대표로서 감사의 말씀을 드리겠습니다.

7) 미국에 계신 아는 분을 통해서 그분의 최근 소식을 들었어요.

8) 서울 근교에 4인 가족이 살 수 있는 집 한 채를 지으려면 건축비가 얼마나 들까요?

9) 이곳은 3년 전에 조성된 신도시이기 때문에 낡은 건물이 하나도 없어요.

10) 서울역사박물관에서는 수도 서울의 역사를 알 수 있는 다양한 유물을 상설 전시하고 있습니다.

2. 다음 <보기> 중에서 괄호 안에 들어갈 적당한 단어를 고른 후 한국어 독음으로 써넣으세요.

<보기> 最多/最少	最高/最低	最强/最弱
最初/最后	最大/最小	最长/最短
最新/最旧	最善/最恶	最上/最下

1) 현재 인간의 기술력으로 (   ) 몇 미터 높이까지 건축물을 지을 수 있습니까?
2) 이 행사를 준비하려면 (   ) 2천만 원의 경비가 필요해요.
3) 내일 아침 (   ) 기온은 영하 12도입니다.
4) 이 문제를 해결할 수 있는 (   )의 방법은 두 사람이 화해하는 것밖에 없다.
5) 국가대표 선수단은 시합을 앞두고 모두 (   )의 몸 상태를 유지하고 있다.

3. 다음 밑줄 친 용언을 '-아/어/여도 되다/괜찮다'와 결합한 활용형으로 바꿔 보세요.

1) 아파트 충계에서 <u>뛰다</u>(_____) 괜찮습니까?
2) 엄마, 1시간만 밖에서 <u>놀다</u>(_____) 돼요?
3) 선생님, 시험 볼 때 전자사전을 <u>사용하다</u>(_____) 됩니까?
4) 이 한약을 복용하는 동안 술을 <u>마시다</u>(_____) 괜찮습니까?
5) 이 사진 자료를 무료로 <u>다운로드하다</u>(_____) 됩니까?

4. 다음 <보기>의 단어 중에서 적당한 동사구를 골라서 밑줄 친 부분을 완성하세요.

<보기> 노래하다	큰 소리로 전화하다	싸우다
뛰다	바닥에 눕다	음식물을 먹다
사진을 찍다	담배를 피우다	술을 마시다

1) 지하철에서_____면 안 됩니다.
2) 음식점에서_____면 안 됩니다.
3) 영화관에서_____면 안 됩니다.
4) 사무실에서_____면 안 됩니다.
5) 박물관에서_____면 안 됩니다.

5. 다음 '-던'과 용언의 어간이 잘못 결합된 부분을 과거형, 현재형 두 가지 활용형으로 고치세요.

1) 강원도 춘천은 내가 열아홉 살까지 부모님과 함께 <u>사던</u>(_____ , _____) 고향이다.
2) 내가 요즘 자주 듣는 노래는 한국의 국민가수 조용필이 <u>부르었던</u>(_____ , _____) 90년대 유행가들이다.

3) 조양공원은 내가 친구들과 자주 걷던(　　　,　　　) 곳이다.
4) 그렇게 높으던(　　　,　　　) 초등학교 건물이 이제는 아주 낮아 보인다.
5) 어렸을 때 참 귀여우던(　　　,　　　) 아이가 성장해서 이젠 청년이 되었다.

6. 다음 <보기>처럼 '-품(品)'자로 끝나는 단어를 친구에게 물어보거나 사전, 인터넷에서 찾아서 짧은 글을 지으세요.

> <보기> 예술품 (艺术品)　　신제품 (新产品)　　중고품 (旧货)
> 　　　　작품 (作品)　　　　명품 (名品)　　　　진품 (正品)
> 　　　　생활용품 (生活用品)　애용품 (爱用品)

1) _____
2) _____
3) _____
4) _____
5) _____

7. 다음 문장을 읽고 물음에 답하세요.

> 　중국을 여행하는 가장 큰 즐거움은 보는 맛과 먹는 맛에 있다. 특히 고대 중국 문명은 세계 4대 문명 발상지 중 한 곳이었다. 유구한 역사 속에서 곳곳에 꽃핀 웅장한 명승고적을 감상하면서 온갖 산해진미를 맛보는 즐거움은 중국 여행의 백미라고 할 만하다. 이 중에서 명청 시대 황궁이었던 베이징의 자금성은 중국 문화의 정수를 한눈에 확인할 수 있는 귀중한 인류의 문화유산이다.

1) 여러분 고향에는 어떤 명승고적이 있는지 한 곳만 소개해 보세요.

2) 여러분 고향의 명승고적과 관련 있는 역사 인물을 소개해 보세요.

3) 베이징 자금성과 관련 있는 이야기를 한 가지씩 소개해 보세요.

<속담>

1. 다음 대화문 중에서 '가까운 이웃이 먼 친척보다 낫다'라는 속담을 잘못 사용한 예를 찾아 보세요.

1)
가: 지난 주말에 저희 경민이 돌잔치에 와 주셔서 정말 고마웠어요.
나: 뭘요, 참 재미있었어요. 나중에 아이를 데리고 저희 집에 한번 놀러 오세요. 저희 아이는 이제 16개월 됐어요.
가: 그러세요? 저희는 친척 중에 어린 애가 있는 집이 없어서 경민이가 온종일 엄마랑 놀아요.
나: 저희도 그래요. 가까운 이웃이 먼 친척보다 낫다는데 아이들끼리 함께 놀면 좋겠네요.

2)
가: 날씨가 너무 추워서 밖에 나가고 싶지 않아요.
나: 그래도 밖에 나가서 햇볕도 쬐고 좀 걷는 게 좋겠어요.
가: 저는 여기에 있을 테니 혼자 다녀오세요.
나: 가까운 이웃이 먼 친척보다 낫다는데 그럼 저 혼자 다녀올게요.

3)
가: 어제 옆집 아주머니와 동대문시장에 가서 옷을 좀 샀어요.
나: 요즘 두 분이 자주 같이 다니시네요.
가: 예, 정말 그래요. 함께 다니니까 얘기도 나눌 수 있어서 더 재미있고 덜 힘들어요.
나: 가까운 이웃이 먼 친척보다 낫다더니 친자매처럼 보여요.

<보충 단어>

국기	(名)	国旗
깨지다	(动)	打碎
창고	(名)	仓库
국립중앙박물관	(名)	国立中央博物馆
귀중하다	(形)	贵重的

시성	(名)	诗圣
두보	(人名)	杜甫
식기	(名)	碗碟
돗자리	(名)	席子
선비	(名)	儒士
과인	(名)	寡人
유럽	(名)	欧洲
생선회	(名)	生鱼片
용기	(名)	勇气
흥미진진하다	(形)	津津有味地
팀	(名)	团队
벽보	(名)	墙报
음식물 쓰레기	(名)	厨余垃圾
절전 효과	(名)	节能效果
초절전형	(名)	超节能
귀족	(名)	贵族
서울역사박물관	(建筑)	首尔历史博物馆
기술력	(名)	技术水平
건축물	(名)	建筑物
경비	(名)	经费
기온	(名)	气温
영하	(名)	零下
화해하다	(动)	和解
선수단	(名)	选手队
층계	(名)	楼梯
전자사전	(名)	电子词典
한약	(名)	中药，韩药
무료	(名)	免费
다운로드하다	(动)	下载
강원도	(地名)	江原道
국민가수	(名)	国民歌手
조용필	(人名)	赵容弼
조양공원	(名)	朝阳公园

성장하다	（动）	成长，长大
중고품	（名）	旧货
진품	（名）	正品
생활용품	（名）	生活用品
애용품	（名）	爱用品（特别喜欢用的物品）
산해진미	（名）	山珍海味
백미	（名）	白眉（比喻最出色）
정수	（名）	精华
쬐다	（动）	晒
친자매	（名）	亲姐妹

第2课 预订 예약하기

<핵심 사항>

예약할 때 필요한 필수 단어와 문형을 이용하여 한국어로 장소와 시간을 예약하는 표현 방법을 배운다.
- -때
- -(으)니까
- -(으)ㄹ 수 있다/없다
- -밖에 없다/안 (하다)/못 (하다)/모르다
- -거나

<발음 point>

1. 다음 용언의 활용형을 소리 나는 대로 써 보세요.

용언	품사	연결어미			종결어미		
		-고	-아/어/여서	-지만	과거	현재	미래
매진되다	동	매진되고	매진되어서	매진되지만	매진되었다	매진된다	매진되겠다
들르다	동	들르고	들러서	들르지만	들렀다	들른다	들르겠다
싸다	형	싸고	싸서	싸지만	쌌다	싸다	싸겠다
돌아오다	동	돌아오고	돌아와서	돌아오지만	돌아왔다	돌아온다	돌아오겠다
괜찮다	형	괜찮고	괜찮아서	괜찮지만	괜찮았다	괜찮다	괜찮겠다

2. 다음 밑줄 친 부분의 발음에 유의하면서 소리 나는 대로 읽고 써 보세요.

1) 왕복으로 예매할게요. [   ]
2) 몇 분께서 숙박하실 예정이십니까? [   ]

〈어휘 check〉

1. 다음 〈보기〉의 단어를 골라서 문장을 완성하세요.

〈보기〉 5성 호텔	별도	별수없이	안내 책자	편도
가능하면	여행사	KTX	홈페이지	주말
항공사	왕복	서비스	다행히	매우

1) (　　　　) 두 분이 함께 오시면 좋겠어요.
2) (　　　　)이 시설은 제일 좋지만 숙박비가 좀 비싸니까 다른 호텔을 이용하는 게 좋을 것 같아요.
3) 5일 동안 이렇게 여러 관광지를 들르려면 (　　　　) 힘들 텐데.
4) (　　　　)표를 사고 싶었지만 성수기라서 지금은 (　　　　)표만 구할 수 있었어요.
5) 비자를 신청하려고 하는데 이 근처에 (　　　　)가 있으면 전화번호를 좀 가르쳐 주세요.
6) 외국인 관광객을 위하여 한국의 역사와 문화를 소개하는 작은 (　　　　)를 만들어야 해요.
7) 서울에서 (　　　　) 열차를 타면 세 시간도 안 걸려서 부산에 도착할 수 있어요.
8) 이번 한 주일 동안 날씨가 안 좋아서 (　　　　)에만 일하고 5일을 쉬었어요.
9) 그밖에 궁금하신 점이 있으면 저희 회사 (　　　　)를 방문해 주시기 바랍니다.
10) 탑승일을 변경하시려면 저희 (　　　　) 상담원에게 전화로 신청하시기 바랍니다.

2. 다음 〈보기〉의 단어를 적당한 활용형으로 만들어서 문장을 완성하세요.

〈보기〉 구하다	들르다	매진되다	문의하다
번거롭다	예매하다	예약이 되다	예약하다
취소하다	편리하다	포기하다	

1) 오늘 오후 6시 입장권은 이미 전석이 다 (　　　　　).
2) 제가 어제 저녁에 오늘 오후 4시 30분 탑승권 2장을 샀는데 갈 수 없습니다. (　　　　　)?
3) 고객님께서 직접 저희 회사 매장까지 오지 않으셔도 됩니다. 인터넷으로 (　　　　　) 물건을 주문하실 수 있습니다.
4) 오늘 수업 끝나면 잠깐 나랑 서점에 (　　　　　) 신간서적 한 권만 사자.
5) 내일 뮤지컬 공연 입장권은 이미 다 팔려서 (　　　　　).
6) 손님, (　　　　　) 핸드폰 번호를 말씀해 주시기 바랍니다.
7) (　　　　　) 번호는 없는 번호이니 다시 확인하시고 걸어주시기 바랍니다.
8) 전화로 물건을 주문하려고 했는데 계속 통화 중이어서 (　　　　　) 내일 직접 매장에 가서 살 거예요.
9) 30명의 단체 해외관광객을 안내하는 것은 매우 (　　　　　) 보람있는 일이에요.
10) 인터넷으로 입장권을 (　　　　　) 어떻게 해야 합니까?

<문법 point>

1. 다음 "-ㄹ(을) 때"의 용법을 참고하여 밑줄 친 부분을 고치세요.

결합 가능 품사	결합 조건			결합 양상
대명사, 명사, 수사	개음절	동작 완료		-였을 때
		동작 순간		-일 때
	폐음절	동작 완료		-이었을 때
		동작 순간		-일 때
동사, 형용사	양성모음	동작 완료		-았을 때
		동작 순간	개음절	-ㄹ 때
			폐음절	-을 때
	음성모음	동작 완료		-었을 때
		동작 순간	개음절	-ㄹ 때
			폐음절	-을 때
	하다	동작 완료		-였을 때
		동작 순간		-ㄹ 때

1) 나는 10살<u>이다</u>. 동생은 7살이었다.

2) 저녁에 집에 <u>돌아간다</u>. 이 책을 가지고 갈 것이다.

3) 내가 석간신문의 1면을 다 <u>읽었다</u>. 아버지가 집에 돌아오셨다.

4) 뒷동산에 예쁜 꽃이 <u>피었다</u>. 봄비가 내리기 시작했다.

5) 용돈이 다 <u>떨어졌다</u>. 다른 아르바이트가 생겼다.

6) 12시부터 2시까지 음식점에 손님이 가장 <u>많아요</u>. 종업원들이 가장 바빠요.

7) 1년 중에서 낮과 밤의 길이가 가장 <u>길다</u>. 하지와 동지이다.

8) 아이가 생후 4개월이 <u>되었다</u>. 가장 예쁘고 귀엽다.

9) 하루 중에서 가장 <u>덥다</u>. 나는 냉수를 마시거나 샤워를 한다.

10) 2년 전에 4년제 대학을 <u>졸업했다</u>. 취직하기 어려웠다.

2. 다음 "-(으)니까"의 용법을 참고하여 밑줄 친 용언을 고치세요.

결합 가능 품사	결합 조건		결합 양상
대명사, 명사, 수사	개음절	과거	-였으니까
	폐음절		-이었으니까
	개음절	현재	-니까
	폐음절		-이니까
		미래	-일 것이니까
동사, 형용사	양성모음	과거	-았으니까
	음성모음		-었으니까
	하다		-였으니까
	개음절	현재	-니까
	폐음절		-으니까
	개음절	미래	-ㄹ 것이니까
	폐음절		-을 것이니까

1) 머리를 감다(　　　　　) 다 마를 때까지 밖에 나가지 마라.
2) 목이 마르다(　　　　　) 우선 냉수부터 한 잔 마시겠어요.
3) 충치 치료를 할 때 별로 안 아프다(　　　　　) 너무 무서워하지 마.
4) 열심히 한국어능력시험을 준비하다(　　　　　) 좋은 성적을 받을 수 있을 거야.
5) 지금은 너무 힘들다(　　　　　) 조금 쉬고 다시 시작합시다.

3. 다음 "-ㄹ(을) 수 있다/없다"의 용법을 참고하여 물음에 답하세요.

결합 가능 품사	결합 조건		결합 양상
명사, 대명사, 수사	과거		-일 수 있었다/없었다
	현재		-일 수 있다/없다
	미래		-일 수 있겠다/없겠다
동사, 형용사	개음절	과거	-ㄹ 수 있었다/없었다
	폐음절		-을 수 있었다/없었다
	개음절	현재	-ㄹ 수 있다/없다
	폐음절		-을 수 있다/없다
	개음절	미래	-ㄹ 수 있겠다/없겠다
	폐음절		-을 수 있겠다/없겠다

1) 중국 전통 악기를 연주할 수 있습니까?

2) 한 달 동안 유치원에 가서 다섯 살 미만의 어린아이를 온종일 돌보는 자원봉사 활동을 할 수 있겠습니까?

3) 자전거를 타고 친구들과 함께 전국 일주 여행을 할 수 있겠습니까?

4) 친구와 말다툼을 한 후에 먼저 사과할 수 있습니까?

5) 매운 음식을 잘 먹을 수 있습니까?

4. 다음 "-밖에 없다"를 이용하여 대화문을 완성하세요.

1) 가: 꽃가게에 장미꽃이 아직 많이 남았습니까?
   나: 아니요, (   )

2) 가: 아주머니, 삼겹살 5인분만 더 주세요.
   나: 어떡하지? (   )

3) 가: 여기 식품매장에 있는 것보다 더 큰 오렌지 있어요?
   나: (   )

4) 가: 왼손잡이용 야구 글러브 있어요?
   나: 잠깐만요, (   )

5) 가: 지금 지갑에 현금이 얼마 있어요?
   나: (   )

5. 다음 "-거나"의 용법을 참고하여 문장을 완성하세요.

결합 가능 품사	결합 조건		결합 양상
대명사, 명사, 수사	개음절	과거	-였거나
		현재	-거나
	폐음절	과거	-이었거나
		현재	-이거나
동사, 형용사	양성모음	과거	-았거나
	음성모음		-었거나
	하다 용언		-였거나
		현재	-거나

1) 가: 이번 주말에 뭘 할 거예요?
   나: (테니스 치다, 바둑을 두다)_____

2) 가: 언제 미국 유학을 갈 거예요?
　　나: (내년 2월 초에 가다, 내년 8월 말에 가다)_____

3) 가: 이렇게 운동을 많이 한 날에는 갈증이 나지 않아요?
　　나: (과일을 먹다, 물을 마시다)_____

4) 가: 여기에서 집까지 어떻게 가야 해요?
　　나: (버스를 타다, 지하철을 타다)_____

5) 가: 대학에서 어떤 분야를 전공하고 싶어요?
　　나: (언론정보학을 전공하다, 역사학을 전공하다)_____

〈이해와 표현〉

1. 한국 전국 지도에서 도별로 '-주(州)'로 끝나는 지명에 어떤 명소가 있는지 인터넷으로 조사해 보세요.

도명	도시명	명소
경기도	廣州(광주), 驪州(여주), 坡州(파주), 楊州(양주), 南楊州(남양주)	
충청남도	公州(공주)	
충청북도	淸州(청주), 忠州(충주)	
강원도	原州(원주)	
경상남도	晉州(진주)	
경상북도	慶州(경주), 尙州(상주), 榮州(영주), 星州(성주)	
전라남도	光州(광주), 羅州(나주)	
전라북도	全州(전주), 完州(완주), 升州(승주)	
제주도	濟州(제주)	

2. 다음 문장을 중국어로 번역해 보세요.

1) 이따 수업 끝나고 슈퍼에 잠깐 들렀다 집에 가자.

2) 자전거 사고가 났지만 다행히 크게 다치지 않았다.

3) 이렇게 좋은 날에 함께 축배를 들면 좋겠어요.

4) 기상 정보는 국번 없이 131번에서 확인해 주세요.

5) 이 갈빗집은 서비스가 참 좋은 편이에요.

6) 지갑에 2,500원밖에 없어서 귤을 조금밖에 살 수 없다.

7) 요즘 성수기니까 비행기 좌석을 미리 예매하는 게 좋겠어요.

8) 예약 확인을 하시려면 저희 회사 홈페이지를 이용해 주십시오.

9) 이번에 서울에 가면 강남에 있는 5성급 호텔에서 묵게 될 것입니다.

10) 지하철 안내 센터에 가시면 서울 시내 관광 안내 책자를 무료로 받으실 수 있습니다.

3. 다음 단어를 서로 연결하여 짧은 글을 지으세요.

KTX	표를 예매하다
지하철	차비를 내다
택시	승강장에서 기다리다
비행기	공항에 가다
관광버스	자리를 예약하다
서울 시티투어 버스	서울의 명소를 구경하다

_____
_____
_____
_____
_____

4. 다음 관련 있는 내용을 연결하여 문장을 만드세요.

1) 콩나물국이 뜨겁다　　　　　기다리다
2) 안개가 끼다　　　　　　　　못 가다
3) 소나기가 오다　　　　　　　운전을 조심하다
4) 독감에 걸리다　　　　　　　예약을 취소하다
5) 지하철역 근처에 살다　　　　교통이 편리하다

_____
_____
_____
_____
_____

5. 다음 문장의 괄호 안에 적당한 단어를 써넣으세요.

1) 왕복 표가 10,000원이면 (　　　) 표는 반값입니까?
2) 오늘이 벌써 15일 금요일이니까 이번 주 일요일까지 (　　　)밖에 시간이 없다.
3) 입장권 가격에 놀이기구 이용료는 포함되어 있지 않습니다. (　　　)로 구입해야 합니다.
4) 이번 달 말까지 비행기 티켓이 모두 (　　　)되었습니다.
5) 인터넷에서 비행기표를 어렵게 (　　　)했습니다.
6) (　　　)는 신라시대의 수도이며 중심 도시였다.
7) (　　　) 내일 오전 10시까지 꼭 오세요.

6. 다음 밑줄 친 용언을 '-(으)ㄹ 때'를 이용하여 바꿔 보세요.

1) 내 동생은 중학교에 <u>다니다</u>(　　　　　) 공부보다 운동을 잘했어요.
2) 나는 대학교 3학년 <u>이었다</u>(　　　　　) 몸이 아파서 입원한 적이 있다.

3) 누구나 힘들다(　　　　　) 부모님이 보고 싶다.
4) 누나가 결혼하다(　　　　　) 어머니께서 섭섭해서 우셨어요.
5) 등산로에 꽃이 피다(　　　　　) 사진을 찍고 싶어요.

7. 다음 문장을 읽고 물음에 답하세요.

> 　다음주 토요일은 아버지 생신이다. 작년에는 집에서 어머니가 모든 음식을 준비하셨지만 올해는 집 근처 한식집에서 외식을 하기로 했다. 우리 가족 모두 찬성이었다. 지방에서 직장 생활을 하는 막내 동생도 이번 주말에는 서울에 올라와서 가족들과 함께 시간을 보내겠다고 했다. 토요일이라서 자리가 없을까 봐 내가 어제 오후에 다섯 식구 자리를 예약하려고 음식점에 전화를 했다. 내가 전화를 걸었을 때 여종업원이 전화를 받았는데 참 친절했다. 종업원은 토요일 저녁 6시 30분에 빈방이 있다고 알려주었다. 그래서 그 시간으로 정하고 나는 종업원에게 전화번호를 알려주었다. 외식을 하고 집에 돌아와 차를 마시면서 생신축하 케이크를 먹을 것이다.

1) 여러분은 가족들과 언제 외식을 합니까?

2) 여러분은 친구들과 언제 외식을 합니까?

3) 외식할 때 주로 어떤 음식을 먹습니까?

4) 예약을 안 하고 유명 음식점에 갔는데 자리가 없으면 어떻게 합니까?

5) 자리를 예약할 때 음식도 같이 주문해야 합니까?

<속담>

1. 다음 속담의 뜻을 설명해 보세요.

아니 땐 굴뚝에 연기 나랴?

_____

_____

2. 위 속담과 같은 상황에서 쓸 수 있는 속담을 찾아 보세요.

1) 콩 심은 데 콩 나고, 팥 심은 데 팥 난다.
2) 돌다리도 두드려보고 건너라.
3) 열 손가락을 깨물어 안 아픈 손가락이 없다.
4) 밑져야 본전.

<보충 단어>

숙박비	（名）	住宿费
관광지	（名）	观光景点
성수기	（名）	旺季
비자	（名）	签证
상담원	（名）	顾问
전석	（名）	全部座席
고객님	（名）	顾客
신간서적	（名）	新书
뮤지컬 공연	（名）	歌剧演出
보람있다	（词组）	有意义的
석간신문	（名）	晚报
뒷동산	（名）	后山
용돈	（名）	零花钱
동지	（名）	冬至
생후	（名）	出生以来

第2课 预订

샤워	(动)	淋浴
충치	(名)	龋齿，虫牙
한국어능력시험	(名)	韩国语能力考试
연주하다	(动)	演奏
유치원	(名)	幼儿园
미만	(名)	未满
자원봉사 활동	(名)	志愿者活动
전국 일주 여행	(名)	全国一周游
말다툼	(动)	吵架，拌嘴
꽃가게	(名)	花店
장미꽃	(名)	蔷薇花
아주머니	(名)	大嫂，大妈
식품매장	(名)	食品卖场
왼손잡이용	(名)	左撇子专用，左手用
야구 글러브	(名)	棒球手套
지갑	(名)	钱包
현금	(名)	现金
바둑을 두다	(词组)	下围棋
갈증이 나다	(词组)	口渴
언론정보학	(名)	新闻传播学
분야	(名)	领域
역사학	(名)	历史学
승강장	(名)	车站
시티투어 버스	(名)	城市观光巴士
명소	(名)	名胜
콩나물국	(名)	豆芽汤
소나기	(名)	骤雨，阵雨
독감	(名)	流感
신라시대	(名)	新罗时代
입원하다	(动)	住院
섭섭하다	(形)	遗憾
등산로	(名)	山路
한식집	(名)	韩餐厅

외식	(名)	在外就餐
찬성	(名)	赞成
여종업원	(名)	女服务员
친절하다	(形)	亲切
빈방	(名)	空房，（空）包间
케이크	(名)	蛋糕

第3课 将来计划 장래 계획

<핵심 사항>

나의 장래 계획을 표현하는 방법을 배운다.
- -이/가 되다
- -아/어/여지다
- -(으)면 좋겠다
- -(으)ㄹ까 (생각하다)
- -처럼, -같이

<발음 point>

1. 다음 용언의 활용형을 소리 나는 대로 읽어 보세요.

용언	품사	연결어미			종결어미		
		-고	-아/어/여서	-지만	과거	현재	미래
바뀌다	동	바뀌고	바뀌어서	바뀌지만	바뀌었다	바뀐다	바뀌겠다
어울리다	동	어울리고	어울려서	어울리지만	어울렸다	어울린다	어울리겠다
어렵다	형	어렵고	어려워서	어렵지만	어려웠다	어렵다	어렵겠다

2. 다음 밑줄 친 부분의 발음에 유의하면서 소리 나는 대로 읽고 써 보세요.

1) <u>창조적인 일이</u> 제 <u>적성에</u> 제일 잘 <u>맞는 것 같아요</u>.
   [   ]

2) 이정우 씨 <u>집은 경제적으로</u> 그리 <u>넉넉하지 않습니다</u>.
   [   ]

<어휘 check>

1. 다음 <보기>에서 적당한 단어를 골라서 괄호 안에 써넣으세요.

<보기> 과학자   경쟁률   성격   기자
      광고회사   드라마   적성   학기

1) 우리 사무실의 김호준 씨는 (   )이 참 좋아요.
2) 지난 (   )에는 전공 수업이 많아서 수업을 듣느라고 바빴어요.
3) 저는 대학을 졸업하면 신문사 (   )가 되고 싶어요.
4) 저는 제 (   )에 맞춰서 경영학과에 지원하겠어요.
5) 대기업 입사 시험의 (   )이 저렇게 높은데 합격할 수 있을까요?

2. 다음 <보기>에서 적당한 연결형 어미를 골라서 밑줄 친 용언과 결합하여 문장을 완성하세요.

<보기> -(으)려면   -아/어/여서   -지만   -고
        -면   -(으)려고   -니까

1) 계절이 바뀌다 (   ) 아침 저녁으로 날씨가 쌀쌀해졌어요.
2) 은행에 취직하다 (   ) 어떤 공부를 해야 합니까?
3) 작년 12월에 제대하다 (   ) 올해 3월에 다시 복학했습니다.
4) 3학년까지 학업을 마치고 군대에 가다 (   ) 이미 신체검사를 받았어요.
5) 음식은 넉넉하다 (   ) 손님들이 앉을 자리가 부족해요.
6) 넌 활동적이다 (   ) 영업직에 종사하는 게 좋겠어.

3. 다음 동사 '맞다'의 용법 중에서 '어울리다'의 뜻으로 쓰인 예문을 고르세요.

(1) 이 문제의 정답이 3번 맞습니까?
(2) 맞아, 나도 그렇게 생각해.
(3) 이 생선매운탕이 난 너무 매운데 네 입맛에는 맞아?
(4) 그 회색 양복이 당신에게 잘 맞아요.

4. 다음 <보기>에서 접미사 -자(者), -가(家), -인(人), -원(員), -사(師), -사(士), -사(事), -장(長), -관(官)을 결합해서 만든 자격, 직무, 직책과 관련 있는 단어를 참고하여 인터넷으로 더 찾아 보세요.

관련 접미사	관련 어휘	내가 찾은 직업 관련 어휘
-자 (者)	교육자, 연구자, 학자, 과학자, 연주자	
-가 (家)	예술가, 미술가, 비평가, 소설가, 작가	
-인 (人)	시인, 예술인, 출판인, 손해사정인, 관리인	
-원 (員)	연구원, 판매원, 종업원, 점원, 환경미화원	
-사 (師)	의사, 간호사, 약사, 교사, 요리사	
-사 (士)	정비사, 영양사, 회계사, 변호사, 변리사	
-사 (事)	도지사, 이사, 판사, 검사, 주사	
-장 (長)	원장, 소장, 교장, 학장, 총장	
-관 (官)	서기관, 참사관, 사무관, 비서관, 경찰관	

5. 다음 용례와 같이 한자어 명사에 접미사 '-적(的)'을 결합해서 단어를 만들어 보세요.

결합 양상	결합 용례	내가 찾은 용례
받침 없음	기계적, 종교적, 지리적	
ㄱ+적[쩍]	소극적, 적극적, 도덕적	
ㄴ+적	자연적, 인간적, 발전적	
ㄹ+적[쩍]	도발적, 저돌적, 기술적	
ㅁ+적	양심적, 심적[심쩍]	
ㅂ+적[쩍]	종합적, 합법적, 법적	
ㅇ+적	교양적, 추상적, 환상적	

<문법 point>

1. 다음 형용사를 '아/어/여지다'와 결합하여 조건에 맞게 활용형을 만들어 보세요.

용언 기본형	격식체 현재		비격식체 과거	
	높임	낮춤	높임	낮춤
예쁘다	예뻐집니다	1)	예뻐졌어요	2)
가깝다	3)	가까워진다	4)	가까워졌어
좋다	좋아집니다	5)	6)	좋아졌어
길다	길어집니다	7)	길어졌어요	8)
귀찮다	귀찮아집니다	귀찮아진다	9)	10)
느리다	11)	느려진다	느려졌어요	12)

2. 다음 '-아/어/여지다'의 용법을 참고하여 밑줄 친 용언을 바꿔 보세요.

결합 가능 품사	결합 조건		결합 양상
형용사	양성모음	과거	-아졌다
		현재	-아진다
		미래	-아지겠다
	음성모음	과거	-어졌다
		현재	-어진다
		미래	-어지겠다
	하다	과거	-여졌다
		현재	-여진다
		미래	-여지겠다

1) 가: 영화를 보고 마음이 편해졌어요?

　　나: 아니요, 오히려 마음이 <u>우울하다</u>(　　　　　).

2) 가: 아직까지 배가 아프면 병원에 가 보세요.

　　나: 소화제를 먹어서 속이 <u>괜찮다</u>(　　　　　).

3) 가: 요즘 그곳은 날씨가 어때요?
나: 어젯밤에 비가 오더니 오늘 아침부터 날씨가 갑자기 <u>춥다</u>(　　　).

4) 가: 왜 그렇게 얼굴이 홍당무처럼 빨개요?
나: 너무 부끄러워서 얼굴이 <u>빨갛다</u>(　　　).

5) 가: 지난번에 만났을 때보다 더 건강해 보이네요.
나: 요새 뱃살을 많이 빼서 몸이 훨씬 <u>가볍다</u>(　　　).

<이해와 표현>

1. 다음 문장을 중국어로 번역해 보세요.

1) 난 이번 한국어 읽기 시험에서 두 문제 틀렸어. 너는 다 맞았니?

2) 제가 만든 이 해산물 요리가 입에 맞아요?

3) 인기 연예인이 차에서 내리니까 사람들이 구름처럼 모여들었다.

4) 조만간 병무청에서 입영통지서가 올 겁니다.

5) 꿈이 없는 젊은이는 희망이 없는 사람이에요.

6) 이번 방학 동안 많이 먹고 운동을 안 해서 몸은 뚱뚱해지고 옷은 작아졌어요.

7) 김포공항에 가려면 여기서 버스를 타거나 지하철을 타면 돼요.

8) 복사용지가 필요해서 오후에 집 근처 문구점에 사러 갈까 해요.

9) 내 방은 오전 내내 청소를 했어도 왜 깨끗해지지 않을까요?

10) 나도 너처럼 운동을 잘했으면 좋겠다.

2. 다음 '-(으)ㄹ까 하다'를 활용하여 괄호 안의 단어를 써서 물음에 답하세요.

1) 가: 언제 고향에 돌아가려고 합니까?
   나: (겨울 방학)_____

2) 가: 점심을 언제 먹을 거예요?
   나: (1시간 후)_____

3) 가: 언제 방을 청소하려고 합니까?
   나: (숙제를 끝낸 후)_____

4) 가: 언제 결혼할 예정입니까?
   나: (3년 후쯤)_____

5) 가: 언제 운전을 배울 거야?
   나: (대학을 졸업하기 전)_____

3. 다음 문장을 '-(으)면 좋겠다'를 써서 바꿔 보세요.

1) 이번 여름 방학에 학교 근처로 이사 가다.

2) 다음 학기부터 영어를 배우다.

3) 장사를 해서 돈을 많이 벌다.

4) 기말 시험에서 1등을 하다.

5) 시원한 아이스크림을 먹다.

4. 다음 문장을 읽고 물음에 답하세요.

> 오늘은 제가 대학을 졸업하는 날입니다. 오전에 부모님을 모시고 졸업식에 참석했습니다. 지난 4년 동안 저는 미래를 위해 여러 분야를 열심히 공부했습니다. 저는 장래에 회사를 운영하는 최고 경영자가 되고 싶은 꿈이 있기 때문에 그동안 경제학, 경영학 책을 많이 봤습니다. 앞으로 저는 무역회사에 입사해서 열심히 일을 배우겠습니다. 그리고 세계적으로 유명한 기업의 경영자들처럼 전문 경영인이 되겠습니다. 그래서 저는 열

심히 미래를 위해 노력하겠다고 결심했습니다. 제 꿈이 꼭 이루어졌으면 좋겠습니다.

1) 여러분은 앞으로 어떤 일을 하고 싶습니까?

2) 여러분은 그 일을 하기 위해 지금 무엇을 준비하고 있습니까?

3) 여러분은 외국어, 경제 지식, 체력, 대인 관계 등 모든 방면에서 미래를 체계적으로 준비하고 있습니까?

4) 왜 그 일을 하고 싶은지 이유를 설명해 보세요.

〈속담〉

1. 다음 속담의 뜻과 비슷한 속담을 고르세요.

서울에서 김서방 찾기.
1) 이왕이면 다홍치마.   2) 등잔 밑이 어둡다.
3) 모래 속에서 바늘 찾기.   4) 장삼이사.

2. 위 속담으로 대화문을 만들어 보세요.

가: _____
나: _____
가: _____
나: _____
가: _____
나: _____

<보충 단어>

사무실	（名）	办公室
경영학과	（名）	经管系
지원하다	（动）	支援
대기업	（名）	大企业
쌀쌀해지다	（动）	变凉
복학하다	（动）	复学
신체검사	（名）	体检
영업직	（名）	营业部门
종사하다	（动）	从事
회색	（名）	灰色
교육자	（名）	教育工作者
연구자	（名）	科研工作者
학자	（名）	学者
과학자	（名）	科学家
연주자	（名）	演奏家
예술가	（名）	艺术家
미술가	（名）	美术家
비평가	（名）	批评家，评论家
소설가	（名）	小说家
작가	（名）	作家
시인	（名）	诗人
예술인	（名）	文艺工作者
출판인	（名）	出版人
손해사정인	（名）	定损员
관리인	（名）	管理员
연구원	（名）	研究员
판매원	（名）	售货员
종업원	（名）	职工，员工
점원	（名）	店员
환경미화원	（名）	清洁工

의사	（名）	医生
간호사	（名）	护士
약사	（名）	药剂师
교사	（名）	教师
요리사	（名）	厨师
정비사	（名）	机器修理工
영양사	（名）	营养师
회계사	（名）	会计师
변호사	（名）	律师
변리사	（名）	专利代理人，专利律师
도지사	（名）	道知事（相当于中国的省长）
이사	（名）	理事
판사	（名）	审判员
검사	（名）	检察官
주사	（名）	主事，老爷
원장	（名）	院长
소장	（名）	所长
교장	（名）	校长
서기관	（名）	秘书
참사관	（名）	参赞
사무관	（名）	事务长
비서관	（名）	秘书
경찰관	（名）	警官
기계적	（名、冠）	机械化
종교적	（名、冠）	宗教化
지리적	（名、冠）	地理性
소극적	（名、冠）	消极
도덕적	（名、冠）	道德化
자연적	（名、冠）	自然
도발적	（名、冠）	挑动（性）
소화제	（名）	消化剂
홍당무	（名）	胡萝卜
뱃살	（名）	肚皮

第4课 春节 설날

<핵심 사항>

> 전통 명절의 풍속과 표현법을 배운다.
> -(으)면서
> -을/를 위해서, -기 위해서
> -아/어/여야(만)
> -때문에/-기 때문에
> -에서/-중에서

<발음 point>

1. 다음 용언의 활용형을 소리 나는 대로 읽어 보세요.

용언	품사	연결어미			종결어미		
		-고	-아/어/여서	-지만	과거	현재	미래
맞추다	동	맞추고	맞춰서	맞추지만	맞췄다	맞춘다	맞추겠다
같다	형	같고	같아서	같지만	같았다	같다	같겠다
모이다	동	모이고	모여서	모이지만	모였다	모인다	모이겠다
끝나다	동	끝나고	끝나서	끝나지만	끝났다	끝난다	끝나겠다
보내다	동	보내고	보내서	보내지만	보냈다	보낸다	보내겠다

2. 다음 밑줄 친 부분의 발음에 유의하면서 소리 나는 대로 읽고 써 보세요.

1) 떡국 많이 드셨어요? [   ]

2) 윷놀이는 어렵지 않기 때문에 쉽게 배울 수 있어요.
   [   ]

<어휘 check>

1. 다음 관련 있는 단어끼리 연결하세요.

설   설빔
생일   선물
추석   씨름
단오   송편

2. 다음 <보기>에서 적당한 단어를 골라서 괄호 안에 써넣으세요.

| <보기> 간 | 명절 | 복 | 세배 | 차례 |
| 세뱃돈 | 떡국 | 널뛰기 | 윷놀이 | 집안 어른 |

1) 새해 (   ) 많이 받으세요.
2) 설날과 추석 아침에는 가족들이 모여서 조상님께 (   )를 지냅니다.
3) 이번 설날에는 아이들에게 5,000원씩 (   )을 줄 거예요.
4) (   )을 먹으면 나이가 한 살 더 든다고 해요.
5) (   )이 너무 싱거워서 간장을 더 넣어야 해요.
6) (   )이라서 가족들이 모두 한자리에 모였어요.
7) 예쁜 한복을 입고 부모님께 (   )를 올릴 거예요.
8) 마당에서 (   )를 하면서 하루를 즐겁게 보냅니다.
9) 방 안에서 가족들이 함께 맛있는 음식을 먹으면서 (   )를 합니다.
10) 올해는 (   )들께서 좋은 회사에 취직하라고 덕담을 해주셨습니다.

<문법 point>

1. 다음 문장을 완성하세요.

1) 놀이터에서 아이와 함께 놀면서_____
2) 사무실에서 서류를 정리하면서_____
3) 집에서 푹 쉬면서_____

4) 부엌에서 떡국을 끓이면서 _____
   5) 물걸레로 거실 유리창을 닦으면서 _____
   6) 옷에 단추를 달면서 _____
   7) 유럽에서 배낭여행을 하면서 _____
   8) 유적지에서 사진을 찍으면서 _____
   9) 설날에 차례상을 차리면서 _____
   10) 소파에 누워서 소설책을 읽으면서 _____

2. "-을/를 위해서", "-기 위해서"로 문장을 만드세요.

   1) 돈을 벌기 위해서 _____
   2) 부모는 자식을 위해서 _____
   3) 노래를 잘 부르기 위해서 _____
   4) 가정 형편이 어려운 친구를 돕기 위해서 _____
   5) 체력을 유지하기 위해서 _____
   6) 나의 미래를 위해서 _____
   7) 연세가 많으신 부모님을 위해서 _____
   8) 수업 시간에 졸지 않기 위해서 _____
   9) 용돈을 절약하기 위해서 _____
   10) 비행기 출발 시간에 늦지 않기 위해서 _____

3. 다음 밑줄 친 용언과 "-아/어/여야(만)"을 결합하여 문장을 완성하세요.

   1) 제가 이 서류에 도장을 <u>찍다</u>(_____) 일이 해결됩니까?
   2) 환자의 증세가 너무 심해서 <u>입원하다</u>(_____) 합니다.
   3) 그분을 꼭 이번 주 금요일에 <u>만나다</u>(_____) 할 이유가 있습니까?
   4) 날마다 40분 이상 운동장 네 바퀴 정도 <u>뛰다</u>(_____) 체력을 회복할 수 있습니다.
   5) 저 앞 사거리에서 좌회전을 <u>하다</u>(_____) 목적지까지 늦지 않게 갈 수 있습니다.

<이해와 표현>

1. '-기 위해서'를 이용하여 두 문장을 연결해 보세요.

1) 돈을 저금하다, 은행에 가다

2) 식료품을 사다, 슈퍼마켓에 가다

3) 건강 검진을 받다, 병원에 가다

4) 자료를 찾다, 도서관에 가다

5) 컴퓨터를 배우다, 학원에 다니다

2. 다음 문장을 중국어로 번역해 보세요.

1) 뛰면서 이야기하니까 너무 힘들어요.

2) 화분에 물을 주면서 노래를 부르고 있다.

3) 인터넷을 하면서 전화를 받고 있었다.

4) 저는 성격이 너무 내성적이기 때문에 주위에 친구가 별로 없어요.

5) 속으로는 좋으면서 겉으로는 싫다고 말한다.

6) 이 현관문 잠금장치는 카드키와 열쇠를 모두 사용해야만 문이 열리는 2중 안전구조로 설계되었습니다.

7) 저희 집은 아들 셋 중에서 큰애가 제일 공부를 잘해요.

8) 건물 안에서는 담배를 피우면 안 되기 때문에 사원들이 밖에 나가서 담배를 피우고 있습니다.

9) 아침마다 일찍 일어나기 위해서 자명종도 한 개 사야 하고, 밤 11시 전에 잠을 자야 해요.

10) 너는 집에 있었으면서 동생이 밖에 나가는 것도 몰랐어?

3. 다음 문장을 완성하세요.

1) 우리 반 친구들 중에서 내가 제일_____
2) 친구들 앞에서 자랑하기 위해서_____
3) 아침 다섯 시에 일어나야만 늦지 않게_____
4) 방 안이 너무 시끄럽기 때문에_____
5) 신간서적을 사기 위해서_____

4. 여러분이 본 영화 중에서 인상 깊었던 작품을 아래 순서에 따라 소개해 보세요.

영화 제목: 저는 얼마 전 (　　　　)(이)라는 (　　　　) 영화를 봤습니다.

감독: 이 영화는 유명한 (　　　　)감독이 만들었습니다.

주연 배우: 이 영화에 출연한 남자 주연 배우는 (　　　　)이고, 여자 주연 배우는 (　　　　)입니다.

주제: 이 작품은 (　　　　　　　　　　　)을 보여준 영화입니다.

제작 년도: 이 영화는 (　　　　)년에 찍은 것입니다.

5. 다음 문장을 읽고 물음에 답하세요.

　　한국 사람들은 해마다 양력 1월 1일이 되면 종로의 보신각 종소리를 들으면서 한 해를 시작합니다. 새해 첫날 자정이 되면 서른세 번 보신각 종을 치는데 종로 거리에 이 종소리를 듣기 위해 모여 있던 수만 명의 군중들은 환호성을 지르며 힘차게 한 해를 시작합니다. 또 1월 1일 새해 첫날 동해 바다에서 떠오르는 태양을 보기 위해 동해안까지 가서 해맞이를 하는 사람들도 있습니다. 떠오르는 태양을 보면서 새해의 소망을 두 손

모아 기원합니다. 또 음력 설날 아침에는 조상님께 차례를 지냅니다. 한국에는 설날 아침 떡국을 먹어야만 나이를 한 살 더 먹는다는 풍속이 있어서 집집마다 떡국을 끓여 먹습니다. 친척 어른들께 세배도 하고 맛있는 음식도 먹고 재미있는 민속놀이도 하면서 설날 연휴를 보냅니다.

1) 중국의 춘절 기간 동안 어떤 음식을 먹는지 소개해 보세요.

2) 춘절은 언제부터 중국의 국경일이 되었습니까?

3) 춘절 기간 동안 주변 친지들에게 어떻게 새해 문안 인사를 합니까?

##〈속담〉

1. 다음 속담의 뜻을 설명해 보세요.

윗물이 맑아야 아랫물이 맑다.

2. 위의 속담으로 대화문을 만들어 보세요.

___

〈보충단어〉

씨름	(名)	摔跤
단오	(名)	端午
송편	(名)	松糕
조상님	(名)	祖先
싱겁다	(形)	(味)淡
한자리	(名)	(欢聚)一堂, 同一个地方

마당	（名）	院子
놀이터	（名）	游乐场
물걸레	（名）	湿抹布
단추를 달다	（词组）	缝纽扣
배낭여행	（名）	背包旅行
차례상	（名）	供桌
소파	（名）	沙发
형편	（名）	情况，情形
유지하다	（动）	维持
졸다	（动）	打瞌睡
절약하다	（动）	节约
환자	（名）	患者
증세	（名）	症状
바퀴	（名）	圈
회복하다	（动）	恢复
좌회전	（名）	左转
목적지	（名）	目的地
식료품	（名）	食材
건강 검진	（名）	健康体检
학원	（名）	学院，补习班
자랑하다	（动）	自豪
시끄럽다	（形）	嘈杂
감독	（名）	监督，指导
출연하다	（动）	出演
주연 배우	（名）	主演
보신각	（名）	普信阁
종소리	（名）	钟声
군중	（名）	群众
환호성	（名）	欢呼声
힘차게	（副）	猛力
동해	（名）	东海
해맞이	（名）	迎接新年第一缕阳光

소망	（名）	愿望
민속놀이	（名）	民俗游戏
연휴	（名）	连休
국경일	（名）	国庆节
친지	（名）	亲友

综合练习1 종합연습 1

문항번호	1		2		3	4	5	6	7	총점
	1	2	1	2						
배점	5	5	5	5	10	10	15	20	25	100
점수										

1. (듣기) 다음 대화문을 잘 듣고 물음에 답하세요.(5점×2문항 = 10점)

 1) 영민이는 언제 자금성에 가봤습니까?

 2) 경철이는 영민이에게 어떤 부탁을 했습니까?

2. (듣기) 다음 대화문을 잘 듣고 물음에 답하세요.(5점×2문항 = 10점)

 1) 영희 엄마가 기분이 좋은 이유는 무엇입니까?

 2) 순영이는 왜 운동을 열심히 하고 있습니까?

3. 다음 대화문을 읽고 대화 내용과 다른 것을 고르세요. (10점)

> 상준: 재민 씨, 이번 설날에 고향에 내려가시죠?
> 재민: 예, 설날이니까 고향에 내려가서 가족들과 함께 보내야죠. 상준 씨는요?
> 상준: 저는 설날 전날 내려갔다가 설 쇠고 길이 막히기 전에 바로 올라와야 해요. 고향집이 좀 멀어서요.
> 재민: 우리 사무실 직원 중에서 상준 씨가 고향이 제일 먼 것 같아요.
> 상준: 예, 그래서 내년부터는 표를 미리 구해서 기차로 가거나 비행기로 갔으면 좋겠어요.
> 재민: 저희 고향에는 지금 부모님밖에 안 계시니까 평소에도 저는 자주 고향에 내려가요.

> 상준: 고향이 어디예요?
> 재민: 저는 고향이 경기도라서 명절에 집에 갈 때 그렇게 오래 운전해 본 적이 없어요. 아마 저는 그렇게 오래 운전을 할 수 없을 거예요.

1) 상준 씨는 명절날 직접 차를 몰고 고향에 내려가기 싫어한다.
2) 재민 씨는 명절에 집에 갈 때 직접 차를 운전해서 가본 적이 없다.
3) 상준 씨 고향은 기차나 비행기로 갈 수 없는 곳이다.
4) 재민 씨 고향은 경기도다.
5) 재민 씨는 운전면허증이 없어서 운전을 할 수 없다.

4. 다음 문장의 잘못된 곳을 찾아 바르게 고치세요.(1점×10문항 = 10점)

1) 이곳은 내가 어렸을 때 친구들과 함께 놀으던 놀이터다. (   )
2) 바닷가에서 오래 일광욕을 했더니 얼굴이 까맣졌어요. (   )
3) 아침밥을 꼭 먹었어야만 일을 잘 할 수 있어요. (   )
4) 김영주 씨는 손글씨를 예쁘게 잘 쓰기 때문에 사무실 직원들이 부러워해요.
(   )
5) 이렇게 노란 은행잎이 떨어져 있는 길 위를 혼자 걸었으면 좋겠어요.
(   )
6) 내일까지 이 일을 다 끝내어도 괜찮겠습니까? (   )
7) 최 대리님은 사무실에서 일밖에 모르겠는 분으로 유명하다. (   )
8) 번개가 치고 바람이 심하게 불을 때는 우산을 펴지 마세요. (   )
9) 1번과 3번 중에서 어느 것이 맞을 답입니까? (   )
10) 이 자리는 연세가 드시는 분들을 위해서 준비해 놓은 것입니다. (   )

5. 다음 <상황>에 맞게 <보기>의 단어를 이용하여 대화문을 만들어 보세요. (15점)

> <상황> 새해 첫날이 되었습니다. 아이들은 부모님을 따라서 웃어른께 세배를 하러 다닙니다. 웃어른께 세배를 하러 갔을 때 어떻게 인사를 하는 게 좋을까요?

<보기> 새해 복 많이 받으세요   덕담   복주머니
       떡국을 먹다   세뱃돈을 받다   절을 하다
       무릎을 꿇다   단정하게 앉다   안부 인사를 하다

_____
_____
_____
_____
_____
_____

6. 다음 <보기>의 체언과 용언을 이용하여 "-(으)니까"의 활용형을 만들어 보세요.(20점)

<보기> 너   당신   부모   만나다   아름답다
       쉬다 싸다   잡다   높다   기다
       길다 공부하다 깨끗하다

결합 가능 품사	결합 조건		결합 양상
대명사, 명사, 수사	개음절	과거	1)
	폐음절		2)
	개음절	현재	3)
	폐음절		4)
		미래	5)
동사, 형용사	양성모음	과거	6)
	음성모음		7)
	하다		8)
	개음절	현재	9)
	폐음절		10)
	개음절	미래	11)
	폐음절		12)

7. 다음 주제문으로 짧은 글을 쓰세요.(25점)

주제: 10년 후의 내 모습

조건: 250자 분량(띄어쓰기 포함)
격식체 해라체 종결어미 사용
한글맞춤법 적용

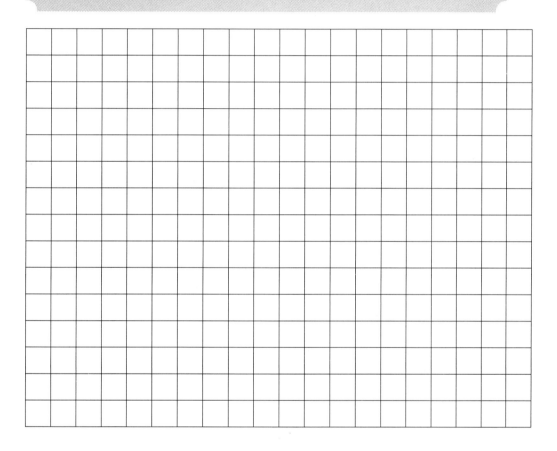

第 5 课 游览万里长城 만리장성 구경하기

<핵심 사항>

> 중국 만리장성의 역사를 통해서 문화유산의 가치를 배운다.
> -네요
> -(으)로
> -겠-
> -(으)ㄴ 지
> -기(가) 쉽다/어렵다/좋다/싫다

<발음 point>

1. 다음 용언의 활용형을 소리 나는 대로 읽어 보세요.

용언	품사	연결어미			종결어미		
		-고	-아/어/여서	-지만	과거	현재	미래
지어지다	동	지어지고	지어져서	지어지지만	지어졌다	지어진다	지어지겠다
힘들다	형	힘들고	힘들어서	힘들지만	힘들었다	힘들다	힘들겠다
놀라다	동	놀라고	놀라서	놀라지만	놀랐다	놀란다	놀라겠다
개발되다	동	개발되고	개발돼서	개발되지만	개발되었다	개발된다	개발되겠다
바라보다	동	바라보고	바라봐서	바라보지만	바라봤다	바라본다	바라보겠다

2. 다음 밑줄 친 부분의 발음에 유의하면서 소리 나는 대로 읽고 써 보세요.

1) <u>생각보다</u> 훨씬 크고 <u>멋있네요</u>. [   ]

2) <u>만리장성은</u> 중국 <u>사람들의</u> 큰 <u>자랑거리입니다</u>. [   ]

<어휘 check>

1. 다음 <보기> 중에서 적당한 단어를 골라 괄호 안에 써넣으세요.

> <보기> 계단   과학기술   달   돌   자랑   장관
> 주변   -(이)야말로   흙   바로   무척   워낙

1) 엘리베이터가 수리 중이니까 (　　　)으로 갑시다.
2) 오늘이 보름이니까 밤에 (　　　)이 가장 밝을 거예요.
3) 그림을 배운 지 얼마 되지 않았는데 벌써 그림 솜씨를 (　　　)하는 거야?
4) (　　　)의 발달로 인간은 화성에 무인 탐사선을 보낼 수 있게 되었다.
5) 중국의 만리장성은 (　　　)을 쌓아서 만든 성이래요.
6) 바닷가에서 바라보는 일출과 일몰은 정말 (　　　)이에요.
7) 집 (　　　)에 예쁜 꽃들을 많이 심었군요.
8) 이 책(　　　) 인류가 자연을 보호해야 하는 이유를 체계적으로 설명한 명저라고 할 수 있다.
9) 김 부장님은 (　　　) 저희 집 위층에 살고 계세요.
10) 그 섬 근처는 (　　　) 파도가 높아서 항상 조심해야 해요.

<문법 point>

1. 다음 <보기>에서 적당한 용언을 찾아 관형사형 어미 "-던, -ㄴ, -은, -는, -ㄹ, -을"과 결합하여 문장을 완성하세요.

결합 조건		동사	형용사
개음절	과거	-ㄴ	-던
	현재	-는	-ㄴ
	미래	-ㄹ	-ㄹ

	과거	-은	-던
폐음절	현재	-는	-은
	미래	-을	-을

< 보기 >　굉장하다　　발달하다　　쌓다　　올라가다　　지어지다

1) 이 박물관은 순국선열을 위해 (　　　　) 것입니다.
2) 바닷속 침몰 선박 안에는 아직도 (　　　　) 보물들이 그대로 남아 있습니다.
3) 나뭇가지를 (　　　　) 후에 불을 붙이면 모닥불이 됩니다.
4) 이 길로 (　　　　) 등산객이 몇 명이나 됩니까?

2. 다음 문장을 '-대요'를 써서 바꿔 보세요.

1) 박 선생님이 오늘 오후에 병원에서 퇴원하신다.

2) 다음달 중순에 서울에서 중요한 국제회의가 열린다.

3) 그 선수가 올림픽대회에서 금메달을 받았다.

4) 친구가 버스에 가방을 두고 내렸다.

5) 내일 비가 온다.

3. '올라오다, 올라가다, 내려오다, 내려가다, 들어오다, 들어가다'를 써서 대화를 완성하세요.

1) 영석 씨는 3층 사무실에 있고, 샤오캉 씨는 1층 사무실에 있습니다.
　　영석: 샤오캉 씨, 저희 사무실로 (　　　　　)?
　　샤오캉: 알겠습니다. 곧 (　　　　　).

2) 준서 씨와 민준 씨는 5층 엘리베이터 앞에 서 있습니다.
　　준서: 민준 씨, 사무실에 중요한 서류를 두고 왔어요. 먼저 (　　　　　).
　　민준: 지하 2층 주차장 입구에서 기다리겠어요. 천천히 (　　　　　)

3) 철민 씨는 사무실 밖에 있고, 영희 씨는 안에 있습니다.
   철민: 영희 씨, (   )도 됩니까?
   영희: 예, (   ).

4. 다음 <보기>에서 적당한 단어를 골라서 괄호 안에 써넣으세요.

   <보기> 종이   얼음   옷감   흙   치즈

   1) 물이 얼면 (   )으로 변합니다.
   2) 우유로 (   )를 만들려면 발효시켜야 합니다.
   3) (   )으로 도자기를 만들려면 유약을 발라서 불에 구워야 합니다.
   4) (   )으로 옷을 만들려면 잘라서 바느질을 해야 합니다.
   5) (   )로 비행기나 배를 어떻게 접습니까?

5. 다음 "-기(가) 쉽다/어렵다/좋다/싫다"를 결합하여 문장을 완성하세요.

   1) 평소에 중요한 내용을 꾸준히 기록하다, 잊기 쉽다.

   2) 부지런히 연습하다, 국제시합에서 이기기 어렵다.

   3) 그렇게 입다, 참 보기 좋다.

   4) 오늘은 너무 피곤하다, 친구를 만나기 싫다.

<이해와 표현>

1. 다음 '-기 쉽다/어렵다'에 맞게 밑줄 친 용언을 고치세요.

   1) 물건을 잘 보관하다(   ) 잃어버리기 쉬워요.
   2) 지역구에서 부지런히 활동하다(   ) 선거에서 당선되기 어려워요.
   3) 외국어를 열심히 공부하다(   ) 외국으로 유학 가기 어려워요.
   4) 요리책을 보다(   ) 요리를 만들기 쉬워요.
   5) 급한 일이 없다(   ) 택시를 타고 지방출장을 가기 어렵겠죠?

2. 다음 <보기>에서 적당한 용언을 골라서 '-네, -네요'와 결합하여 문장을 완성하세요.

<보기> 아름답다   예쁘다   귀엽다   일을 빨리 끝내다
        좋다   부럽다   이기다

1) 꽃이 활짝 피어서_____
2) 구름이 토끼 모양이어서_____
3) 컴퓨터를 잘해서_____
4) 자전거를 잘 타서_____
5) 가위 바위 보를 잘해서_____

3. 다음 물음에 답하세요.

1) 고등학교를 졸업한 지 몇 년 되었습니까?

2) 대학에 입학한 지 몇 년 되었습니까?

3) 고향에 다녀온 지 몇 개월 되었습니까?

4) 한국어 공부를 시작한 지 얼마나 되었습니까?

5) 식사를 한 지 몇 시간이 지났습니까?

4. 다음 문장을 중국어로 번역해 보세요.

1) 지난 주말에 교외에서 꽃구경을 해서 참 좋았겠네요.

2) 내일 시외에 나가 꽃구경을 했으면 좋겠네요.

3) 회사에 입사한 지 7년이 지났어요.

4) 이 수학 문제를 풀기가 너무 어려워요.

5) 문밖에 나갔는데 비가 막 오기 시작해서 다시 들어왔어요.

6) 만리장성은 큰 돌을 쌓아서 만들었대요.

7) 어제는 혼자 저녁을 먹어서 맛이 없었겠어요.

8) 이 산길을 따라 다섯 시간 정도 올라가면 산꼭대기에 도착할 수 있어요.

9) 입맛이 없어서 음식을 한 숟가락도 먹기 어려워요.

10) 머리가 너무 길어서 조금 자르고 싶네요.

5. 다음 문장을 읽고 물음에 답하세요.

> 세계 여러 나라에는 큰 돌을 깎거나 쌓아서 만든 거석문화 유적들이 있다. 영국에는 스톤헨지가 있고, 이집트에는 피라미드가 있으며, 한국에는 세계적으로 유명한 고대 사회의 장례풍속과 관련 있는 고인돌이 전국에 널리 퍼져 있다. 중국에는 세계에서 가장 유명한 석성인 만리장성이 있다. 그 길이가 만 리나 되고, 창공에서도 만리장성의 흔적이 보인다고 한다. 중국을 찾는 외국인 관광객들은 만리장성에 올라 경이로운 건축물을 보고 감탄한다. 인류의 소중한 문화유산을 깨끗하게 지키는 것은 우리 마음 속의 작은 정성에서부터 비롯된다.

1) 만리장성에 올라가 본 적이 있습니까?

2) 만리장성에 올랐을 때 기분이 어떻습니까?

3) 만리장성은 사계절 중에서 어떤 계절의 경치가 가장 아름답습니까?

〈속담〉

1. 다음 내용을 읽어보고 상황에 맞게 적당한 예문을 들어서 속담의 뜻을 설명해 보세요.

> 인간은 하루 24시간 중에서 평균 하루 8시간 이상 일을 하면서 보냅니다. 해야 할 일은 많고 시간은 부족합니다. "목마른 사람이 우물 판다"는 속담은 바쁜 일상생활 속에서 남이 도와줄 때까지 기다리지 않고 필요한 사람이 서둘러서 그 일을 직접 처리한다는 뜻입니다.

1) 상황) _____

2) 상황에 맞는 대화문 만들기)
  가: _____
  나: _____
  가: _____
  나: _____

〈보충단어〉

엘리베이터	（名）	电梯
수리 중	（名）	修理中
보름	（名）	十五天
솜씨	（名）	本事，手艺
화성	（名）	火星
무인 탐사선	（名）	无人探测器
일출	（名）	日出
일몰	（名）	日落
인류	（名）	人类
명저	（名）	名著
박물관	（名）	博物馆
순국선열	（名）	殉国先烈

보물	（名）	宝物
나뭇가지	（名）	树枝
모닥불	（名）	篝火，营火
등산객	（名）	登山者
퇴원하다	（动）	出院
중순	（名）	中旬
국제회의	（名）	国际会议
올림픽대회	（名）	奥林匹克运动会
금메달	（名）	金牌
주차장	（名）	停车场
천천히	（副）	慢慢地
얼다	（动）	结冰
발효시키다	（动）	使……发酵
유약	（名）	釉药（制造陶瓷器用）
꾸준히	（副）	坚持不懈地
부지런히	（副）	勤奋
국제시합	（名）	国际比赛
이기다	（动）	战胜，赢
지역구	（名）	地方选区
당선되다	（动）	当选
지방 출장을 가다	（词组）	去外地出差
활짝	（副）	光亮地，喜庆地
토끼	（名）	兔子
가위 바위 보	（词组）	石头剪刀布
교외	（名）	郊外
꽃구경	（名）	赏花
문밖	（名）	门外
산꼭대기	（名）	山顶
숟가락	（名）	汤匙，调羹
거석문화	（名）	巨石文化
스톤헨지	（名）	巨石阵
이집트	（名）	埃及
피라미드	（名）	金字塔

장례풍속	（名）	葬礼风俗
고인돌	（名）	石棚，巨石坟
석성	（名）	石城
창공	（名）	苍穹，苍天
흔적	（名）	痕迹
감탄하다	（动）	感叹，钦佩
정성	（名）	赤诚，诚恳
비롯되다	（动）	始于，以……为首
사계절	（名）	四季
서두르다	（动）	赶忙做，急急忙忙地做

第 6 课　道歉 사과하기

<핵심 사항>

실수를 하거나 잘못을 했을 때 사과를 하는 표현법을 배운다.

-동안, -는 동안

-마다, -(으)ㄹ 때마다

-(이)나

-는데

<발음 point>

1. 다음 용언의 활용형을 소리나는 대로 읽어 보세요.

용언	품사	연결어미			종결어미		
		-고	-아/어/여서	-지만	과거	현재	미래
기다리다	동	기다리고	기다려서	기다리지만	기다렸다	기다린다	기다리겠다
막히다	동	막히고	막혀서	막히지만	막혔다	막힌다	막히겠다
울리다	동	울리고	울려서	울리지만	울렸다	울린다	울리겠다
밝다	형	밝고	밝아서	밝지만	밝았다	밝다	밝겠다
당황스럽다	형	당황스럽고	당황스러워서	당황스럽지만	당황스러웠다	당황스럽다	당황스럽겠다

2. 다음 밑줄 친 부분의 발음에 유의하면서 소리나는 대로 읽고 써 보세요.

1. <u>30분이나 늦었네요</u>. [　　　　　　　　　　]

2. 그 외에도 <u>할 말이 많지만</u> 이만 <u>줄이겠습니다</u>. [　　　　　　　　　　]

<어휘 check>

1. 다음 <보기>에서 알맞은 부사어를 찾아서 괄호 안에 써넣으세요.

<보기> 그래도   도저히   오히려   너무나도
       자꾸   어디선가

1) 일이 아직 안 끝나서 (   ) 시간을 지킬 수 없을 것 같아요.
2) 평소보다 훨씬 더 많이 먹었는데 (   ) 살은 더 빠졌다.
3) 새로 개봉하는 영화가 (   ) 보고 싶어서 개봉 첫날 첫 회 입장권을 사서 관람했다.
4) 도로가 얼어서 걸어가다가 (   ) 미끄러졌다.
5) 요즘 바빠서 힘들겠지만 (   ) 당신이 이번 일을 맡는 게 좋겠어요.
6) 이 노래는 (   ) 한 번 들어본 적이 있어요.

2. 다음 <보기>에서 알맞은 단어를 찾아 괄호 안에 써넣으세요.

<보기> 볼거리   사실   상황   으뜸   진동

1) 이곳은 전국에서 가장 깨끗하고 살기 좋은 (   ) 명품 도시입니다.
2) 현재 우리 선수들이 1:0으로 앞서 있는 (   )입니다.
3) 지난번 회의 때 저도 (   ) 반대하고 싶었습니다.
4) 한국의 수도 서울은 (   )가 풍부한 국제도시입니다.
5) 자동차 운전대의 (   )이 너무 심해서 수리센터에 가야 합니다.

3. 다음 용언을 시제에 맞게 활용형으로 바꿔 빈칸에 써넣으세요.

기본형	격식체 낮춤		
	과거	현재	미래
내다	냈다	낸다	내겠다
물들다	물들었다	1)	물들이겠다

울리다	2)	3)	울리겠다
줄이다	줄였다	줄인다	줄이겠다
당황스럽다	4)	5)	당황스럽겠다
아쉽다	6)	7)	아쉽겠다

4. 다음 <보기>의 적당한 관형사형 어미와 결합하여 밑줄 친 용언을 바꿔 써넣으세요.

<보기> -ㄴ   -은   -는   -ㄹ   -을

1) 숙제를 이미 제출하다(　　　　) 학생들은 먼저 교실 밖으로 나가도 좋습니다.
2) 오늘 아침 출근길에 지하철 안에서 당황스럽다(　　　　) 사건을 겪었다.
3) 주홍빛으로 곱게 물들다(　　　　) 바다가 참 아름다웠다.
4) 겨울 방학이 다 끝나서 부모님과 아쉽다(　　　　) 마음으로 헤어졌다.
5) 어제 시내 백화점에서 영화배우들이 연기하다(　　　　) 모습을 보았다.
6) 수업 시작 종소리가 울리다(　　　　) 지 오래되었다.
7) 내 동생이 신인가수 오디션에 합격한 것은 조금도 이상하다(　　　　) 일이 아니다.
8) 요즘 내가 입고 다니는 바지는 허리를 일 인치 줄이다(　　　　) 것이다.
9) 지루하다(　　　　) 일상생활을 벗어나서 여행을 좀 가고 싶다.
10) 학교 선배들이 가르쳐주다(　　　　) 방법으로 공부를 해서 좋은 성적을 얻었다.

<문법 point>

1. 다음 <보기>의 문형을 이용하여 물음에 대답해 보세요.

<보기> -동안   -는 동안   -마다   -(으)ㄹ 때마다   -(이)나   -는데

1) 갈증이 나다
　　가) 하루에 얼마나 자주 물을 마십니까?
　　나) (-(으)ㄹ 때마다)

2) 3개월
   가) 부모님을 못 뵌 지 몇 개월 되었습니까?
   나) (-이나)

3) 1년
   가) 운전을 한 지 얼마나 되었습니까?
   나) (-동안)

4) 고등학교에 다니다
   가) 고등학교 때 봉사 활동을 해본 적이 있습니까?
   나) (-는 동안)

5) 회의를 하다
   가) 어제 낮에 왜 전화를 안 받으셨어요?
   나) (-는데)

2. 다음 동사구를 <보기>의 문형 중 한 개와 결합하여 문장을 완성하세요.

<보기> -는 동안   -(으)ㄹ 때마다   -는데

사진을 찍다
사진을 찍는 동안 움직이지 말고 가만히 계세요.
사진을 찍을 때마다 얼굴 표정을 바꿔 보세요.
사진을 찍는데 전화가 왔어요.

1) 지하철을 타다_____
2) 떡을 빚다_____
3) 수학 방정식 문제를 풀다_____
4) 그림을 그리다_____
5) 자동차를 운전하다_____

3. 다음 문장을 중국어로 번역하세요.

1) 어제 책가방을 사려고 할인점에 갔는데 마음에 드는 게 없어서 그냥 왔어요.

2) 남자 친구에게 세 번이나 문자 메시지를 보냈지만 아직 회신이 없어요.

3) 기다리시게 해서 죄송합니다.

4) 여행을 갔다가 풋과일을 먹고 배탈이 나서 아주 혼났어요.

5) 집에 연락도 안 하고 밤늦게까지 친구들과 술을 마시고 집에 들어갔더니 부모님이 화를 많이 내셨어요.

6) 체중을 잴 때마다 살이 쪘을까 봐 겁이 나요.

7) 신랑이 예식장에서 기다리고 있는데 신부님은 아직 안 오셨어요?

8) 식당에 갔는데 자리가 없어서 30분이나 기다렸어요.

9) 여기서부터 2m마다 하나씩 화분을 놓아 주세요.

10) 옷가게에서 이 옷을 입어봤을 때는 예뻐보였는데 집에서 다시 입어 보니까 왜 마음에 안 들죠?

<이해와 표현>

1. (듣기) 다음 대화문을 듣고 물음에 답하세요.

(가)

1) 김 부장님은 누구와 약속을 했습니까?

2) 최인영 씨는 약속 시간을 몇 시로 바꾸려고 합니까?

(나)

1) 최인영 씨는 윤 과장님에게 무슨 말을 했습니까?

2) 윤 과장은 약속 시간이 바뀐 소식을 듣고 어떻게 대답했습니까?

2. (쓰기) 다음 주제 중에서 한 가지를 골라서 짧은 글을 써 보세요. (50자 분량)

1) 가장 행복했을 때
2) 가장 화가 날 때
3) 가장 힘들었을 때

3. 다음 글을 읽고 물음에 답하세요.

> 민준이는 대학교 3학년 학생입니다. 오늘은 중요한 전공 수업이 있는 날입니다. 그런데 어젯밤 늦게까지 발표 준비를 하다가 피곤해서 아침에 조금 늦게 일어났습니다. 수업 시간에 늦을까 봐 급하게 전철을 타러 뛰어가다가 길에서 어떤 중년 남자와 어깨를 부딪쳤습니다. 그런데 그분의 손에 들고 있던 가방이 땅에 떨어졌습니다. 민준이는 가방을 주워서 그분께 드리면서 죄송하다고 정중하게 사과했습니다. 그분은 괜찮다고 하시면서 가방을 받아 들고 버스 정류장 쪽으로 걸어갔습니다.

1) 여러분은 하루에 몇 시간이나 잠을 잡니까?

2) 상대방에게 실례를 했을 때 가장 좋은 방법은 무엇인지 소개해 보세요.

3) 다른 사람이 나에게 실례를 했을 때 여러분은 어떻게 합니까?

4. 부모님께 가장 죄송했던 때가 언제였습니까? 반성문 형식으로 짧은 글을 써 보세요.

_____
_____
_____
_____

<속담>

1. 다음 대화 중에서 "찬물도 위아래가 있다"는 속담과 잘 맞는 상황을 찾아보세요.

1) 가: 길이 막혀서 약속 시간에 늦겠어요.
   나: 너무 걱정하지 말고 늦는다고 전화부터 하세요.

2) 가: 배가 너무 고파서 제가 먼저 먹을게요.
   나: 아버지 곧 나오실 테니까 조금만 기다려.

3) 가: 나는 그렇게 말하지 않았는데 누가 너에게 알려줬어?
   나: 오늘 오전에 다른 친구에게 들었어.

4) 가: 뭐든지 자신 있다고 하더니 큰 실수를 했구나.
   나: 저도 제가 실수할 줄 몰랐어요.

<보충단어>

개봉하다	(动)	首映
관람하다	(动)	参观
미끄러지다	(动)	滑，滑倒
전국	(名)	全国
명품	(名)	名品，名牌
반대하다	(动)	反对

풍부하다	（形）	丰富
국제도시	（名）	国际都市
운전대	（名）	方向盘
수리센터	（名）	修理中心
제출하다	（动）	提交
출근길	（名）	上班的路
겪다	（动）	经受，经历
주홍빛	（名）	朱红色的光
영화배우	（名）	电影演员
신인가수	（名）	新人歌手
오디션	（名）	面试
인치	（名）	英寸
빚다	（名）	制作（面食）
기획실	（名）	企划室，策划室
급하게	（副）	急切地
중년 남자	（名）	中年男子
어깨	（名）	肩膀
부딪치다	（动）	撞，碰撞
정중하게	（副）	郑重地
반성문	（名）	检讨书

第7课 制订计划 계획 세우기

<핵심 사항>

계획을 세울 때 필요한 관련 표현법을 배운다.
不定阶词尾 -아/어/여, -았/었/였어, -(으)ㄹ까, -(으)ㄹ래, -지
-니?
-이야
-아/어/여(라)
-자
-아/야
-는데

<발음 point>

1. 다음 용언의 활용형을 소리 나는 대로 읽어 보세요.

용언	품사	연결어미			종결어미		
		-고	-아/어/여서	-지만	과거	현재	미래
넘다	동	넘고	넘어서	넘지만	넘었다	넘는다	넘겠다
불다	동	불고	불어서	불지만	불었다	분다	불겠다
피다	동	피고	피어서	피지만	피었다	핀다	피겠다
손꼽다	동	손꼽고	손꼽아서	손꼽지만	손꼽았다	손꼽는다	손꼽겠다
줄이다	동	줄이고	줄여서	줄이지만	줄였다	줄인다	줄이겠다

2. 다음 밑줄 친 부분의 발음에 유의하면서 소리 나는 대로 읽고 써 보세요.

1) <u>토요일 밤 10시쯤</u> 출발하면 <u>일요일 새벽 4시쯤 설악산 밑</u>에 도착할 수 <u>있을 거야</u>. [   ]

2) <u>정신없이 바쁠 것 같아</u>. [   ]

<어휘 check>

1. 다음 <보기>에서 적당한 용언을 찾아서 괄호 안에 알맞은 활용형을 써넣으세요.

> <보기> 내려오다   넘다   도착하다   복습하다   빡빡하다
> 출발하다   특별하다   연장하다   예습하다

1) 국기를 다 달았으면 사다리를 타고 (　　　　)세요.
2) 현관문 열쇠를 잃어버렸기 때문에 담을 (　　　　)서 문을 열었다.
3) 집에 (　　　　)면 연락주세요.
4) 오늘 배운 내용이 너무 많아서 아직 다 (　　　　)지 못했어요.
5) 종이에 너무 (　　　　)게 쓰지 마세요.
6) 저희 상점은 항상 밤 9시에 문을 닫고, 주말에도 영업 시간을 (　　　　)지 않습니다.
7) 내일 배울 내용을 미리 (　　　　)는 게 좋겠습니다.
8) 이 기차는 몇 시에 (　　　　)니까?
9) 손님들을 위해서 (　　　　)게 준비한 음식이 있습니까?

<문법 point>

1. 다음 빈칸에 용언과 종결어미의 결합형을 써넣으세요.

용언	종결어미							
	-아/어/여	-았/었/였어	-(으)ㄹ까?	-(으)ㄹ래	-지	-(으)니?	-아/어/여라	-자
만나다	만나	1)	만날까?	2)	만나지	만나니?	만나라	만나자
살다		3)	살았어	4)	살래	살지	5)	살아라	살자
주다	6)	줬어	줄까?	줄래	7)	주니?	8)	주자
받다	받아	9)	받을까?	10)	받지	받니?	받아라	받자
떠나다	11)	떠났어	떠날까?	떠날래	12)	떠나니?	떠나라	떠나자
가다	가	13)	갈까?	14)	가지	가니?	가라	가자
오다	15)	왔어	16)	올래	오지	오니?	17)	오자

뛰다	뛰어	뛰었어	18)	19)	뛰지	뛰니?	뛰어라	뛰자
사다	20)	샀어	살까?	21)	사지	사니?	사라	사자
쓰다	22)	23)	쓸까?	쓸래	쓰지	쓰니?	24)	쓰자
발표하다	발표해	25)	발표할까?	26)	발표하지	발표하니?	27)	발표하자
뽑다	뽑아	뽑았어	뽑을까?	28)	뽑지	29)	뽑아라	뽑자
찍다	찍어	30)	찍을까?	찍을래	찍지	찍니?	찍어라	31)
예쁘다	예뻐	32)	예쁠까?	×	33)	예쁘니?	×	×
길다	길어	길었어	길까?	×	34)	35)	×	×
높다	높아	36)	높을까?	×	37)	높으니?	×	×
짧다	38)	짧았어	39)	×	짧지	짧으니?	×	×
좋다	좋아	좋았어	40)	×	좋지	41)	×	×
기쁘다	42)	43)	기쁠까	×	기쁘지	기쁘니?	×	×
행복하다	44)	45)	행복할까	×	행복하지	행복하니?	×	×

2. 다음 빈칸에 용언의 활용형을 써넣으세요.

		격식체 현재형		비격식체 현재형	
		높임	낮춤	높임	낮춤
이다	개음절	ㅂ니다	다	1)	야
	폐음절	2)	이다	이에요	이야
아니다		아닙니다	아니다	3)	아니야
있다		있습니다	있다	있어요	4)
없다		5)	없다	없어요	없어

3. 다음 대화문의 빈칸에 알맞은 활용형을 써넣으세요.

1) 가: 밥 먹었니?

   나: 응, (   ).

2) 가: 네 사촌동생이니?

   나: 아니, 내 사촌형(   ).

3) 가: 나 먼저 갈까?

   나: 그래, 너 먼저 (   ).

4) 가: 내일 만날까?

　　나: 아니야, 오늘 (　　　　).

5) 가: 이 옷 멋있지?

　　나: 응, (　　　　).

6) 가: 네가 먼저 말할래?

　　나: 아니야, 네가 먼저 (　　　　).

7) 가: 이 사과 살 거야?

　　나: 아니, 안 (　　　　).

8) 가: 내일 오후 두 시에 만날래?

　　나: 아니, 네 시에 (　　　　).

9) 가: 지금 텔레비전 보니?

　　나: 아니야, 음악 (　　　　).

10) 가: 사진 같이 찍을래?

　　나: 그래, 같이 (　　　　).

4. 다음 "-아", "-야"를 써서 호칭어를 만들어 보세요.

1) 가: 민수(　　). 나랑 같이 가자.

　　나: 그래, 알았어.

2) 가: 철민(　　), 너 혼자 왔어?

　　나: 응, 나 혼자 왔어.

5. 연결어미 "-는데", "-은데"를 써서 문장을 완성하세요.

1) 가: 내가 알아서 할 테니 넌 좀 쉬어.

　　나: 이렇게 많다(　　　　) 괜찮겠어?

2) 가: 새들이 저렇게 빨리 날다(　　　　) 어떻게 사진을 찍지?

　　나: 기다려. 내가 찍어볼게.

3) 가: 그 털모자 참 예쁘다.

　　나: 시장에서 사다(　　　　) 괜찮지?

4) 가: 오늘 오후에 학교에서 축구 시합이 있어요.

　　나: 밤새 비가 많이 오다(　　　　) 할 수 있을까?

5) 가: 약속 시간을 미뤄야겠어.

　　나: 이미 시간을 정하다(　　　　) 바꿀 수 있을까?

〈이해와 표현〉

1. (쓰기) 오늘은 12월 6일입니다. 학기말 시험이 2주 남았습니다. 시험을 어떻게 준비할 계획인지 아래 달력을 보고 〈시험 준비 계획서〉를 작성해 보세요.

월	화	수	목	금	토	일
12/5	12/6 학기말 시험 준비 계획	12/7	12/8	12/9	12/10	12/11
12/12	12/13	12/14	12/15	12/16	12/17	12/18
12/19	12/20 초급 한국어 학기말 시험	12/21	12/22	12/23	12/24	12/25

_____
_____
_____

2. 다음 문장을 중국어로 번역해 보세요.

1) 이번 휴가 때는 친구들과 설악산 국립공원에 가기로 했어.

2) 너는 나무 그늘에 앉아서 가만히 음악을 듣고 있어라.

3) 주5일제 근무를 시행하는 회사가 점점 늘어나고 있어.

4) 이 책 좀 빌려줄래?

5) 단풍 구경을 하려면 날짜를 잘 맞춰서 가야 해.

6) 너 담배 피우니?

7) 우리 집 아이가 요즘 말을 너무 안 들어서 걱정이야.

8) 햅쌀로 밥을 지으니까 밥맛이 참 좋네요.

9) 너도 내가 이번 시험에 붙길 바라지?

10) 자전거 체인이 빠졌는데 좀 도와줄래요?

3. (듣기) 다음 문장을 잘 듣고 물음에 답하세요.

1) 지금까지 새해 첫 날을 어떻게 보냈는지 소개해 보세요.

2) 지금까지 여러분은 연초에 세웠던 계획을 얼마나 잘 지켜왔습니까?

〈속담〉

1. 다음 대화문을 참고하여 "가재는 게 편이다"는 속담으로 짧은 대화문을 만들어 보세요.

어머니: 영철아, 형 아직도 자고 있지? 어제 몇 시에 들어왔니?
영　철: 글쎄요, 아마 밤 11시쯤 들어온 것 같은데요.
어머니: 가재는 게 편이라더니, 네 형이라서 감싸주는 거야? 거짓말하지 마.
영　철: 아니에요, 엄마. 분명히 11시 조금 넘어서 들어왔어요.
어머니: 내가 12시까지 거실에 있었는데, 자꾸 거짓말할래?
영　철: 그럼 저희 방 시계가 느린가 봐요.

가: _____
나: _____
가: _____
나: _____

<보충단어>

국기	(名)	国旗
사다리	(名)	梯子
현관문	(名)	家门
열쇠	(名)	钥匙
담	(名)	大坝
사촌동생	(名)	堂弟，堂妹
털모자	(名)	毛帽子
밤새	(名)	一整夜
미루다	(动)	推迟
달력	(名)	挂历
설악산 국립공원	(名)	雪岳山国立公园
그늘	(名)	阴凉处
주5일제 근무	(名)	五天工作制
햅쌀	(名)	新米
시험에 붙다	(名)	考上
체인	(名)	链子，链条
연초	(名)	年初
감싸주다	(名)	包，包围
분명히	(副)	分明，明显地
느리다	(形)	慢的

第8课 周口店 주구점

<핵심 사항>

> 명승고적을 소개하는 표현법을 배운다.
> -아/어 있다
> -다(가)
> -지만
> -군요, -구나
> 곳, 데, 군데

<발음 point>

1. 다음 용언의 활용형을 소리 나는 대로 읽어 보세요.

용언	품사	연결어미			종결어미		
		-고	-아/어/여서	-지만	과거	현재	미래
남다	동	남고	남아서	남지만	남았다	남는다	남겠다
크다	형	크고	커서	크지만	컸다	크다	크겠다
걸리다	동	걸리고	걸려서	걸리지만	걸렸다	걸린다	걸리겠다
불리다	동	불리고	불려서	불리지만	불렸다	불린다	불리겠다
빠르다	형	빠르고	빨라서	빠르지만	빨랐다	빠르다	빠르겠다

2. 다음 밑줄 친 부분의 발음에 유의하면서 소리나는 대로 읽고 써 보세요.

1. <u>북경</u> 근처에 <u>주구점이라는 북경원인 유적지가 남아 있습니다</u>.
   [   ]

2). 이 <u>유적은 20세기 초 노동자들이 석회암을</u> 채취하다가 우연히 <u>발견하였습니</u>
   <u>다</u>. [   ]

<어휘 check>

1. 다음 <보기>에서 적당한 용언을 찾아서 괄호 안에 알맞은 활용형을 써넣으세요.

<보기> 거대하다   귀중하다   -(이)라고도 불리다
발견되다   발굴하다   이용되다   채취하다

1) 고고학은 인류의 유물과 유적을 (   ) 분석하는 학문이다.
2) 한반도의 동쪽에는 (   ) 산맥이 자리잡고 있다.
3) 모래는 유리를 만드는 재료로 (   ).
4) 수많은 불교 유물이 (   ) 경주시는 신라의 고도였다.
5) 산과 들에서 (   ) 식용 식물을 나물이라고 한다.
6) 조상들이 남긴 (   ) 문화유산을 잘 보호해야 합니다.
7) 금강산은 계절에 따라 봉래, 풍악, 개골(   ) 명산이다.

2. 다음 <보기>의 단어를 괄호 안에 써넣으세요.

<보기> 비용   석기   석회암   세기   유적지
인류사   자료   초   치아   화석

1) 이번 행사를 준비하는데 (   )이 얼마나 드는지 계산해 보세요.
2) (   ) 동굴의 입구가 어디에 있어요?
3) 지난 한 (   ) 동안 인류의 과학 문명은 끊임없이 발전해왔다.
4) 한반도의 어느 지역에 가면 고대 문명의 (   )를 볼 수 있습니까?
5) 인류 문명은 역사상 (   ) 시대에서 청동기 시대로 발전했다.
6) (   )에서 가장 문화가 발전했던 시기는 언제입니까?
7) 학교 도서관에서 소장하고 있는 도서 (   )는 열람증이 있으면 빌릴 수 있어요.
8) 2014년 (   )부터 한국의 주소 체계가 바뀌었어요.
9) 미국의 자연사박물관에 가면 세계 곳곳에서 발견된 공룡 (   )을 볼 수 있어요.
10) 어려서부터 (   ) 관리하는 습관을 잘 들여야 합니다.

<문법 point>

1. 다음 "-아/어/여 있다"의 용법을 참고하여 밑줄 친 동사를 고쳐서 문장을 완성하세요.

결합 가능 품사	결합 조건		결합 양상
동사	양성모음	과거	-아 있었다
		현재	-아 있다
		미래	-아 있겠다
	음성모음	과거	-어 있었다
		현재	-어 있다
		미래	-어 있겠다
	하다	과거	-여 있었다
		현재	-여 있다
		미래	-여 있겠다

1) 동생이 소파에 <u>앉다</u>(과거형)(　　　　　　).
2) 무대 위에 배우들이 <u>서다</u>(현재형)(　　　　　　).
3) 예술적 창의성이 <u>잠재하다</u>(현재형)(　　　　　　).
4) 형은 <u>화가 나다</u>(과거형)(　　　　　　).
5) 책상 위에 책이 <u>놓이다</u>(과거형)(　　　　　　).

2. 다음 두 문장을 "-다가"로 연결해서 하나로 만드세요.

1) 빗길에 과속으로 운전하다. 차 사고를 내다.

2) 접시를 닦다. 바닥에 떨어뜨리다.

3) 물을 급하게 마시다. 사레가 들리다.

4) 텔레비전을 보다. 동생과 말다툼하다.

5) 뜨거운 음식을 먹다. 혓바닥을 데다.

3. 다음 "-지만"의 용법을 참고하여 두 문장을 연결해 보세요.

결합 가능 품사	결합 조건		결합 양상
대명사, 명사, 수사	개음절	과거	-였지만
		현재	-지만
		미래	-겠지만
	폐음절	과거	-이었지만
		현재	-이지만
		미래	-이겠지만
동사, 형용사	양성모음	과거	-았지만
	음성모음		-었지만
	하다		-였지만
		현재	-지만
		미래	-겠지만

1) 잠을 충분히 자다. 피곤하다.

2) 물을 많이 마시다. 목이 마르다.

3) 키가 크다. 농구를 잘 못하다.

4) 사진관에서 증명사진을 찍다. 마음에 들지 않다.

5) 지각하지 않다. 늦을 뻔하다.

4. 다음 "-군요", "-구나"의 용법을 참고하여 밑줄 친 용언의 활용형을 써넣으세요.

결합 가능 품사	결합 조건			결합 양상
명사, 대명사, 수사	개음절	낮춤	과거	-였구나
			현재	-구나
			미래	-겠구나
		높임	과거	-였군요
			현재	-군요
			미래	-겠군요
	폐음절	낮춤	과거	-이었구나
			현재	-이구나
			미래	-이겠구나
		높임	과거	-이었군요
			현재	-이군요
			미래	-이겠군요
형용사	양성모음	낮춤	과거	-았구나
	음성모음			-었구나
	하다			-였구나
			현재	-구나
			미래	-겠구나
	양성모음	높임	과거	-았군요
	음성모음			-었군요
	하다			-였군요
			현재	-군요
			미래	-겠군요
동사	양성모음	낮춤	과거	-았구나
	음성모음			-었구나
	하다			-였구나
			현재	-는구나
			미래	-겠구나
	양성모음	높임	과거	-았군요
	음성모음			-었군요
	하다			-였군요
			현재	-는군요
			미래	-겠군요

1) 가: 날씨가 춥다(   ).
   나: 옷을 두껍게 입어야겠어요.
2) 가: 이 양문형 냉장고는 가격이 너무 비싸다(   ).
   나: 그럼 다른 것도 보시겠어요?
3) 가: 시간이 늦다(   ).
   나: 배고픈데 저녁 먹으러 갑시다.
4) 가: 물이 뜨겁다(   ).
   나: 조금 식혔다가 드세요.
5) 가: 이 사진을 보니까 어렸을 때부터 쌍꺼풀이 있다(   ).
   나: 예, 쌍꺼풀이 있으니까 더 귀엽게 보이죠?

5. 다음 "곳, 데, 군데"를 잘못 쓴 문장을 찾아서 고쳐보세요.

1) 이 저수지에서 낚시를 할 만한 곳은 한두 군데가 아니다.
2) 이 데 저 데를 다니면서 시장 조사를 했다.
3) 그 아이가 간 데를 알고 있니?
4) 도로 군데군데 물건이 떨어져 있으니까 운전할 때 조심하세요.
5) 월드컵 축구 경기 기간 동안 거리 곳곳에서 응원하는 외국인들을 볼 수 있었다.

〈이해와 표현〉

1. 다음 문장을 중국어로 번역하세요.

1) 침대에 누워서 책을 읽다가 나도 모르게 잠이 들었어요.

2) 화장실 문 앞에 '수리 중 사용 금지'라는 글씨가 붙어 있어요.

3) 나는 나중에 갈 테니까 네가 먼저 집에 가 있어라.

4) 파란불에 횡단보도를 건너는데 트럭이 내 옆에서 급정거를 해서 깜짝 놀랐어요.

5) 이 수영장은 시설은 참 좋은데 사람은 많지 않군요.

6) 나는 과일을 한꺼번에 많이 먹지는 않지만 여러 종류의 과일을 자주 먹어요.

7) 혹시 강남역 근처에 분위기 좋은 카페를 아시는 데 있으면 한 군데만 추천해 주세요.

8) 이 집은 정남향이라서 마음에 들지만 지하철역이 멀어서 교통이 좀 불편하군요.

9) 어제 옷을 사려고 명동에 갔다가 마음에 드는 게 없어서 그냥 왔어요.

10) 아마존은 지상의 마지막 낙원이라고도 불리는 곳입니다.

2. 다음 문장을 읽고 물음에 답하세요.

> 인류의 4대 문명은 황하, 인더스 강, 나일 강, 티그리스 강, 유프라테스 강 유역에서 발달하기 시작했다. 울창한 숲과 비옥한 토지가 있어서 경작에 유리하고, 마실 물도 풍부하여 대규모 인구가 이곳에 모여 살면서 농경 생활을 하게 되었다. 강 근처에서 농경 생활을 하면서 정착 생활에 성공한 인류는 안정적인 자연환경 속에서 화려한 문명을 꽃피우게 되었다. 세계 4대 문명은 공통적으로 큰 강 유역에서 발전하였기 때문에 홍수 피해를 입기도 했으나 점차 치수 사업에 성공하면서 인구도 크게 늘어나 풍부한 경제 생활을 누릴 수 있었다.

1) 중국 문명사상 치수 사업에 큰 업적을 남긴 황제는 누구입니까?

2) 중국 고대 문명의 흔적을 알 수 있는 유적지를 인터넷에서 찾아서 소개해 보세요.

〈속담〉

1. "모난 돌이 정 맞는다"는 속담은 어떤 경우에 사용할 수 있습니까?

1) 성격이 지나치게 강해서 사회 생활을 할 때 사람들과 잘 화합하지 못하는 경우.
2) 돌을 깎는 기술이 아주 뛰어난 경우.
3) 서로 사랑하는 남녀 사이의 정을 표현할 때.
4) 매우 무거운 물건을 비유적으로 말할 때.

〈보충단어〉

고고학	（名）	考古学
분석하다	（动）	分析
한반도	（名）	朝鲜半岛
산맥	（名）	山脉
자리잡다	（动）	位于
유리	（名）	琉璃，玻璃
고도	（名）	古都
들	（名）	平原
식용 식물	（名）	可食用植物
명산	（名）	名山
소장하다	（名）	收藏
열람증	（名）	阅览证
체계	（名）	体系
공룡	（名）	恐龙
습관	（名）	习惯
창의성	（名）	创意性
잠재하다	（动）	潜在
빗길	（名）	雨路
과속	（名）	超速
사고를 내다	（词组）	出事故

사레가 들리다	(词组)	呛，呛到
혓바닥	(名)	舌头，舌面
데다	(动)	烫
증명사진	(名)	证件照
두껍다	(形)	厚
양문형 냉장고	(名)	双门冰箱
식히다	(动)	弄凉，放凉
쌍꺼풀	(名)	双眼皮
저수지	(名)	蓄水池，水库
시장 조사를 하다	(词组)	做市场调研
응원하다	(动)	支援，助威
인더스 강	(名)	印度河
나일 강	(名)	尼罗河
티그리스 강	(名)	底格里斯河
유프라테스 강	(名)	幼发拉底河
유역	(名)	流域
울창하다	(形)	郁郁葱葱
숲	(名)	树林
비옥하다	(形)	肥沃
경작	(名)	耕作
유리하다	(形)	有利
농경 생활	(名)	农耕生活
정착 생활	(名)	定居
화려하다	(形)	华美，华丽
꽃피우다	(词组)	开花
홍수	(名)	洪水
치수사업	(名)	水利事业
누리다	(动)	享受，享用
업적	(名)	业绩
화합하다	(动)	化合

综合练习2 종합연습 2

문항번호	1		2		3	4	5	6	7	총점
	1	2	1	2						
배점	5	5	5	5	10	10	15	20	25	100
점수										

1. (듣기) 다음 대화문을 잘 듣고 물음에 답하세요.(5점×2문항 = 10점)

1) 슬기는 누구와 함께 중국 여행을 가려고 합니까?

2) 동현이는 방학 때 무엇을 하려고 합니까?

2. (듣기) 다음 대화문을 잘 듣고 물음에 답하세요.(5점×2문항 = 10점)

1) 누가 먼저 사과를 했습니까?

2) 이 세 사람은 어떤 사이입니까?

3. 다음 대화문을 읽고 대화 내용과 다른 것을 고르세요. (10점)

> 은형: 서연아, 은주는 아직도 남자친구와 사이가 안 좋아?
> 서연: 아니야, 은형아. 얼마 전에 둘이 화해했어.
> 은형: 도대체 이번에는 왜 싸웠는데?
> 서연: 남자친구가 좀 이기적이잖아. 은주와 상의하지 않고 결정할 때가 많은가 봐.
> 은형: 1년 동안 벌써 몇 번째 싸우고 화해하는 거야?
> 서연: 그러다가 진짜 헤어지는 건 아니겠지?

(1) 은주는 남자친구와 자주 싸운다.
(2) 은주는 남자친구와 헤어지려고 한다.

(3) 은주와 남자친구는 이미 화해했다.
(4) 은주의 남자친구는 성격이 이기적이다.
(5) 은형은 은주와 남자친구가 싸운 이유를 알고 있었다.

4. 다음 문장의 잘못된 곳을 찾아 바르게 고치세요.(1점×10문항 = 10점)

1) 사장님의 행복하실 표정은 처음 봤어요. (   )
2) 이번 기말고사 중에서 3번, 6번 문제를 풀었기가 너무 어려웠다. (   )
3) 이곳은 너무 조용하는데 혼자 지내기 무섭지 않겠어요?(   )
4) 텔레비전을 본 동안 저녁식사를 준비할게. (   )
5) 이렇게 매일 아침 일찍 일어나서 운동을 하구나. (   )
6) 수영을 시작하는 지 벌써 10개월이 지났다. (   )
7) 기회가 있은 때마다 여행을 다녔어요. (   )
8) 너는 어제 집에서 온종일 뭘 하셨니? (   )
9) 영화 결말이 너무 비극적으로 끝나서 나도 마음이 아퍼. (   )
10) 사과를 같이 나눠 먹으자. (   )

5. 다음 <보기>의 단어를 이용하여 다음 <상황>에 맞게 대화문을 만들어 보세요.(15점)

<상황> 만약 여러분이 친구들과 함께 만리장성에서 떠오르는 해를 보면서 새해 첫날을 맞이하게 되었다면 여러분은 친구들과 어떤 대화를 나누시겠습니까?

<보기> 장엄하다, 태양, 떠오르다, 약속하다, 건강하다, 멋있다, 용기, 의욕, 춥다, 소원을 빌다, 기념사진을 찍다, 부모님과 친구들에게 전화를 하다, 하산하다, 사람들이 많다, 내년에 또 오다, 계획하다

_____
_____
_____
_____

6. 다음 <보기>의 용언을 이용하여 "-ㄴ, -은, -는, -ㄹ, -을"의 활용형을 만들어 보세요.(20점)

<보기> 갈다, 마시다, 보다, 쉽다, 예쁘다, 가늘다, 수영하다, 조용하다

결합 조건		동사				형용사			
		갈다	마시다	보다	수영하다	쉽다	예쁘다	가늘다	중요하다
개음절	과거								
	현재								
	미래								
폐음절	과거								
	현재								
	미래								

7. 다음 주제문으로 짧은 글을 쓰세요.(25점)

주제: 중국 주구점 북경원인의 발굴 장소

조건: 100자 분량(띄어쓰기 포함)
　　　격식체 해라체 종결어미 사용
　　　한글 맞춤법 적용

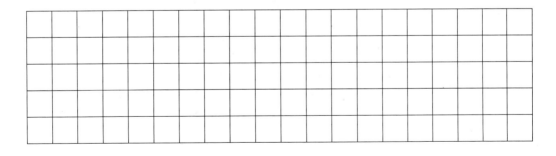

第9课 人物介绍 인물소개

<핵심 사항>

주변 사람을 소개할 때 필요한 표현법을 배운다.
-ㄴ/는다, -다
-았/었/였다
-겠다
-지 알다/모르다
같은

<발음 point>

1. 다음 용언의 활용형을 소리 나는 대로 읽어 보세요.

용언	품사	연결어미			종결어미		
		-고	-아/어/여서	-지만	과거	현재	미래
어렵다	형	어렵고	어려워서	어렵지만	어려웠다	어렵다	어렵겠다
다르다	형	다르고	달라서	다르지만	달랐다	다르다	달랐겠다
만들다	동	만들고	만들어서	만들지만	만들었다	만든다	만들겠다
자랑스럽다	형	자랑스럽고	자랑스러워서	자랑스럽지만	자랑스러웠다	자랑스럽다	자랑스럽겠다
쓰다	동	쓰고	써서	쓰지만	썼다	쓴다	쓰겠다
읽다	동	읽고	읽어서	읽지만	읽었다	읽는다	읽겠다
바르다	형	바르고	발라서	바르지만	발랐다	바르다	바르겠다

2. 다음 밑줄 친 부분의 발음에 유의하면서 소리 나는 대로 읽고 써 보세요.

1) 혹시 누가 한글을 만들었는지 아세요? [   ]

2) 세종은 한국 역사상 가장 훌륭한 임금이었다. [   ]

<어휘 check>

1. 다음 <보기>에서 적당한 단어를 골라서 괄호 안에 써넣으세요.

<보기> 튼튼히   과학적   정치   문자
      역사상   인재

1) 한글은 (   )인 원리를 바탕으로 만들어진 문자다.
2) 한국 (   ) 위대한 인물을 소개해 주세요.
3) 조선 제4대 세종대왕 시대의 수많은 (   )가 노력해서 훈민정음을 만들었다.
4) 한국인은 15세기 초까지 말은 있었지만 공식적인 (   )가 없었다.
5) 이 건물은 진도 7의 진동을 견디는 내진설계를 해서 (   ) 만들었습니다.
6) 요즘 젊은이들은 (   ) 문제에 관심이 별로 없는 것 같아요.

2. 다음 <보기>에서 적당한 용언을 찾아서 괄호 안에 알맞은 활용형을 써넣으세요.

<보기> 물리치다   안정시키다   자랑스럽다   지키다   여기다

1) 더위를 (   ) 여름을 건강하게 보냅시다.
2) 환자가 불안하게 생각하지 않도록 (   ).
3) 좋은 성적으로 대학을 졸업하게 되어 여러분이 (   ).
4) 부모님이 안 계신 동안 집을 잘 (   ).
5) 학교 선배를 친형으로 (   ) 잘 따랐다.

<문법 point>

1. 다음 빈칸에 용언의 적당한 활용형을 써넣으세요.

용언	비격식체 낮춤		
	과거	현재	미래
어렵다	어려웠어	어려워	어렵겠어
멀다	1)	멀어	멀겠어
태어나다	태어났어	2)	태어나겠어
졸다	3)	졸아	졸겠어
잡다	잡았어	잡아	4)
지키다	5)	지켜	지키겠어
옳다	옳았어	6)	옳겠어
밝다	7)	밝아	밝겠어
훌륭하다	훌륭했어	훌륭해	8)
운동하다	운동했어	9)	운동하겠어

2. 다음 문장을 "-겠다"와 결합하여 바꿔 보세요.

1) 내일 연락이 올 거야. (   )
2) 이번 가을에는 사과나무에서 사과를 수확할 수 있을 겁니다. (   )
3) 여름까지 이 일을 다 끝낼 거예요. (   )
4) 그 친구에게 이 사실을 알려 줄 거예요. (   )
5) 올해부터 일기를 쓸 겁니다. (   )

3. 다음 밑줄 친 용언을 "-지 알다", "-지 모르다"와 결합하여 문장을 만드세요.

1) 천안문 광장까지 몇 번 버스를 타고 가야 하다(   ) 아세요?
2) 제일 처음 누가 그 말을 했다(   ) 저도 알고 싶어요.
3) 요즘 날씨가 왜 이렇게 건조하다(   ) 모르겠어요.
4) 음식을 많이 먹지도 않는데 왜 이렇게 살이 찌다(   ) 모르겠어요.
5) 영화를 한 편 보고 싶은데 어떤 영화가 재미있다(   ) 모르겠어요.

第9课 人物介绍

4. "같은"을 이용하여 물음에 답하세요.

   1) 어떤 사람과 함께 일하고 싶습니까?
      (   ) 같은 사람과 일하고 싶습니다.
   2) 어떤 곳으로 휴가를 가고 싶습니까?
      (   ) 같은 곳으로 휴가를 가고 싶습니다.
   3) 어떤 옷을 사고 싶습니까?
      (   ) 같은 옷을 사고 싶습니다.
   4) 어떤 종류의 차를 사고 싶습니까?
      (   ) 같은 차를 사고 싶습니다.
   5) 어떤 집에 살고 싶습니까?
      (   ) 같은 집에 살고 싶습니다.

5. 다음 밑줄 친 영언을 "-았/었/였다"와 결합하여 고치세요.

   1) 지리산은 꽤 높은 편이었어요.(   )
   2) 공원에 사람이 별로 없어서 조용했습니다.(   )
   3) 햇볕이 너무 따가워서 커튼을 쳤어.(   )
   4) 솔직하게 말하지 않다니, 남자답지 못했어요.(   )
   5) 모처럼 유원지에 놀러 가서 배를 탔습니다.(   )

〈이해와 표현〉

1. 다음 문장을 중국어로 번역하세요.

   1) 이렇게 천천히 준비하다가 기차 시간에 늦겠어요. 빨리 서둘러요.

   2) 네가 그렇게 입으니까 정말 멋있다.

   3) 음식이 너무 싱거워서 소금을 좀 쳐서 먹어야겠다.

   4) 이곳에서 사진을 찍어도 되는지 모르겠어요.

5) 서류를 다 복사하고 집에 가겠다.

6) 부모님은 3일 전에 여행을 가셨다가 내일 집으로 돌아오신다.

7) 대학에 입학했는데 아직도 부모님은 나를 왜 어린애처럼 여기시는지 모르겠다.

8) 물시계나 해시계, 측우기를 본 적이 있어요?

9) 훈민정음은 '백성을 가르치는 바른 소리'라는 뜻이다.

10) 쉬지도 않고 저렇게 일만 하다니 정말 힘들겠다.

2. (듣기) 다음 문장을 잘 듣고 물음에 답하세요.

1) 중국의 유명한 박물관 중에서 한 곳을 아는 대로 소개해 보세요.

2) 박물관 전시품 중에서 관심을 갖고 있는 유물이 있으면 소개해 보세요.

3. 여러분이 박물관에서 일하고 있는 직원이라고 가정하고, 전시 중인 유물 중에서 한 가지를 아래 순서에 따라 관람객들에게 설명해 보세요.

1) 유물의 이름과 종류

2) 유물의 유래와 역사

3) 유물의 가치

4) 유물 보존 방법

〈속담〉

1. 다음 속담과 비슷한 뜻의 속담을 고르세요.

가는 말이 고와야 오는 말이 곱다.

1) 가는 방망이 오는 홍두깨.
2) 우물 안 개구리.
3) 낮 말은 새가 듣고 밤 말은 쥐가 듣는다.
4) 발 없는 말이 천 리 간다.

〈보충단어〉

원리	（名）	原理
바탕	（名）	基础
공식적	（名，冠）	公式的，正式的，官方的
진도	（名）	震度
내진설계	（名）	抗震设计
친형	（动）	亲哥哥
수확하다	（动）	收获
일기	（名）	日记
지리산	（名）	智异山
햇볕	（名）	阳光
따갑다	（形）	火辣辣
커튼	（名）	帘子
솔직하게	（副）	率直地，坦率地
남자답다	（形）	男子汉般
모처럼	（副）	特地，好不容易
유원지	（名）	游乐园
소금을 치다	（词组）	撒盐
복사하다	（动）	复印

어린애	(名)	小孩
여기다	(动)	以为，当做
물시계	(名)	滴漏
해시계	(名)	日晷
측우기	(名)	测雨器
백성	(名)	老百姓
용산	(名)	龙山
국립중앙박물관	(名)	国立中央博物馆
국보급 문화재	(名)	国宝级文化遗产
구석기 시대	(名)	旧石器时代
지하 수장고	(名)	地下收藏库
일반인	(名)	一般人
특별 전시회	(名)	特别展示会
복식	(名)	服饰
서예	(名)	书法
회화	(名)	绘画
눈여겨 보다	(词组)	瞩目，凝望
영상·음성안내기	(名)	移动智能电子解说器
전시 해설 서비스	(名)	展览讲解服务
제공하다	(动)	提供

第10课 机场 공항

<핵심 사항>

> 공항 내에서 출입국 수속을 할 때 필요한 표현법을 배운다.
> -뿐이다, -(으)ㄹ 뿐이다
> 말고
> -자마자
> -기 시작하다
> 덕분에, -는/(으)ㄴ 덕분에

<발음 point>

1. 다음 용언의 활용형을 소리 나는 대로 읽어 보세요.

용언	품사	연결어미			종결어미		
보이다	동	보이고	보여서	보이지만	보였다	보인다	보이겠다
괜찮다	형	괜찮고	괜찮아서	괜찮지만	괜찮았다	괜찮다	괜찮겠다
찾다	동	찾고	찾아서	찾지만	찾았다	찾는다	찾겠다
마치다	동	마치고	마쳐서	마치지만	마쳤다	마친다	마치겠다
늦다	형	늦고	늦어서	늦지만	늦었다	늦다	늦겠다
즐겁다	형	즐겁고	즐거워서	즐겁지만	즐거웠다	즐겁다	즐겁겠다
사다	동	사고	사서	사지만	샀다	산다	사겠다

2. 다음 밑줄 친 부분의 발음에 유의하면서 소리 나는 대로 읽고 써 보세요.

1) <u>늦겠어요</u>. 벌써 사람들이 <u>탑승하기</u> <u>시작했어요</u>.
   [   ]

2) <u>뭘요</u>. 저도 왕룽 씨 <u>덕분에</u> 매우 <u>즐거웠답니다</u>.
   [   ]

<어휘 check>

1. 다음 출입국 수속과 관련 있는 단어들을 중국어로 번역하세요.

1) 기내(   ), 기내식(   ), 기내 서비스(   ), 기내 방송(   ) 기내 면세품(   )
2) 여권(   ), 여권 발급(   ), 여권 신청(   ), 여권 갱신(   ), 전자 여권(   ), 여권 분실(   ), 여권 만기(   ), 여권 기간 연장(   ), 여권 재발급(   )
3) 탑승(   ), 탑승하다(   ), 탑승객(   ), 탑승 수속(   ), 탑승권(   ), 탑승구(   ), 게이트(   ), 탑승동(   )
4) 면세점(   ), 면세품(   )
5) 국제공항(   ), 국제선(   ), 국내선(   ), 국제노선(   ), 국내노선(   )
6) 환전(   ), 환전하다(   ), 환율(   ), 원화(   ), 위안화(   ), 달러화(   ), 엔화(   ), 유로화(   )
7) 환승(   ), 환승하다(   ), 환승구(   )
8) 비자(   ), 사증(   ), 비자 신청(   ), 비자 발급(   )
9) 전자 티켓(   ), 항공권(   ), 발권(   ), 발권하다(   )
10) 수하물(   ), 수하물 수취대(   ), 휴대품(   ), 중량초과(   )

2. 다음 <보기>에서 적당한 용언을 찾아서 괄호 안에 알맞은 활용형을 써넣으세요.

<보기> 지내다   끝내다   둘러보다   작성하다   깔끔하다

1) 이 일을 빨리 (   ) 집에 가야 해요.
2) 어떤 작품들이 전시되어 있는지 (   ) 싶어요.
3) 방 안을 (   ) 정리했어요.
4) 저는 학교 기숙사에서 친구들과 잘 (   ) 있습니다.
5) 오늘 퇴근 전까지 이 문서를 (   ) 내 책상 위에 놔 두세요.

〈문법 point〉

1. 다음 문장에서 잘못된 부분을 찾아서 고치세요.

1) 봄비가 내린 후 꽃잎이 피었기 시작한다. (　　　　　)
2) 내가 살고 있는 아파트 단지는 살기 편한데 교통이 좀 불편한 뿐이다.
(　　　　　　　)
3) 빨래를 다 끝냈자마자 외출 준비를 했어요. (　　　　　)
4) 학생증을 가져오는 덕분에 영화관 할인 혜택을 받을 수 있었어요.
(　　　　　　　)
5) 이 사과가 말고 배를 주세요. (　　　　　)

2. 알맞은 단어를 괄호 안에 써넣으세요.

1) 나는 뜨거운 음료수를 싫어하니까 (　　　　　) 말고 오렌지 주스를 마실 거예요.
2) 나는 편한 옷을 좋아해서 (　　　　　) 말고 평상복만 입어요.
3) 나는 허리가 아파서 (　　　　　) 말고 가벼운 물건을 들고 갈게요.
4) 이 태블릿 PC를 (　　　　　) 말고 신용카드로 계산해도 되죠?
5) 후식으로는 (　　　　　) 말고 배를 먹는 게 더 좋겠어요.

3. "덕분에"를 이용하여 괄호 안을 한 문장으로 만드세요.

1) 아버지 덕분에 (운동을 시작하다, 건강해지다)

2) 형이 깨워준 덕분에 (일찍 일어나다, 학교에 늦지 않다)

3) 좋은 성적 덕분에 (원하는 직장에 취직하다, 자랑스럽다)

4) 막차 덕분에 (집에 돌아가다, 가족들이 안심하다)

5) 꾸준히 연습을 한 덕분에 (우수한 성적을 거두다, 흡족하다)

4. "-뿐이다"를 이용하여 문장을 고쳐 쓰세요.

1) 지갑 안에 돈이 50원 있어요.

2) 중학교 때 친구들과 찍은 사진이 세 장 있습니다.

3) 컵에 물이 반이 있습니다.

4) 그곳에 자동차를 직접 몰고 한 번 가봤습니다.

5) 황금연휴가 오늘 하루 남았습니다.

5. 다음 연결어미 "-자마자"의 용법을 참고하여 밑줄 친 동사를 고치세요.

결합 가능 품사	결합 조건	결합 양상
동사	동사 기본형의 어간	-자마자

1) 저녁 6시가 <u>되다</u>(　　　) 가로등이 켜졌어요.
2) 유명 가수의 새 음반이 <u>나오다</u>(　　　) 판매량 1위에 올랐어요.
3) 자동차 회사에서 신차를 <u>출시하다</u>(　　　) 언론에서 연일 보도하고 있어요.
4) 풍선이 <u>터지다</u>(　　　) 아기가 놀라서 울기 시작했어요.
5) 창문을 <u>열다</u>(　　　) 밖에서 날벌레가 들어왔어요.

<이해와 표현>

1. 다음 문장을 중국어로 번역하세요.

1) 지금 쓰고 있는 털모자를 누가 떠주었어요?

2) 여권을 잃어버리지 않도록 주의하세요.

3) 영화가 끝나자마자 관객들은 자리에서 하나둘씩 일어나기 시작했다.

4) 대학 졸업 후에 서로 연락도 없이 지내다가 시내 거리에서 그 친구를 우연히 만났다.

5) 중량이 15kg 초과되었으니 추가운임을 내셔야 합니다.

6) 12월 초인데 벌써 스키 타러 가요?

7) 빈 자리가 있는지 제가 안쪽을 한번 둘러보고 올게요.

8) 이 트렁크는 기내에 가지고 들어가셔도 됩니다.

9) 환전을 하려고 하는데 환전소가 어디에 있습니까?

10) 실내 청소가 덜 끝나서 지금은 들어가실 수 없습니다.

2. (듣기)다음 문장을 잘 듣고 물음에 답하세요.

1) 중국과 한국의 항공 운송 상황을 설명해 보세요.

2) 베이징과 인천을 왕복하는 항공사를 조사해 보세요.

3) 베이징과 인천을 왕복하는 일일 이용객 수는 얼마나 되는지 인터넷에서 찾아 보세요.

4) 베이징수도국제공항이나 인천국제공항, 그밖의 공항에 가본 적이 있습니까? 입국 수속과 출국 수속 방법을 순서대로 설명해 보세요.

5) 공공질서를 유지하기 위해서 공항 내에서 어떤 행동을 하면 안 되는지 친구들과 토론해 보세요.

⟨속담⟩

1. 한국 속담 중에 "벼는 익을수록 고개를 숙인다"는 말이 있습니다. 학식이 풍부하여 사람 됨됨이가 훌륭해질수록 겸손해야 한다는 충고의 말입니다. 세상을 살면서 자신감 있게 행동해야 할 때가 있습니다. 그러나 자신감이 지나치면 때때로 다른 사람의 의견을 듣지 않게 되고 오만해 보일 수도 있습니다. 벼가 익을수록 고개를 숙이는 것처럼 일상 생활에서 겸손해야 할 때와 자신감 있게 행동해야 할 때가 언제인지 친구들과 이야기를 나눠 봅시다.

⟨보충단어⟩

기내	(名)	机舱内
여권	(名)	护照
탑승 수속	(名)	登机手续
탑승하다	(动)	登机
면세점	(名)	免税店
국제공항	(名)	国际机场
환전	(名)	换钱，换汇
환승	(名)	换乘
왕복	(名)	往返
편도	(名)	单程
발권	(名)	出票
발권하다	(动)	出票
분실	(名)	遗失
분실하다	(动)	遗失
체류	(名)	滞留
체류하다	(动)	滞留
공항	(名)	机场
청사	(名)	办公大楼
티켓	(名)	票
입국 심사대	(名)	入境检查台

第10课 机장

활주로	（名）	机场跑道
보안 검색대	（名）	安检口
국제선	（名）	国际航班
국내선	（名）	国内航班
결항	（名）	停飞，航班取消
착륙	（名）	着陆
이륙	（名）	起飞
노선	（名）	路线
연착륙	（名）	软着陆
연착	（名）	晚点
기내 서비스	（名）	机舱服务
기내 방송	（名）	机舱广播
기내 면세품	（名）	机舱免税商品
여권 발급	（词组）	发护照
여권 신청	（词组）	申请护照
여권 갱신	（词组）	更新护照
전자 여권	（词组）	电子护照
여권 분실	（词组）	遗失护照
여권 만기	（词组）	护照到期
여권 기간 연장	（词组）	护照延期
여권 재발급	（词组）	重发护照
탑승객	（名）	乘客
탑승권	（名）	登机牌
탑승구	（名）	登机口
게이트	（名）	登机口
탑승동	（名）	航站楼
면세품	（名）	免税商品
국제노선	（名）	国际航线
국내노선	（名）	国内航线
환전하다	（动）	换钱
환율	（名）	汇率
원화	（名）	韩币
위안화	（名）	人民币

95

달러화	(名)	美元
엔화	(名)	日币
유로화	(名)	欧元
환승하다	(动)	换乘
환승구	(名)	换乘口
사증	(名)	签证
비자 신청	(名)	申请签证
비자 발급	(名)	发签证
전자 티켓	(名)	电子票
수하물	(名)	托运行李
수하물 수취대	(名)	行李提取处
휴대품	(名)	手提行李
중량초과	(名)	超重

第11课 饮食, 味道 음식, 맛

<핵심 사항>

음식의 맛이나 조리법과 관련 있는 단어와 표현을 배운다.
대중적인 인기를 끌고 있는 한국 음식을 소개한다.
얼마나…지
-(으)니까
-게 되다
-는 / (으)ㄴ 편이다
-에 비하다

<발음 point>

1. 다음 용언의 활용형을 소리 나는 대로 읽어 보세요.

용언	품사	연결어미			종결어미		
볶다	동	볶고	볶아서	볶지만	볶았다	볶는다	볶겠다
드시다	동	드시고	드셔서	드시지만	드셨다	드신다	드시겠다
춥다	형	춥고	추워서	춥지만	추웠다	춥다	춥겠다
튀기다	동	튀기고	튀겨서	튀기지만	튀겼다	튀긴다	튀기겠다
맞다	형	맞고	맞아서	맞지만	맞았다	맞다	맞겠다
나다	동	나고	나서	나지만	났다	난다	나겠다

2. 다음 밑줄 친 부분의 발음에 유의하면서 소리 나는 대로 읽고 써 보세요.

1) 처음 한국에 왔을 때는 김치가 얼마나 매운지 못 먹었어요.
   [   ]

2) 나는 기름기가 많고 단 음식을 좋아하는데 한국 음식들은 너무 맵고 짰다.
   [   ]

<어휘 check>

1. 왼쪽 음식의 조리법과 관련 있는 동사와 오른쪽의 요리 이름을 연결해서 짧은 글을 지어 보세요.

조리법	요리명
볶다, 찌다, 튀기다, 지지다, 부치다, 삶다, 끓이다, 고다, 데치다, 비비다, 조리다, 굽다, 무치다, 말다, 절이다, 우리다	샤브샤브, 콩나물무침, 파무침, 조개젓무침, 마늘종무침, 콩나물비빔밥, 산채비빔밥, 오징어덮밥, 설렁탕, 소고기 수육, 돼지고기 수육, 두부전골, 계란부침, 부침개, 해물파전, 감자부침, 깻잎절임, 고추절임, 겉절이, 김치볶음, 제육볶음, 참치볶음밥, 김치볶음밥, 닭갈비, 미역줄기볶음, 오징어볶음, 오징어튀김, 생선튀김, 고구마튀김, 감자튀김, 갈비구이, 생선구이, 김구이, 뱅어포구이, 더덕구이, 조개구이, 곰탕, 사골국, 갈비찜, 생선찜, 찜닭, 멸치국물, 찻잎, 감자조림, 갈치조림, 콩자반조림, 계란조림, 멸치조림, 김밥, 계란말이

2. 왼쪽에 제시한 양념과 향신료를 오른쪽의 맛과 선으로 연결하세요.

1) 간장, 소금   매콤하다, 맵다
2) 고추, 고추장, 겨자, 양파   달콤하다, 달다
3) 된장   새콤하다, 시다
4) 산초   고소하다, 구수하다
5) 식초   아리다
6) 설탕   짭짤하다, 짜다

<문법 point>

1. 다음 "-ㄴ/은지, -는지"의 용법을 참고하여 밑줄 친 용언을 활용형으로 바꿔 써 넣으세요.

결합 가능 품사	결합 조건		결합 양상
형용사	양성모음	과거	-았는지
	음성모음		-었는지
	하다		-였는지
	개음절	현재	-ㄴ지
	폐음절		-은지
	개음절	미래	-ㄹ지
	폐음절		-을지
동사	양성모음	과거	-았는지
	음성모음		-었는지
	하다		-였는지
		현재	-는지
	개음절	미래	-ㄹ지
	폐음절		-을지

(1)

가: 이번 설날에 집에 다녀왔어요?

나: 아니요, 기차표를 사는 게 얼마나 <u>힘들다</u>(　　　　) 결국 못 갔어요.

(2)

가: 김 대리가 오늘 퇴근 전까지 그 일을 다 마칠 수 있을까요?

나: 그럼요, 김 대리는 책임감이 얼마나 <u>강하다</u>(　　　　) 한번 맡은 일은 시간 내에 꼭 끝내는 사람이에요.

(3)

가: 여행 잘 다녀오셨어요?

나: 예, 여행지에서 얼마나 재미있게 놀다(　　　　) 또 가고 싶어요.

(4)
가: 저기 팔짱을 끼고 서 계신 분이 누구세요?
나: 국가대표 야구 감독인데 얼마나 유명하다(　　　　) 모르는 사람이 없어요.

(5)
가: 제주도가 그렇게 좋아요?
나: 그럼요, 얼마나 경치가 아름답고 공기가 맑다(　　　　) 저도 거기 가서 살고 싶어요.

(6)
가: 지금 아이들이 한창 귀여울 때겠네요. 저도 한번 보고 싶어요.
나: 우리 집 애들은 요즘 얼마나 말을 안 듣다(　　　　) 때려주고 싶을 때도 있어요.

2. 괄호 안의 문장을 연결하여 한 문장으로 만드세요.

1) 날씨가 좋으니까 (산에 가다, 바람을 쐬다)＿＿＿＿＿＿＿＿＿＿
2) 바람이 부니까 (연을 날리다, 친구와 함께 놀다)＿＿＿＿＿＿＿＿
3) 비가 오니까 (밖에 안 나가다, 책을 읽다)＿＿＿＿＿＿＿＿＿＿
4) 폭설이 내려서 길이 미끄러우니까 (교통방송을 듣다, 운전을 조심하다)
＿＿＿＿＿＿＿＿＿＿＿＿＿＿＿＿＿＿＿＿＿＿＿＿＿＿＿＿＿＿
5) 미세먼지 농도가 높으니까 (밖에 나갈 때 마스크를 쓰다, 물을 많이 마시다)
＿＿＿＿＿＿＿＿＿＿＿＿＿＿＿＿＿＿＿＿＿＿＿＿＿＿＿＿＿＿

3. "-게 되다"를 써서 다음 상황에 맞게 두 사람의 대화문을 만들어 보세요.

1) 소영 씨는 대학을 졸업하자마자 서울 강남에 있는 무역회사에 취직했다. 다음 달 3일부터 출근할 예정이다.
준수:＿＿＿＿＿＿＿＿＿＿＿＿＿＿＿＿＿＿＿＿＿＿＿＿＿＿＿
소영:＿＿＿＿＿＿＿＿＿＿＿＿＿＿＿＿＿＿＿＿＿＿＿＿＿＿＿

2) 나는 어렸을 때 체력이 약했다. 태권도를 배우기 시작하면서 몸이 튼튼해지고 정신력도 강해졌다.

친구:_____

나:_____

3) 영희 씨는 날씨가 너무 더워서 땀이 많이 났다. 그래서 긴 머리를 짧게 잘랐다.

연수:_____

영희:_____

4) 지수 씨는 곧 작은 회사를 개업할 예정이다. 주변 친지들을 개업식에 초대하고 싶다.

지수:_____

친구:_____

5) 동민 씨는 여자친구와 사귄 지 3년 되었다. 올해 10월 10일 결혼할 것이다.

동민:_____

친구:_____

4. 다음 <보기>에서 성격이나 태도를 나타내는 형용사를 찾아서 문장을 완성하세요.

<보기> 활발하다, 소심하다, 솔직하다, 적극적이다, 소극적이다, 내성적이다, 용감하다, 겁이 많다, 친절하다, 불친절하다, 상냥하다, 참을성이 강하다, 참을성이 약하다, 끈기가 있다, 끈기가 없다, 급하다, 느긋하다, 얌전하다, 차분하다, 착하다, 열정적이다

1) 가: 본인의 성격을 소개해 보세요.

나: 제 성격은 _____ 편입니다.

2) 가: 여러분 성격의 장점을 소개해 보세요.

나: 저는 _____ 편이에요.

3) 가: 여러분 성격의 단점을 소개해 보세요.

나: 저는 _____ 편이에요.

4) 가: 친한 친구의 성격을 소개해 보세요.

나: _____ (이)는 _____ 편이에요.

5) 가: 어떤 성격이 좋은 성격인지 소개해 보세요.
나: _____

5. "-에 비하다"를 이용하여 만든 문장을 완성하세요.

<보기> 좋다, 나쁘다, 적다, 많다, 살이 많이 빠지다, 북반구, 남반구, 시각적이다

1) 지금까지 투자한 액수에 비해 성과가_____
2) 업무량에 비해서 월급이 너무_____
3) 10년 전에 비해서 지금 나는_____
4) _____에 비해 _____가 겨울에 더 추워요.
5) 라디오에 비하면 텔레비전은_____

<이해와 표현>

1. 다음 <보기>의 음식을 먹는 동작과 관련 있는 동사로 문장을 완성하세요.

<보기> 맛보다, 씹다, 핥다, 깨물다, 뜯다, 빨다, 바르다, 벗기다, 긁다, 쪼개다, 자르다, 싸다, 썰다

1) 먹기 좋게 생선 가시를 (　　) 아이에게 줘야 해요.
2) 이렇게 껍질이 단단한 호두를 어떻게 이빨로 (　　) 깨뜨릴 수 있겠어?
3) 식사를 하시기 전에 먼저 이 전채 요리를 (　　).
4) 깍두기를 담그려면 무를 네모나게 (　　) 해요.
5) 빨대를 꽂아서 우유를 (　　) 드세요.
6) 영화 한 편을 보는 동안 막대 사탕을 조금씩 (　　) 먹었다.
7) 옥수수 껍질을 (　　) 솥에 찌면 더 맛있을까요?
8) 돼지고기 수육을 새우젓에 찍어서 마늘을 얹어서 상추에 (　　) 먹으면 정말 맛있어요.
9) 밥솥 바닥에 붙은 누룽지를 숟가락으로 (　　) 먹었다.

10) 음식을 급하게 먹지 말고 천천히 30번씩 (   ) 드세요.

11) 갈비를 여섯 대나 (   ) 먹어서 배가 불러요.

12) 손으로 사과를 (   ) 반반씩 친구와 나눠 먹었어요.

13) 생일 케이크를 다섯 조각으로 (   ) 가족들에게 나눠 주었어요.

2. 다음 문장을 중국어로 번역하세요.

1) 준결승전에서 우리나라 선수가 상대 선수를 3:2로 이기고 결승전에 진출하게 되었어요.

2) 이번 대학수학능력시험 언어영역 문제는 좀 어려운 편이었어요.

3) 어제 경식이 생일파티 때 친구들이 다 모여서 얼마나 재미있게 놀았는지 몰라요.

4) 12번 문제는 어렵지 않으니까 설명하지 않겠어요.

5) 제품 가격에 비해서 품질이 정말 좋군요.

6) 방을 다 치웠으니까 이제 씻고 밥을 먹을 거예요.

7) 이 된장찌개는 어떤 재료를 넣고 끓였어요? 참 구수해요.

8) 삼계탕을 먹었는데 밥까지 한 그릇 말아 먹으면 살이 많이 찔 거예요.

9) 국이 너무 싱거우면 간장을 넣어 드세요.

10) 너무 오래 볶아서 참깨가 까맣게 다 탔는데 먹을 수 있을까요?

3. 다음 대화 내용 중 (나)의 대답으로 적합한 내용을 <보기>에서 골라 괄호 안에 넣어서 대화 연습을 해 보세요.

<보기> 국물이 많다, 음식 재료가 많다, 맵다, 싱겁다, 얼큰하다, 건강에 좋지 않다, 맵게 되다

가: 고춧가루와 고추장을 많이 넣었는데 생선 매운탕 맛이 왜 이렇게 안 매울까요? 맛 좀 봐주세요.
나: _____

(1) 양념에 비해서 너무 (　　　　　　)니까 그렇죠. 고추장을 더 넣어야 해요.
(2) 맞아요. 제 입맛에도 좀 (　　　　　　)운 편이에요. 고추장을 더 넣고 한참 끓이세요.
(3) 이 정도면 괜찮은데요. 너무 맵게 먹으면 (　　　　　　).
(4) 저는 국물이 아주 (　　　　　　)해서 좋은데요.
(5) 내 입맛에는 너무 (　　　　　　). 물을 더 넣으세요.

4. 다음 문장을 읽고 물음에 답하세요.

한국 사람들은 자극적인 맛을 좋아하는 편이다. 특히 매운 맛을 좋아하는 사람들이 많다. 외식을 할 때 음식에 고춧가루나 고추장, 후추, 간장, 겨자, 식초, 소금 등 자극성이 강한 양념을 식성껏 듬뿍 넣어서 먹는다. 이런 양념들은 적당량을 섭취하면 건강에 도움이 되지만, 너무 많이 섭취하면 건강이 나빠질 수도 있다. 그렇지만 최근 건강을 염려해서 음식을 싱겁고 담백하게 먹는 사람들이 점점 늘고 있다. 음식 재료의 원래 맛을 즐기면서 건강도 지키려면 적게 먹고, 싱겁게 먹어야 한다는 건강 정보가 널리 알려지면서 한국 사람들은 소금이나 고추처럼 위장을 자극하는 양념을 점점 적게 섭취하려고 한다.

1) 여러분은 어떤 맛을 좋아하는지 식성을 소개해 보세요.

2) 여러분 고향의 대표적인 음식을 한 가지만 소개하고, 만드는 방법을 설명해

보세요.

3) 여러분이 만들 수 있는 음식은 무엇입니까? 어떻게 만드는지 순서대로 소개해 보세요.

〈속담〉

1. (듣기) 다음 내용을 잘 듣고 "소 귀에 경읽기"라는 속담을 이용하여 대화문을 완성해 보세요.

어머니:_____

영식:_____

아버지:_____

영식:_____

아버지: 정말 소 귀에 경읽기구나. 안 되겠다._____

영식:_____

〈보충단어〉

샤브샤브	(动)	火锅
찌다	(名)	蒸, 发胖
콩나물무침	(名)	凉拌黄豆芽
파무침	(名)	凉拌小葱
조개젓무침	(名)	凉拌腌贝
마늘종무침	(名)	凉拌蒜苗
튀기다	(动)	炸, 溅
콩나물비빔밥	(名)	黄豆芽拌饭
산채비빔밥	(名)	野菜拌饭
오징어덮밥	(名)	鱿鱼盖(浇)饭
지지다	(动)	煎, 摊

부치다	（动）	煎，摊；邮寄
설렁탕	（名）	牛杂碎汤
소고기 수육	（名）	白煮牛肉
돼지고기 수육	（名）	白煮猪肉
두부전골	（名）	砂锅牛肉炖豆腐
삶다	（动）	煮，炖
끓이다	（动）	煮，熬，炖
계란부침	（名）	煎鸡蛋
부침개	（名）	煎饼
해물파전	（名）	海鲜葱饼
감자부침	（名）	土豆饼
고다	（动）	煨，熬
깻잎절임	（名）	腌芝麻叶
고추절임	（名）	腌辣椒
겉절이	（名）	腌咸菜
데치다	（动）	焯
김치볶음	（名）	炒泡菜
제육볶음	（名）	炒五花肉
참치볶음밥	（名）	金枪鱼炒饭
김치볶음밥	（名）	泡菜炒饭
닭갈비	（名）	鸡排
미역줄기볶음	（名）	炒裙带菜
오징어볶음	（名）	炒鱿鱼
비비다	（动）	拌，搅拌
오징어튀김	（名）	炸鱿鱼
생선튀김	（名）	炸鱼
고구마튀김	（名）	炸薯片
감자튀김	（名）	炸土豆片
조리다	（动）	酱，熬
갈비구이	（名）	烤猪排
생선구이	（名）	烤鱼
김구이	（名）	烤紫菜
뱅어포구이	（名）	烤鱼片

더덕구이	(名)	烤沙参
조개구이	(名)	烤贝，烤蛤蚌
굽다	(动)	烤，烧
곰탕	(名)	牛肉汤
사골국	(名)	牛骨汤
무치다	(动)	凉拌
갈비찜	(名)	蒸排骨
생선찜	(名)	蒸鱼
찜닭	(名)	蒸鸡
말다	(动)	泡，卷
멸치국물	(名)	鳀鱼汤
찻잎	(名)	茶叶
절이다	(动)	腌，腌渍
감자조림	(名)	烧土豆
갈치조림	(名)	烧带鱼
콩자반조림	(名)	酱油煎豆
계란조림	(名)	酱油腌蛋
멸치조림	(名)	炒鳀鱼
우리다	(动)	泡，沤，腌
김밥	(名)	紫菜包饭
계란말이	(名)	鸡蛋卷
간장	(名)	酱油，豉油
소금	(名)	盐
매콤하다	(形)	辛辣，刺鼻
맵다	(形)	辣，辛辣
고추	(名)	辣椒
고추장	(名)	辣椒酱
겨자	(名)	芥末
양파	(名)	洋葱
달콤하다	(形)	甜蜜，甜美，甘甜
달다	(形)	甜的
된장	(名)	大酱
새콤하다	(形)	酸溜溜的

시다	（形）	酸的
산초	（名）	花椒
고소하다	（形）	可口的
구수하다	（形）	美味的（程度超过고소하다）
식초	（名）	醋
아리다	（形）	麻，火辣辣的
설탕	（名）	白砂糖，食糖
짭짤하다	（形）	咸滋滋的
짜다	（形）	咸的
책임감	（名）	责任感
맡다	（动）	承担，担任
여행지	（名）	旅行地
팔짱을 끼다	（词组）	抄手
국가대표	（名）	国家代表
야구 감독	（名）	棒球教练
공기	（名）	空气；施工期间；碗
한창	（名、副）	正当年，正，正好
바람을 쐬다	（词组）	兜风
연을 날리다	（词组）	放风筝
폭설	（名）	大雪，暴雪
교통방송	（名）	交通广播
미세먼지	（名）	细颗粒物，微尘
농도	（名）	浓度
마스크	（名）	面具，假面，口罩
서울 강남	（名）	首尔江南地区
태권도	（名）	跆拳道
정신력	（名）	意志力
긴 머리	（名）	长发
개업하다	（动）	开业
개업식	（名）	开业典礼
초대하다	（动）	邀请，招待
사귀다	（动）	交往
활발하다	（形）	活泼，活跃

第11课 饮食，味道

소심하다	（形）	小心谨慎，缩手缩脚
솔직하다	（形）	坦率，坦白，率直，率真
적극적이다	（名）	积极
소극적이다	（名）	消极，被动
내성적이다	（名）	内向的
용감하다	（形）	勇敢
겁이 많다	（词组）	胆小
친절하다	（形）	亲切的
불친절하다	（形）	不亲切的
상냥하다	（形）	和蔼的
참을성이 강하다	（词组）	有耐心
참을성이 약하다	（词组）	没有耐心
끈기가 있다	（词组）	有耐性
끈기가 없다	（词组）	缺乏耐性
급하다	（形）	急切
느긋하다	（形）	休闲的
얌전하다	（形）	斯文的
차분하다	（形）	文静的
착하다	（形）	善良的
열정적이다	（名）	热情的
장점	（名）	优点
단점	（名）	缺点
친하다	（形）	亲密的
북반구	（名）	北半球
남반구	（名）	南半球
라디오	（名）	收音机
맛보다	（动）	品尝
씹다	（动）	嚼
핥다	（动）	舔
깨물다	（动）	咬
뜯다	（动）	撕，扯，啃
빨다	（动）	吸吮
바르다	（动）	涂，抹

벗기다	（动）	剥，脱
긁다	（动）	搔，刮
쪼개다	（动）	剖开，劈开
자르다	（动）	剪，切，砍
싸다	（动）	包，围
썰다	（动）	切，剁
가시	（名）	刺（儿）
껍질	（名）	皮，壳
이빨	（名）	牙齿
깨뜨리다	（动）	打破，打碎
전채 요리	（名）	（饭前）开胃菜
깍두기	（名）	萝卜块泡菜
네모	（名）	四角，四方
빨대	（名）	吸管
꽂다	（动）	插
막대 사탕	（名）	棒棒糖
솥	（名）	铁锅
새우젓	（名）	虾酱
얹다	（动）	放，搁
상추	（名）	生菜
밥솥	（名）	饭锅
바닥	（名）	地面，地板
누룽지	（名）	锅巴
반반씩	（词组）	一半一半
다섯 조각	（名）	五片
자극적이다	（名）	刺激
식성껏	（副）	合自己胃口
듬뿍	（副）	满满地
적당량	（名）	适量
섭취하다	（动）	吸收
염려하다	（动）	担心，挂念
담백하다	（动）	清淡的
점점	（副）	渐渐

원래	（名）	原来
건강 정보	（名）	健康资讯
위장	（名）	胃
자극하다	（动）	刺激
식성	（名）	口味
남학생	（名）	男学生
게임	（名）	游戏
깨우다	（动）	唤醒
제시간	（名）	按时
야단을 치다	（词组）	责骂
습관	（名）	习惯
출발하다	（动）	出发
약해지다	（动）	变弱
상의하다	（动）	商量

第12课 济州岛 제주도

〈핵심 사항〉

> 제주도의 자연 경관을 소개하는 방법을 배운다.
> -(으)로 유명하다/-기로 유명하다
> -겸, -(으)ㄹ 겸
> -(으)ㄹ 걸 (그랬다)
> -(으)ㄹ까요?

〈발음 point〉

1. 다음 활용형을 소리 나는 대로 읽어 보세요.

용언	품사	연결어미			종결어미		
싶다	형	싶고	싶어서	싶지만	싶었다	싶다	싶겠다
멋있다	형	멋있고	멋있어서	멋있지만	멋있었다	멋있다	멋있겠다
잡다	동	잡고	잡아서	잡지만	잡았다	잡는다	잡겠다
피다	동	피고	피어서	피지만	피었다	핀다	피겠다
쉽다	형	쉽고	쉬워서	쉽지만	쉬웠다	쉽다	쉽겠다
달리다	동	달리고	달려서	달리지만	달렸다	달린다	달리겠다

2. 다음 밑줄 친 부분의 발음에 유의하면서 소리 나는 대로 읽고 써 보세요.

1) 여행을 가고 <u>싶은데</u> 어디가 <u>좋을까요</u>? [   ]
2) <u>유채꽃도 볼 겸</u> 언제 <u>같이</u> 가요. [   ]

<어휘 check>

1. 다음 <보기>에서 여러분 상황에 알맞은 단어를 찾아서 괄호 안에 써넣으세요.

<보기> 산촌 어촌 농촌 농어촌 도시 대도시 중소도시
    지방 지방도시 근교 외곽 수도 민가 주택가 주변
    고장 고을 동네 마을 지역 구역 단지 시내 시외
    중심 도심 변두리 상업지구

제가 태어난 곳은 (   )입니다. (   )에서 아주 가깝습니다. 그곳은 아주 아름다운 곳이었습니다. (   )에는 번화가가 있고, (   )에는 명승고적이 많이 있습니다. 저는 어렸을 때 그곳에서 자랐습니다. 그리고 (   )에 있는 대학에 입학하여 그곳으로 이사했습니다. 제가 입학한 대학 (   )에도 가볼 만한 관광명소가 있습니다. 지난 여름 방학 때 친구들과 함께 가서 사진도 찍고 재미있게 놀았습니다. 앞으로 기회가 있으면 여러 (   )을 다니면서 구경하고 싶습니다.

2. 다음 <보기>에서 적당한 단어를 찾아서 괄호 안에 써넣으세요.

<보기> 길 산길 큰길 골목길 오솔길 육로 해로 항로 바닷길
    뱃길 하늘길 도로 대로 해안도로 차도 인도 보행로
    고속도로 국도 지방도 산책로 자동차 전용도로
    자전거 전용도로 일방통행로 버스 전용차로

(   )는 사람이 걸어다니는 길을 말합니다. (   )라고도 합니다. 비행기가 운항하는 길은 (   ) 또는 (   )이라고 합니다. 시속 100킬로미터 이상으로 차가 달릴 수 있는 도로는 (   )라고 합니다. 자동차가 한쪽 방향으로만 지나갈 수 있는 길을 (   )라고 합니다. 건물과 건물 사이의 좁은 길은 (   )이라고 합니다. 선박이 다니는 길은 해로, 또는 (   ), (   )이라고도 합니다.

<문법 point>

1. "-(으)로 유명하다"를 이용하여 다음 물음에 답하세요.

1) 중국과 한국에서 차의 산지로 가장 유명한 곳은 어디입니까?

2) 중국과 한국에서 사과의 산지로 가장 유명한 곳은 어디입니까?

2. "-기로 유명하다"를 이용하여 다음 물음에 답하세요.

1) 여러분 주변에서 옷을 잘 입기로 유명한 친구는 누구입니까?

2) 여러분 주변에서 운동을 잘하기로 유명한 친구는 누구입니까?

3) 여러분 주변에서 재미있기로 유명한 친구는 누구입니까?

4) 여러분 주변에서 노래를 잘하기로 유명한 친구는 누구입니까?

5) 여러분 주변에서 컴퓨터를 잘 하기로 유명한 친구는 누구입니까?

3. "-(으)ㄹ 겸"을 이용하여 괄호 안을 연결하세요.

1) (맛있는 음식을 먹다, 사진을 찍다, 지리산에 가다)

2) (과월호 잡지를 열람하다, 친구를 만나다, 도서관에 가다)

3) (머리를 식히다, 여행을 하다, 경주에 가다)

4) (돈을 벌다, 사회 경험을 쌓다, 아르바이트를 하다)

5) (체력을 연마하다, 살을 빼다, 헬스클럽에서 운동을 시작하다)

4. "-(으)ㄹ 걸 (그랬다)"를 이용하여 대화문을 완성하세요.

1) 가: 아버지, 해외 출장지에서 제 선물은 안 사오셨어요?
   나:_____

2) 가: 왜 이렇게 요즘 살이 많이 빠졌어요?
   나:_____

3) 가: 오늘처럼 추운 날 왜 이렇게 옷을 얇게 입었어요?
   나:_____

4) 가: 회의는 벌써 시작했는데 왜 이렇게 늦게 오셨어요?
   나:_____

5) 가: 이렇게 늦은 시간까지 사무실에 남아서 일을 하세요?
   나:_____

5. 다음 물음에 답하세요.

1) 가: 내일 저녁까지 페인트 칠이 다 마를까요?
   나:_____

2) 가: 내일 새벽에는 일출을 볼 수 있을까요?
   나:_____

3) 가: 어떡하죠? 지하철 선반에 가방을 두고 내렸는데 다시 찾을 수 있을까요?
   나:_____

4) 가: 점심에 샌드위치 반 쪽만 먹었는데 저녁때까지 배가 고프지 않을까요?
   나:_____

5) 가: 제가 머리를 길게 기르고 염색을 하면 더 멋있어 보일까요?
   나:_____

〈이해와 표현〉

1. 다음 문장을 중국어로 번역하세요.

1) 이 고장은 전복죽으로 유명하니까 구경도 하고 밥도 먹을 겸 수산시장에 가 봅시다.

2) 산꼭대기까지 올라가는 길이 너무 험해서 네 시간이나 걸렸다.

3) 바닷가에 앉아서 친구들과 저녁노을을 보면서 노래를 불렀어요.

4) 지금 막 동생에게 대학 입학 시험에 합격했다고 연락이 왔어요.

5) 이 사진 좀 보세요. 노랗게 활짝 핀 유채꽃 앞에서 사진을 찍으니까 얼굴이 아주 예쁘게 나오죠?

6) 그 회사는 전자제품을 생산하는 회사보다 사회에 더 많은 돈을 기부하는 회사로 더 유명해요.

7) 그 가수는 노래보다 연기로 더 유명해요.

8) 이렇게 헤어지기 전에 그 사람에게 더 잘해줄 걸 그랬어요.

9) 양복 상의에 검은색 얼룩이 묻었는데 세탁소에 맡기면 얼룩을 뺄 수 있을까요?

10) 이번 크리스마스에는 눈이 올까요?

2. (듣기) 다음 문장을 잘 듣고 물음에 답하세요.

1) 한국에서 자연 경관이 잘 보존되어 있는 곳을 소개해 보세요.

2) 중국 정부에서 적극적으로 자연 경관 보호에 힘쓰고 있는 지역은 어디인지 소개해 보세요.

<속담>

1. 다음 여러 상황에서 "간에 기별도 안 간다"라는 속담을 사용할 수 있는 대화문을 찾아 보세요.

1) 가: 제 여자친구 생일 선물로 이 옷을 사주면 좋아할까요?
   나: 장미꽃과 카드까지 함께 주면 더 좋아할 거예요.

2) 가: 내일이 체육대회 날인데 비가 오면 어떡하죠?
   나: 일기예보에서 안 온다고 했으니까 걱정 마세요.

3) 가: 엄마, 팝콘 더 먹고 싶어요.
   나: 그렇게 많이 먹었는데 또 먹고 싶어?

4) 가: 김 과장님이 어제 회식 자리에서 과음을 하셨다면서요?
   나: 어떻게 아셨어요?

〈보충 단어〉

산촌	（名）	山村
어촌	（名）	渔村
농촌	（名）	农村
농어촌	（名）	农渔村
도시	（名）	城市
대도시	（名）	大城市
중소도시	（名）	中小城市
지방	（名）	地方
지방도시	（名）	地方城市
근교	（名）	近郊
외곽	（名）	外城
수도	（名）	首都
민가	（名）	民宅
주택가	（名）	住宅区
고장	（名）	地方，故乡
고을	（名）	县城
동네	（名）	村子，邻里
마을	（名）	村庄
지역	（名）	地域，地区
구역	（名）	区域
단지	（名）	园区，小区

시내	（名）	市内
시외	（名）	郊区，市外
중심	（名）	中心
도심	（名）	城市中心
주변	（名）	周边，周围
변두리	（名）	周边，外围
상업지구	（名）	商业区
번화가	（名）	闹市区
명승고적	（名）	名胜古迹
이사하다	（动）	搬家
명소	（名）	名胜
길	（名）	路
산길	（名）	山路
큰 길	（名）	大路，大道
골목길	（名）	胡同，巷子
오솔길	（名）	小路，小道
육로	（名）	陆路
해로	（名）	海路
항로	（名）	航路
바닷길	（名）	海路
뱃길	（名）	水道，水路
하늘길	（名）	航路
도로	（名）	道路，公路
대로	（名）	大路，大街
해안도로	（名）	环海公路
차도	（名）	车道
인도	（名）	人行道
보행로	（名）	人行道，步行道
고속도로	（名）	高速公路
국도	（名）	国道
지방도	（名）	地方道路
산책로	（名）	用于散步的路

자동차 전용도로	（名）	汽车专用车道
자전거 전용도로	（名）	自行车专用道
일방통행로	（名）	单行道
버스 전용차로	（词组）	公共汽车专用车道
선박	（名）	船舶，船只
산지	（名）	产地
과월호	（名）	（杂志）往期
연마하다	（动）	研磨，磨练
헬스클럽	（名）	健身俱乐部
해외 출장지	（名）	海外出差地
회의	（名）	会议
페인트 칠	（词组）	油漆
마르다	（形、动）	干，瘦，枯竭
지하철 선반	（词组）	地铁搁物架
샌드위치	（名）	三明治
염색	（名）	染色
반면	（名）	反面
손길이 닿다	（词组）	伸出援手
청정지역	（名）	清净的地方
상반되다	（动）	相反
대기	（名）	大气
토양	（名）	土壤，泥土
수질	（名）	水质
남극	（名）	南极
빙하	（名）	冰河，冰川
환경보호론자	（名）	环保人士
원시림	（名）	原始森林
훼손하다	（动）	损坏
파괴하다	（动）	破坏
욕심	（名）	欲望
몸살을 앓다	（词组）	浑身酸痛
공존하다	（动）	共存

해답	（名）	答案，解答
체육대회	（名）	运动会
팝콘	（名）	爆米花
회식	（名）	会餐
과음하다	（动）	饮酒过量

综合练习3 종합연습 3

문항번호	1		2		3	4	5	6	7	총점
	1	2	1	2						
배점	5	5	5	5	10	10	15	20	25	100
점수										

1. (듣기) 다음 대화문을 잘 듣고 물음에 답하세요.(5점×2문항 = 10점)

1) 연주는 왜 냉면을 남겼습니까?

2) 승철은 왜 연주에게 음식을 더 시키라고 했습니까?

2. (듣기) 다음 대화문을 잘 듣고 물음에 답하세요.(5점×2문항 = 10점)

1) 이곳은 어디입니까?

2) 진욱은 캉민에게 무엇을 부탁했습니까?

3. 다음 대화문을 읽고 내용과 다른 것을 고르세요. (10점)

경민: 하림 씨, 이 해물전골 보기만 해도 정말 맛있어 보이죠?
하림: 네, 해물도 아주 싱싱해 보이고 푸짐해요.
경민: 맛이 어때요?
하림: 정말 맛있네요. 국물이 너무 시원해요.
경민: 하림 씨가 해물전골을 좋아한다고 해서 같이 오자고 한 거예요.
하림: 고마워요. 같이 오기를 잘했네요.
경민: 이 집은 해물전골로 유명한 집이에요. 늦게 오면 자리가 날 때까지 한참 기다려야 해요.
하림: 이렇게 손님이 많은 걸 보니까 정말 유명한 집인가 봐요.

1) 하림 씨는 해물전골을 좋아한다.
2) 이 집의 해물전골은 해물도 싱싱하고 양도 많다.
3) 하림 씨는 경민 씨에게 해물전골 잘하는 집에 같이 가자고 했다.
4) 이 해물전골집은 손님이 항상 많다.
5) 이 해물전골집은 음식 맛 때문에 유명하다.

4. 다음 문장의 잘못된 곳을 찾아 바르게 고치세요.(1점×10문항 = 10점)

1) 길이 얼마나 복잡하는지 못 찾을 뻔했어요. (　　　　)
2) 어제는 너무 피곤해서 집에 돌아왔자마자 잠을 잤어요. (　　　　)
3) 등산도 간 겸 사진도 찍은 겸 지난주에 설악산에 다녀왔다. (　　　　)
4) 밥을 먹지 말고 국수를 먹은 걸 그랬어요. (　　　　)
5) 김 선생님이 도와주는 덕분에 무사히 귀국할 수 있었습니다. (　　　　)
6) 키에 비해 몸무게가 많이 나간 편이에요. (　　　　)
7) 내일부터 새 직장에서 일하기 시작하겠어요. (　　　　)
8) 한국은 가을 날씨가 맑겠기로 유명해요. (　　　　)
9) 지금 주머니에 500원짜리 동전 2개만 있을 뿐이었어요. (　　　　)
10) 한번 갔다 왔지만 다시 가려고 하니까 어떻게 가는지 잘 몰라요.
　　　　　　　　　　　　　　　　　　　　　　　　(　　　　)

5. 다음 <보기>의 단어를 이용하여 <상황>에 맞게 대화문을 만들어 보세요. (15점)

<상황> 다음 주말에 친구들과 우리집에 모여서 맛있는 음식을 해먹기로 했습니다. 어떤 음식을 어떻게 해 먹을지 결정하세요.

<보기> 요리하다　재료를 사오다　요리를 잘하다　볶다　찌다
튀김　찜　소고기　돼지고기　닭고기　생선　채소　간장
고추장　소금　설탕　비싸다　싸다　슈퍼마켓에 가다
장보다　설거지하다　늦지 않다　음식을 많이 준비하다

6. 다음 <보기>의 용언을 이용하여 "얼마나 … -ㄴ/은지, -는지"의 활용형을 만들어 보세요.(20점)

<보기> 예쁘다   높다   조용하다   무겁다
       마시다   쌓다   말하다

결합 가능 품사	결합 조건		결합 양상
형용사	양성모음	과거	-았는지
	음성모음		-었는지
	하다		-였는지
	개음절	현재	-ㄴ지
	폐음절		-은지
	개음절	미래	-ㄹ지
	폐음절		-을지
동사	양성모음	과거	-았는지
	음성모음		-었는지
	하다		-였는지
		현재	-는지
	개음절	미래	-ㄹ지
	폐음절		-을지

기본형	과거형	현재형	미래형	기본형	과거형	현재형	미래형
예쁘다	1)	예쁜지	예쁠지	높다	높았는지	2)	높을지
조용하다	조용했는지	3)	조용한지	무겁다	무거웠는지	무거운지	4)

| 마시다 | 5) | 마시는지 | 마실지 | 쌓다 | 쌓았는지 | 6) | 쌓을지 |
| 말하다 | 7) | 말하는지 | 말할지 | | | | |

7. 다음 주제문으로 짧은 글을 쓰세요.(25점)

주제: 어렸을 때 맛있게 먹었던 음식

조건: 250자 분량(띄어쓰기 포함)
　　　비격식체 해체 종결어미 사용
　　　한글 맞춤법 적용

第13课 打电话2 전화하기 2

〈핵심 사항〉

전화와 관련 있는 단어와 표현법을 배우고, 전화 예절을 연습한다.
-다고 하다
-냐고 묻다(하다)
-(으)라고 하다
-자고 하다

〈발음 point〉

1. 다음 용언의 활용형을 소리 나는 대로 읽어 보세요.

용언	품사	연결어미			종결어미		
없다	형	없고	없어서	없지만	없었다	없다	없겠다
묻다	동	묻고	물어서	묻지만	물었다	묻는다	묻겠다
끝내다	동	끝내고	끝내서	끝내지만	끝냈다	끝낸다	끝내겠다
뵙다	동	뵙고	뵈어서	뵙지만	뵈었다	뵙는다	뵙겠다
아프다	형	아프고	아파서	아프지만	아팠다	아프다	아프겠다
시키다	동	시키고	시켜서	시키지만	시켰다	시킨다	시키겠다
떠나다	동	떠나고	떠나서	떠나지만	떠났다	떠난다	떠나겠다
듣다	동	듣고	들어서	듣지만	들었다	듣는다	듣겠다
반갑다	형	반갑고	반가워서	반갑지만	반가웠다	반갑다	반갑겠다
끊다	동	끊고	끊어서	끊지만	끊었다	끊는다	끊겠다

2. 다음 밑줄 친 부분의 발음에 유의하면서 소리 나는 대로 읽고 써 보세요.

1) 미리 <u>연락드리지 못해 죄송합니다</u>. [   ]
2) <u>감사합니다</u>. 나중에 회사에서 <u>뵙겠습니다</u>. [   ]

<어휘 check>

1. 다음 뜻이 비슷한 부사끼리 연결하세요.

늘	전혀
더더욱	금방, 이제 막
도저히	항상, 언제나
방금	게다가, 더, 뿐만 아니라

2. 아래 <보기>에서 적당한 단어를 골라서 괄호 안에 써넣으세요.

<보기> 대리   목소리   생맥주집   안부
      웬일   지시하다   차

1) 이렇게 더운 날에는 소주 말고 (   )에서 한잔 하는 게 어때요?
2) 부모님께 (   ) 전해 주세요.
3) 사장님이 어제 이 일을 오늘까지 다 끝내야 한다고 (   ).
4) (   )를 몰고 일반도로에서 고속도로로 진입할 때는 적정 속도에 주의하세요.
5) 감기에 걸려서 (   )가 변했어요.
6) 입사한 지 4년 만에 평사원에서 (   )로 승진했습니다.
7) (   )인지 모르겠지만 오늘은 그 커피숍이 문을 안 열었어요.

<문법 point>

1. 다음 문장을 "-ㄴ/는다고 하다"와 "-다고 하다", "-(이)라고 하다"의 활용형을 참고하여 간접 인용문으로 바꿔 쓰세요.

결합 가능 품사	결합 조건			결합 양상
대명사, 명사, 수사	개음절	격식체 낮춤	과거	-라고 했다
			현재	-라고 한다
			미래	-라고 하겠다
	폐음절		과거	-이라고 했다
			현재	-이라고 한다
			미래	-이라고 하겠다
동사	개음절	격식체 낮춤	과거	-ㄴ다고 했다
			현재	-ㄴ다고 한다
			미래	-ㄴ다고 하겠다
	폐음절		과거	-는다고 했다
			현재	-는다고 한다
			미래	-는다고 하겠다
형용사		격식체 낮춤	과거	-다고 했다
			현재	-다고 한다
			미래	-다고 하겠다

1) 그는 나에게 "지금 부산에 비가 오고 있어."라고 했습니다.

2) 저는 어머니에게 "오늘 저녁에 된장찌개를 먹고 싶어요."라고 했습니다.

3) 옷가게 점원이 손님에게 "이 옷이 손님에게 잘 어울립니다."라고 했습니다.

4) 영민 씨가 저에게 "이 슈퍼마켓이 우리 동네에서 제일 커요."라고 했습니다.

5) 주희 씨가 친구들에게 "나 다음달에 결혼할 거야."라고 했습니다.

6) 샤오칭 씨가 종석 씨에게 "저분은 저의 한국어 선생님입니다."라고 했습니다.

2. 다음 문장을 "-았/었/였다고 하다"의 활용형을 참고하여 간접인용문으로 바꿔 보세요.

결합 가능 품사	결합 조건			결합 양상
대명사, 명사, 수사	개음절	격식체 낮춤	과거	-였다고 했다
			현재	-였다고 한다
			미래	-였다고 하겠다
	폐음절		과거	-이었다고 했다
			현재	-이었다고 한다
			미래	-이었다고 하겠다
동사, 형용사	양성모음	격식체 낮춤	과거	-았다고 했다
			현재	-았다고 한다
			미래	-았다고 하겠다
	음성모음		과거	-었다고 했다
			현재	-었다고 한다
			미래	-었다고 하겠다
	하다		과거	-였다고 했다
			현재	-였다고 한다
			미래	-였다고 하겠다

1) 영순 씨는 "어제 시내 극장 앞에서 고등학교 때 친구 수나를 만났어요."라고 했다.

2) 칭칭 씨는 "저기 파란색 코트가 제가 입던 옷이었습니다."라고 말했다.

3) 지수 씨는 "어제는 온종일 집에서 책을 읽었습니다."라고 했다.

4) 철수 씨는 "어제 커피숍에서 핸드폰을 분실했어요."라고 했다.

5) 영민 씨는 "지난 주말에 바다낚시를 갔었어."라고 했다.

3. 다음 문장을 "느냐고 하다", "-냐고 하다", "으냐고 하다"의 활용형을 참고하여 간접인용문으로 바꾸세요.

결합 가능 품사	결합 조건		결합 양상	
대명사, 명사, 수사	개음절	격식체 낮춤	과거	-냐고 했다
			현재	-냐고 한다
			미래	-냐고 하겠다
	폐음절		과거	-이냐고 했다
			현재	-이냐고 한다
			미래	-이냐고 하겠다
동사		격식체 낮춤	과거	-느냐고 했다
			현재	-느냐고 한다
			미래	-느냐고 하겠다
형용사		격식체 낮춤	과거	-냐고 했다
			현재	-냐고 한다
			미래	-냐고 하겠다

1) 나는 친구에게 "점심 먹었어?"라고 물었다.

2) 나는 선생님께 "선생님, 점심 드셨어요?"라고 여쭤보았다.

3) 나는 어머니에게 "엄마, 제 바지 길이가 너무 짧아요?"라고 여쭤보았다.

4) 택시 운전기사가 나에게 "손님, 어디까지 가십니까?"라고 물었다.

5) 영희 씨가 나에게 "이 목걸이 어제 새로 샀는데 어때요?"라고 물었다.

4. 다음 문장을 "았/었/였느냐고 하다"를 써서 간접인용문으로 바꿔 보세요.

결합 가능 품사	결합 조건			결합 양상
대명사, 명사, 수사	개음절	격식체 낮춤	과거	-였느냐고 했다
			현재	-였느냐고 한다
			미래	-였느냐고 하겠다
	폐음절		과거	-이었느냐고 했다
			현재	-이었느냐고 한다
			미래	-이었느냐고 하겠다
동사, 형용사	양성모음	격식체 낮춤	과거	-았느냐고 했다
			현재	-았느냐고 한다
			미래	-았느냐고 하겠다
	음성모음		과거	-었느냐고 했다
			현재	-었느냐고 한다
			미래	-었느냐고 하겠다
	하다		과거	-였느냐고 했다
			현재	-였느냐고 한다
			미래	-였느냐고 하겠다

1) 친구가 나에게 "그 영화 재미있었어?"라고 물었다.

2) 어머니가 나에게 "너 숙제 다 했니?"라고 물어보셨다.

3) 선생님이 나에게 "철민아, 교실 유리창을 다 닦았니?"라고 물어보셨다.

4) 동생이 나에게 "형, 오늘 새벽에도 수영 연습하고 왔어?"라고 물었다.

5) 어머니가 나에게 "오늘 도시락 반찬이 좀 짰니?"라고 물어보셨다.

5. 다음 문장을 "-(으)라고 하다"의 활용형을 참고하여 간접인용문으로 바꿔 보세요.

결합 가능 품사	결합 조건			결합 양상
동사	개음절	격식체 낮춤	과거	-라고 했다
			현재	-라고 한다
			미래	-라고 하겠다
	폐음절		과거	-으라고 했다
			현재	-으라고 한다
			미래	-으라고 하겠다

1) 약사 선생님이 나에게 "이 약을 5일 간 하루 세 번 식후 30분 두 알씩 드세요."라고 말씀하셨다.

2) 친구가 나에게 "술을 너무 많이 마시지 마."라고 말했다.

3) 민서가 나에게 "이 책을 현석이에게 전해줘."라고 말했다.

4) 순희가 친구에게 "다음에는 늦지 않겠다고 약속해."라고 말했다.

5) 선생님이 학생들에게 "다음주 월요일까지 이 번역 숙제를 완성해서 제출하세요."라고 말씀하셨다.

6. 다음 문장을 "-자고 하다"의 활용형을 참고하여 간접인용문으로 바꿔 보세요.

결합 가능 품사	결합 조건		결합 양상
동사	격식체 낮춤	과거	-자고 했다
		현재	-자고 한다
		미래	-자고 하겠다

1) 경식이가 나에게 "오늘은 맥주 말고 막걸리를 마시자."라고 했다.

2) 홍민이가 나에게 "은희가 내일 이사하니까 같이 가서 도와주자."라고 했다.

3) 선생님이 우리에게 "3시 정각에 학교 정문 앞에서 모여서 출발합시다."라고 말씀하셨다.

<이해와 표현>

1. 다음 문장을 중국어로 번역하세요.

1) 선생님께서 이 문제의 답을 누가 아느냐고 물어보셨다.

2) 일과 사랑 중에서 어떤 것이 더 중요하냐는 질문에 대답하는 것은 참 어려운 일이다.

3) 다섯 살짜리 남동생이 나에게 호랑이와 사자 중에서 어느 동물이 더 힘이 세냐고 물었다.

4) 사장님과 직원들이 송년회 자리에서 내년에는 올해보다 더 열심히 일하자고 다짐했다.

5) 친구가 2시까지 올 수 있다고 했는데 한 시간이 지났는데도 아직 도착하지 않아서 걱정이 된다.

6) 나는 은행 직원에게 한국 돈을 인민폐로 환전할 수 있냐고 물었다.

7) 몸이 너무 안 좋아서 오후에 병원에 가야겠다고 생각했다.

8) 나는 중국 친구에게 논문을 쓸 때 더 많은 자료를 찾고 싶으면 국립중앙도서관에 가보라고 가르쳐주었다.

9) 치과병원의 간호사가 이를 뽑을 때 아프지 않으니까 겁내지 말라고 했다.

10) 친구가 나에게 낚시터에서 물고기를 몇 마리 잡았냐고 물었다.

2. 다음 대화문을 간접인용문으로 바꿔 쓰세요.

민영: 서준아, 잘 있었어? 나 민영이야.
서준: 민영아, 오랜만이다, 너도 잘 있지? 난 잘 지내.
민영: 참 오랜만이다, 그렇지? 난 대학원 시험준비 때문에 1년 동안 정말 바빴어.
서준: 그랬구나. 시험에 합격했어?
민영: 응, 내가 가고 싶었던 대학원에서 공부할 수 있게 되었어.
서준: 참 잘 됐다. 축하해. 너 언제 한턱 쏴야겠다. 우리 한번 시간 내서 보자.

3. 다음 문장을 대화체 문장으로 바꿔 쓰세요.

경민이는 수진에게 어떤 과일을 좋아하냐고 물었다. 수진이는 사과를 제일 좋아한다고 대답했다. 그런데 경민이는 사과보다 키위가 더 좋다고 말하면서 자기는 사과를 별로 좋아하지 않는다고 했다. 수진이는 경민에게 키위를 좋아하는 이유가 무엇이냐고 물었다. 경민이는 키위가 아주 부드러워서 먹기 좋고, 또 비타민도 풍부하기 때문이라고 대답했다. 수진이는 아침마다 사과와 바나나를 믹서기에 갈아서 주스를 만들어 마신다고 말하면서 경민에게 너도 키위를 믹서에 갈아서 주스로 만들어 먹느냐고 물었다. 경민이는 키위는 아주 부드러워서 믹서기에 갈지 않아도 된다고 말했다. 그냥 칼로 키위를 반으로 잘라서 숟가락으로 과육을 떠 먹으면 아주 쉽게 먹을 수 있다고 말했다.

〈속담〉

1. 다음 여러 상황 중에서 "갈수록 태산"이라는 속담을 쓸 수 없는 경우를 고르세요.

1) 영민이는 저녁 내내 수학 숙제를 풀다가 너무 어려워서 같은 반 친구 송희에게 전화를 했다. 송희도 역시 그 문제를 풀지 못하겠다고 하면서 영민이에게 어제 수업 시간에 배운 내용을 다시 설명해 달라고 했다.

2) 경찰이 편의점에서 물건을 훔친 도둑을 잡았는데, 조사를 해보니까 더 많은 범죄가 드러났다.

3) 대학을 수석으로 졸업했는데 졸업하자마자 대기업 공채 시험에 수석으로 합격했다.

4) 가수가 되기 위해 오디션 시험을 보는데 너무 긴장을 해서 중간에 가사도 잊어버리고, 심사위원의 질문에도 대답하지 못했다.

⟨보충 단어⟩

막	（副）	正要，刚要
게다가	（副）	而且
평사원	（名）	普通职员
극장	（名）	剧场
코트	（名）	球场
분실하다	（动）	遗失
바다낚시	（名）	出海钓鱼
목걸이	（名）	项链，项圈
도시락	（名）	盒饭
반찬	（名）	菜肴
식후	（名）	饭后
두 알	（词组）	两粒
막걸리	（名）	米酒
정각	（名）	（……点）整
한턱 쏘다	（词组）	请客
키위	（名）	猕猴桃
비타민	（名）	维生素，维他命
믹서기	（名）	搅拌机
갈아먹다	（动）	搅拌吃，磨碎吃
과육	（名）	果肉，瓤
편의점	（名）	便利店
훔치다	（动）	盗窃
범죄	（名）	犯罪
공채 시험	（名）	公开录用考试
수석 합격	（词组）	获第一名
오디션	（名）	选拔
가사	（名）	歌词
심사위원	（名）	评委

第14课 买东西2 물건 사기2

<핵심 사항>

> 물건을 살 때 필요한 단어와 표현법을 배운다.
> -어치
> 수량명사
> -기는요
> -에
> '르'불규칙

<발음 point>

1. 다음 용언의 활용형을 소리 나는 대로 읽어 보세요.

용언	품사	연결어미			종결어미		
비싸다	형	비싸고	비싸서	비싸지만	비쌌다	비싸다	비싸겠다
어떻다	형	어떻고	어때서	어떻지만	어땠다	어떻다	어떻겠다
되다	동	되고	되어서	되었지만	됐다	된다	되겠다
살다	동	살고	살아서	살았지만	살았다	산다	살겠다
적다	형	적고	적어서	적었지만	적었다	적다	적겠다
고르다	형	고르고	골라서	골랐지만	골랐다	고른다	고르겠다
깎다	동	깎고	깎아서	깎았지만	깎았다	깎는다	깎겠다
알다	동	알고	알아서	알았지만	알았다	안다	알겠다

2. 다음 밑줄 친 부분의 발음에 유의하면서 소리 나는 대로 읽고 써 보세요.

1) <u>일단</u> 좀 더 둘러보고 <u>올게요</u>. [   ]
2) <u>다른 것들은</u> 별로 비싸지 <u>않았지만</u> 밥솥이 <u>비쌌습니다</u>.
   [   ]

<어휘 check>

1. 다음 <보기>를 참고하여 괄호 안에 알맞은 단어를 써넣으세요.

> <보기> 식기 밥그릇 국그릇 접시 공기 주전자 주전자 뚜껑
>   숟가락 젓가락 포크 식칼 과도 냄비 유리컵 쟁반
>   믹서기 전자레인지 전기밥솥 프라이팬 찜기 냉장고
>   가스레인지 뚝배기 유리잔

1) 찬 우유를 (   )에 따라서 (   )에 넣어서 따뜻하게 데워먹었어요.
2) (   )로 과일 껍질을 깎아서 (   )에 예쁘게 담은 후에 (   )로 찍어먹었다.
3) (   )에 밥을 담고 뚜껑을 덮어두면 온기를 오랫동안 보존할 수 있어요.
4) 채소를 오래 보관하려면 (   )에 펴서 햇볕에 잘 말린 후에 (   )에 보관하면 된다.
5) 부침개를 만들 때는 (   )에 기름을 두르고 부치면 돼요.

2. 다음 <보기>의 용언을 알맞은 활용형으로 만들어서 괄호 안에 써넣으세요.

> <보기> 고르다 (끈을) 매다 단순하다 둘러보다 유행하다
>   인기 있다 (장식이) 달리다 적다

1) 매일 아침 시장에 가서 신선한 재료를 (   ) 음식을 만들어요.
2) 이 소설 작품은 요즘 제일 (   ) 젊은 여성 작가가 쓴 것이다.
3) 이 노래는 선율이 (   ) 누구나 쉽게 따라 부를 수 있어요.
4) 이 요리는 2인분인데 양이 너무 (   ) 않아요?
5) 저기 나비 모양 장식이 (   ) 가방은 가격이 조금 더 비싸요.
6) 백화점을 여기저기 (   ) 와이셔츠와 넥타이를 어디서 살지 결정했다.
7) 운동화 끈이 풀렸으니까 다시 잘 (   ).
8) 요즘 (   ) 색상은 뭐예요?

<문법 point>

1. "-어치"와 "-짜리"를 써서 문장을 완성하세요.

1) 가: 1킬로그램에 5,000원(　　　)로 드릴까요, 7,000원(　　　)로 드릴까요?
　　나: 7,000원(　　　)로 주세요.
2) 가: 귤을 얼마나 드릴까요?
　　나: 열 개에 3,000원(　　　)로 9,000원(　　　)만 주세요.
3) 가: 이 아이스크림은 한 개에 700원(　　　)인데 모두 몇 개 드릴까요?
　　나: 7,000원(　　　) 주세요.
4) 가: 이 수박은 10,000원(　　　)만 있어요?
　　나: 9,000원(　　　), 15,000원(　　　)는 다 팔렸어요. 이걸로 드릴까요?
5) 가: 얼마(　　　)로 드릴까요?
　　나: 개당 3,000원(　　　) 3개하고, 개당 5,000원(　　　) 6개 주세요.

2. 다음 괄호 안에 알맞은 단위성 의존명사를 써넣으세요.

<보기> 송이	다발	그루	단
켤레	짝	채	벌
갑	편	초	세

1) 4월 5일 식목일에 묘목 한 (　　　)를 앞마당에 심고 물을 주었다.
2) 장미꽃 다섯 (　　　)와 안개꽃 한 (　　　)로 예쁜 부케를 만들었다.
3) 부추 한 (　　　)에 얼마예요?
4) 신발 두 (　　　)을 한 (　　　)라고 합니다.
5) 서울 강남은 아파트 한 (　　　) 값이 얼마나 합니까?
6) 환갑은 61(　　　)를 말합니다.
7) 저는 아직 학생이라서 양복이 한 (　　　)도 없습니다.
8) 담배 한 (　　　)에는 20개피가 들어있습니다.
9) 임권택 감독은 지금까지 100(　　　)이 넘는 영화를 제작했습니다.
10) 1시간은 3,600(　　　)입니다.

3. 다음 왼쪽의 의존명사와 함께 쓸 수 없는 명사를 골라 보세요.

1) 대   (1) 피아노   (2) 오토바이   (3) 핸드폰   (4) 편지
2) 장   (1) 종이   (2) 전구   (3) 카드   (4) 티셔츠
3) 봉지 (1) 과일   (2) USB드라이브 (3) 과자   (4) 약

4. "-기는요"를 써서 물음에 답하세요.

1) 가: 오늘 오후에 그 회사 인터넷 홈페이지에서 최종 합격자 명단을 발표한다는 사실을 알고 있죠?
   나: _____

2) 가: 어제 개봉한 신작 영화가 재미있어요?
   나: _____

3) 가: 복숭아 좋아하세요?
   나: _____

4) 가: 고양이를 키워본 적이 있어요?
   나: _____

5) 가: 요즘 책을 많이 읽는 편이에요?
   나: _____

6) 가: 어제 말다툼한 친구와 화해했어요?
   나: _____

7) 가: 목소리가 참 듣기 좋으신데 노래도 잘하시겠어요.
   나: _____

8) 가: 사업을 해서 돈을 많이 벌면 제일 먼저 집을 사시겠습니까?
   나: _____

9) 가: 이목구비도 뚜렷하고 그렇게 말도 재미있게 하시니까 친구들 사이에서 인기가 많으시겠어요.
   나: _____

10) 가: 참 건강해 보이시네요.
    나: _____

5. 다음 물음에 답하세요.

1) 가: 한 달에 몇 번 노래방에 갑니까?
   나: _____

2) 가: 500cc 맥주 한 잔을 몇 번에 나눠 마십니까?
   나:_____

3) 가: 250페이지짜리 소설책 한 권을 몇 시간에 다 읽을 수 있습니까?
   나:_____

4) 가: 1년에 몇 번 여행을 갑니까?
   나:_____

5) 가: 인터넷을 하루에 몇 시간이나 이용합니까?
   나:_____

6) 가: 컴퓨터 게임을 하루에 몇 시간이나 합니까?
   나:_____

7) 가: 일주일에 운동을 몇 번이나 합니까?
   나:_____

8) 가: 하루에 주변 사람들에게 문자 메시지를 몇 통이나 보냅니까?
   나:_____

9) 가: 이곳은 1년에 얼마나 많이 비가 옵니까?
   나:_____

10) 가: 하루에 몇 시간쯤 잠을 잡니까?
    나:_____

6. 다음 도표에 '르'불규칙 용언의 올바른 활용형을 써넣으세요.

	다르다	모르다	고르다	자르다	마르다	빠르다	흐르다	부르다	게으르다
-아/어요	달라요	몰라요	1)	잘라요	말라요	빨라요	2)	3)	4)
-아/어서	달라서	5)	골라서	잘라서	6)	7)	8)	9)	10)
-았/었어요	달랐어요	몰랐어요	11)	12)	말랐어요	빨랐어요	13)	14)	15)

<이해와 표현>

1. 다음 문장을 중국어로 번역하세요.

1) 쌍둥이인데 두 형제는 성격이 너무 달라요.

2) 두 사람 중에서 누가 선배고 누가 후배인지 처음에는 잘 몰랐어요.

3) 이번 주말에는 연기를 잘하기로 유명한 배우들이 출연한 영화를 잘 골라서 보기로 했어요.

4) 종이를 길게 잘라서 풀로 붙여서 예쁜 꽃을 만들었어요.

5) 오랫동안 비가 오지 않아서 저수지 물이 다 말랐어요.

6) 박자를 잘 맞춰서 노래를 하세요. 지금은 너무 빨라요.

7) 서울의 청계천은 서쪽에서 동쪽으로 물이 흘러요.

8) 영철이는 친구를 집으로 불러서 함께 놀았어요.

9) 저는 성격이 너무 게을러서 일을 빨리 할 수 없어요.

10) 톱으로 통나무를 두 토막으로 잘랐어요.

2. (듣기) 다음 문장을 듣고 물음에 답하세요.

(가)
1) 조윤희 씨는 어디에 자주 갑니까?

2) 조윤희 씨가 그곳에 자주 가는 이유는 무엇입니까?

(나)
1) 박석준 씨는 주말에 어디에 갑니까?

2) 박석준 씨가 그곳에 자주 가는 이유는 무엇입니까?

(다)
1) 최덕진 씨는 어떤 일을 하시는 분입니까?

2) 최근 과일 가격은 어떻습니까?

3. 다음 <보기>의 단어를 이용하여 일반 상점에서 점원과 손님의 대화문을 만들어 보세요.

<보기> 소매점, 도매점, 본점, 지점, 계산대, 진열대, 국산품, 수입품, 사은품, 교환하다, 반품하다, 할인하다, 할인판매, 껌, 비스킷, 아이스크림, 초콜릿, 식빵, 고등어, 꽁치, 멸치, 현미, 콩, 보리, 당근, 파, 고추, 시금치, 무, 양파, 오이, 팽이버섯, 두부, 땅콩, 맥주, 닭가슴살, 닭다리, 돼지갈비, 족발, 안심, 등심, A4용지, 볼펜, 클립, 사인펜, 풀, 자, 가위, 인형, 장난감

<대화문 예시>
손님: 저기, 구두약과 구둣솔은 어디에 있어요?
점원: 예, 손님, 저쪽 5번 진열대 쪽에 있습니다.
손님: 고맙습니다. 그리고 계산대는 어느 쪽입니까?
점원: 계산대는 5번 진열대에서 왼쪽으로 가시면 됩니다.
손님: 예, 알겠습니다.

손님:_____
점원:_____
손님:_____
점원:_____
손님:_____
점원:_____

4. 다음 단어를 이용하여 예시문처럼 옷가게에서 옷을 사는 상황에서 필요한 대화문을 만들어 보세요.

> <보기> 상의, 긴팔, 짧은팔, 민소매, 하의, 바지, 치마, 반바지, 짧은 치마, 조끼, 셔츠, 티셔츠, 스웨터, 양말, 내복, 속옷, 수영복, 등산복, 체육복, 야구모자, 장갑, 털모자, 허리띠, 주머니, 안주머니, 단추, 지퍼, 멜빵, 양복, 정장, 기성복, 맞춤복, 색깔, 빨간색, 파란색, 노란색, 검은색, 회색, 흰색, 무늬, 줄무늬, 꽃무늬, 물방울무늬, 민무늬, 사이즈, 크다, 작다, 길다, 짧다, 좁다, 넓다, 맞다, 잘 안 맞다, 어울리다, 진하다, 연하다, 수수하다, 화려하다, 바꾸다, 교환하다, 줄이다, 늘이다

<대화문 예시>
손님: 이 옷보다 한 치수 큰 거 있어요?
점원: 예, 손님, 여기 105호 사이즈 있습니다. 한번 입어 보시겠어요?
손님: 크기는 맞는데 좀더 밝은 색깔이었으면 좋겠어요.
점원: 노란색도 있고, 하늘색도 있는데 어떤 것으로 하시겠어요?
손님: 하늘색이 있으면 그것으로 주세요.

손님:＿＿＿＿＿＿＿＿＿＿＿＿＿＿＿＿＿＿＿＿＿＿＿
점원:＿＿＿＿＿＿＿＿＿＿＿＿＿＿＿＿＿＿＿＿＿＿＿
손님:＿＿＿＿＿＿＿＿＿＿＿＿＿＿＿＿＿＿＿＿＿＿＿
점원:＿＿＿＿＿＿＿＿＿＿＿＿＿＿＿＿＿＿＿＿＿＿＿
손님:＿＿＿＿＿＿＿＿＿＿＿＿＿＿＿＿＿＿＿＿＿＿＿
점원:＿＿＿＿＿＿＿＿＿＿＿＿＿＿＿＿＿＿＿＿＿＿＿

5. 최근 상점, 편의점, 슈퍼마켓, 할인점, 전문점, 백화점 등에서 물건을 구입해 본 적이 있습니까? 최근 구입했던 물품 목록을 정리해 보세요.

구입 날짜	구입 물품	단가	개수	총액

〈속담〉

1. "값 싼 것이 비지떡"이라는 속담이 있습니다. 아래 대화 중에서 가장 잘 어울리는 것을 찾아 보세요.

1) 가: 텔레비전이 또 고장 났어? 벌써 몇 번째야?
   나: 글쎄 말이야, 싸서 샀더니 계속 고장이 나네. 다음번에는 품질이 좋은 것으로 사야겠다.

2) 가: 담배를 끊으려고 했는데 술자리에 가면 자꾸 담배를 피우게 돼.
   나: 그렇게 의지가 약해서 어떡해?

3) 가: 그 학생은 참 예의가 바르고 말을 잘 해요.
   나: 어려서부터 집안에서 할아버지가 엄격하게 교육을 시켜서 그래요.

⟨보충 단어⟩

식기	(名)	餐具
밥그릇	(名)	饭碗（大）
국그릇	(名)	汤碗
접시	(名)	盘子
밥공기	(名)	饭碗（小）
주전자	(名)	壶
주전자 뚜껑	(名)	壶盖
숟가락	(名)	勺子
젓가락	(名)	筷子
포크	(名)	叉子
식칼	(名)	菜刀
과도	(名)	水果刀
냄비	(名)	锅
유리컵	(名)	玻璃杯
프라이팬	(名)	平底锅
쟁반	(名)	盘子
전자레인지	(名)	微波炉
전기밥솥	(名)	电饭锅
찜기	(名)	蒸笼
냉장고	(名)	冰箱
가스레인지	(名)	煤气灶
뚝배기	(名)	砂锅
유리잔	(名)	玻璃杯
데워먹다	(动)	热一热吃
온기	(名)	暖气
기름을 두르다	(词组)	擦油，抹油
여성 작가	(名)	女作家
선율	(名)	旋律
나비 모양 장식	(词组)	蝶形装饰
와이셔츠	(名)	衬衫
넥타이	(名)	领带

운동화 끈	(名)	球鞋带
귤	(名)	橘子
개당	(名)	每个
식목일	(名)	植树节
묘목	(名)	树苗
앞마당	(名)	前院
안개꽃	(名)	(植物)六月雪
부케	(名)	(婚礼上新娘手中所持的)花束
부추	(名)	韭菜
환갑	(名)	花甲
개피	(名)	支,棍儿,根
티셔츠	(名)	T恤衫
USB드라이브	(名)	U盘
명단	(名)	名单
신작영화	(名)	新电影
복숭아	(名)	桃
고양이	(名)	猫
말다툼하다	(动)	吵架
화해하다	(动)	和解
이목구비	(名)	耳目口鼻,五官
뚜렷하다	(形)	显著的,明显的,清晰的
인기가 많다	(词组)	有人气
노래방	(名)	歌厅
문자 메시지	(名)	文字短信
몇 통	(词组)	(短信等)几通
한강시민공원	(名)	汉江市民公园
강바람	(名)	江风
강변	(名)	江边
과일가게	(名)	水果店
도매시장	(名)	批发市场
상하다	(动)	坏,腐烂
소매가격	(名)	零售价
소매점	(名)	零售店

도매점	（名）	批发店
본점	（名）	总店
지점	（名）	分店
계산대	（名）	收银台
진열대	（名）	展柜
국산품	（名）	国货
수입품	（名）	进口货
사은품	（名）	赠品
교환하다	（动）	交换
반품하다	（动）	退货
할인하다	（动）	降价，打折
할인판매	（名）	打折销售
껌	（名）	口香糖
비스킷	（名）	饼干
아이스크림	（名）	冰激凌
초콜릿	（名）	巧克力
식빵	（名）	面包
고등어	（名）	青花鱼
꽁치	（名）	秋刀鱼
멸치	（名）	鳀鱼，海蜒
현미	（名）	糙米，粗米
콩	（名）	大豆，黄豆
보리	（名）	大麦
당근	（名）	胡萝卜
파	（名）	葱
시금치	（名）	菠菜
무	（名）	白萝卜
양파	（名）	洋葱
오이	（名）	黄瓜
팽이버섯	（名）	金针菇
두부	（名）	豆腐
땅콩	（名）	花生
닭가슴살	（名）	鸡胸脯肉

닭다리	(名)	鸡腿
돼지갈비	(名)	猪排骨
족발	(名)	猪蹄
안심	(名)	牛肋间肉
등심	(名)	里脊
A4용지	(名)	A4纸
볼펜	(名)	圆珠笔
클립	(名)	曲别针
사인펜	(名)	签字笔
풀	(名)	胶水
자	(名)	尺子
가위	(名)	剪刀
인형	(名)	人偶
장난감	(名)	玩具
구두약	(名)	鞋油
구둣솔	(名)	鞋刷
상의	(名)	上衣，外衣
긴팔	(名)	长袖
짧은팔	(名)	短袖
민소매	(名)	无袖衣服的统称
하의	(名)	下半身穿的衣服
바지	(名)	裤子
치마	(名)	裙子
반바지	(名)	短裤
짧은 치마	(名)	短裙
조끼	(名)	坎肩，背心
셔츠	(名)	衬衣
스웨터	(名)	毛衣
양말	(名)	袜子
내복	(名)	内衣，绒衣
속옷	(名)	内衣
수영복	(名)	泳衣
등산복	(名)	登山服

체육복	（名）	运动服
야구모자	（名）	棒球帽
장갑	（名）	手套
털모자	（名）	冬帽，毛线帽
허리띠	（名）	腰带
주머니	（名）	口袋
안주머니	（名）	内兜，暗兜
단추	（名）	纽扣
지퍼	（名）	拉链
멜빵	（名）	背带
양복	（名）	西服
정장	（名）	正装
기성복	（名）	成衣
맞춤복	（名）	订做服
색깔	（名）	颜色
빨간색	（名）	红色
파란색	（名）	蓝色
노란색	（名）	黄色
검은색	（名）	黑色
흰색	（名）	白色
줄무늬	（名）	纹路
꽃무늬	（名）	花纹
물방울무늬	（名）	水滴花纹
민무늬	（名）	无花纹
사이즈	（名）	尺寸
진하다	（形）	浓，厚
연하다	（形）	浅
수수하다	（形）	朴素

第15课 颐和园 이화원

<핵심 사항>

중국의 명승고적을 소개하는 단어와 표현법을 배운다.
하나도 없다/안/못/모르다
-(으)면 되다
-(으)ㄹ 만하다
-아/어/여도
-거든요

<발음 point>

1. 다음 용언의 활용형을 소리 나는 대로 읽어 보세요.

용언	품사	연결어미			종결어미		
숨쉬다	동	숨쉬고	숨쉬어서	숨쉬지만	숨쉬었다	숨쉰다	숨쉬겠다
멀다	형	멀고	멀어서	멀지만	멀었다	멀다	멀겠다
이다	조사	이고	이어서	이지만	이었다	이다	이겠다
넓다	형	넓고	넓어서	넓지만	넓었다	넓다	넓겠다
없다	형	없고	없어서	없지만	없었다	없다	없겠다
오르다	동	오르고	올라서	오르지만	올랐다	오른다	오르겠다
파내다	동	파내고	파내서	파내지만	파냈다	파낸다	파내겠다
쌓다	동	쌓고	쌓아서	쌓지만	쌓았다	쌓는다	쌓겠다

2. 다음 밑줄 친 부분의 발음에 유의하면서 소리 나는 대로 읽고 써 보세요.

1) 아마 북경에서 가장 볼 만한 곳이라고 생각해요. [   ]

2) 이 곤명호가 이화원의 4분의 3을 차지하고 있어요. [   ]

<어휘 check>

1. 다음 <보기>에서 한 군데를 골라서 괄호 안에 써넣으세요.

<보기> 故宫, 北海, 云居寺, 十三陵, 天安门, 前门, 雍和宫, 玉渊潭,
八达岭, 颐和园, 什刹海, 龙庆峡, 天坛, 地坛, 潭柘寺, 香山,
圆明园, 紫竹院, 九龙游乐园, 幽谷神潭, 十渡, 康西草原, 百花山, 黑龙潭, 京都第一瀑

<예문> (   )은/는 북경의 유명한 (   )입니다. (   ) 시대에 만들어져서 지금까지 (   )년 동안 수많은 관광객들의 발길이 끊이지 않습니다. 이곳은 (   )년대에 (   )가 건축한 곳입니다. 이곳은 예전에 (   )하는 곳이었습니다. 나는 이곳의 (   )이 참 마음에 듭니다. 또 건물마다 독특한 특징이 있습니다. 이런 아름다운 명승고적을 잘 보존해야 합니다.

2. 다음 <보기>의 동사를 이용하여 문장을 완성하세요.

<보기> 동원하다   빼놓다   세워지다
숨쉬다   재건축하다   차지하다

1) 수천 년의 역사가 살아(   ) 박물관을 구경하고 싶어요.
2) 이 아파트 단지는 곧 (   )할 예정입니다.
3) 이 기념비적인 건축물은 수많은 인력을 (   ) 세운 것이다.
4) 중국 역사상 만리장성과 자금성은 (   ) 수 없는 건축물이다.
5) 이 건축물은 언제 (   ) 것입니까?
6) 중국 근대사에서 천안문 광장은 중요한 의미를 (   ) 있다.

<문법 point>

1. "하나도 없다/안/못/모르다"를 써서 아래 문장을 완성하세요.

1) 가: 이번 여행을 다녀오고 나서 경비가 좀 남았어요?
   나: _____

2) 가: 지하철역 근처에 있는 쇼핑센터가 몇 시에 문을 여는지 알아요?
   나: _____

3) 가: 어떻게 자기 친동생에게 그렇게 심한 말을 할 수 있어요?
   나: _____

4) 가: 어제 부탁한 일은 다 끝냈어요?
   나: _____

5) 가: 이 핸드폰 충전이 다 된 건가요?
   나: _____

2. "-(으)면 되다"를 이용하여 대화문을 만들어 보세요.

1) 가: 사무실 열쇠를 잃어버렸는데 어떻게 하면 좋죠?
   나: (열쇠를 복사하다) _____

2) 가: 시간이 부족해서 아직 작품을 완성하지 못했습니다.
   나: (다음주 월요일까지 제출하다) _____

3) 가: 어제 친구 생일이어서 노래를 너무 많이 불렀더니 목이 쉬었는데 어떻게 하면 좋아요?
   나: (배를 깎아 먹다) _____

4) 가: 사무실 컴퓨터가 고장이 났는데 어디 가서 고쳐야 돼요?
   나: (컴퓨터 수리센터에 전화를 하다) _____

5) 가: 길에서 넘어져서 발목을 삐었는데 움직일 수가 없어요. 어떻게 하죠?
   나: (119구조대에 전화를 하다) _____

3. "-ㄹ 만하다"를 이용하여 다음 괄호 안의 동사 활용형을 만드세요.

1) 가: 춥지 않아요?
   나: (견디다) _____

2) 가: 요즘 힘들죠?
   나: (지내다) _____

3) 가: 도로가 많이 막혀서 짜증나죠?
   나: (운전하다)_____

4) 가: 생일 파티에 쓸 불고기를 20인분 이상 만들려면 고기가 부족하지 않을까요?
   나: (하다)_____

5) 가: 내일 야유회를 가야 하는데 좀 춥지 않을까요?
   나: (가다)_____

4. "-아/어/여도"를 사용해서 괄호 안의 용언과 결합하여 문장을 만들어 보세요.

결합 가능 품사	결합 조건		결합 양상
대명사, 명사, 수사	개음절	과거	-였어도
		현재	-여도
	폐음절	과거	-이었어도
		현재	-이어도
동사, 형용사	양성모음	과거	-았어도
		현재	-아도
	음성모음	과거	-었어도
		현재	-어도
	하다	과거	-였어도
		현재	-여도

1) 가: 내일 제 결혼식에 꼭 와주실 거죠?
   나: (시간이 없다)_____

2) 가: 저렇게 일이 많은데 언제 다 끝내죠?
   나: (바쁘다)_____

3) 가: 너무 힘들어서 더 못 뛰겠어요.
   나: (몸과 마음이 지치다)_____

4) 가: 내일 비가 온다고 했는데 비행기가 이륙할 수 있을까요?
   나: (날씨가 흐리다)_____

5) 가: 몸살이 나서 집에서 쉬었으면 좋겠어요.
   나 (몸이 아프다)_____

5. "-거든요"의 용법을 참고하여 괄호 안의 용언과 결합하여 대화문을 완성하세요.

결합 가능 품사	결합 조건		결합 양상
대명사, 명사, 수사	개음절	과거	-였거든요
		현재	-거든요
	폐음절	과거	-이었거든요
		현재	-이거든요
동사, 형용사	양성모음	과거	-았거든요
		현재	-거든요
	음성모음	과거	-었거든요
		현재	-거든요
	하다	과거	-였거든요
		현재	-거든요

1) 가: 왜 에어컨이 있는데 켜놓고 일하지 않으세요?
   나: (찬 공기를 싫어하다)_____
2) 가: 컴퓨터 바탕화면에 왜 이렇게 폴더를 많이 만들어 놓으셨어요?
   나: (파일을 빨리 찾을 수 있다)_____
3) 가: 가방 속에 뭐가 들었는데 이렇게 커 보여요?
   나: (사전을 가지고 다니다)_____
4) 가: 이번 연휴 동안 왜 고향에 안 가세요?
   나: (차표를 못 구하다)_____
5) 가: 푸켓섬으로 여행을 다녀왔는데 왜 얼굴이 하나도 안 탔어요?
   나: (자외선 차단 로션을 바르다)_____

〈이해와 표현〉

1. 다음 문장을 중국어로 번역하세요.

1) 집에 책은 많지만 읽을 만한 책이 별로 없다.

2) 운전하면서 길을 잘 모를 때는 내비게이션을 따라 가면 돼요.

3) 예전에 이 마을에는 젊은이들이 많이 살았지만 지금은 하나도 없다.

4) 아무리 바빠도 식사는 꼭 하세요.

5) 이 기념품 가게에는 살 만한 물건이 하나도 없어요.

6) 전 지금 잘래요. 내일부터 기말고사 시험이 있거든요.

7) 지금 일손이 부족하지만 너무 많이 필요 없고 두 명만 더 있으면 돼요.

8) 은행 통장에 잔고가 하나도 없어요.

9) 서울에서 가볼 만한 관광명소는 다 가봤으니까 다른 지방에 가보고 싶어요.

10) 지금 밖에 나갈 수 없어요. 저 혼자라서 제가 집을 봐야 하거든요.

2. 다음 문장을 읽고 물음에 답하세요.

한국에는 역사적인 도시가 많다. 그 중에서 특히 신라시대 수도였던 경주와 조선시대 수도였던 한성, 곧 지금의 서울이 유명하다. 경주에는 불교 유적들이 많이 남아 있다. 거대한 규모의 왕릉과 화려했던 불교 사찰과 석탑 등이 지금도 여전하다. 특히 경주 남산에는 사찰, 불상 등의 유적이 곳곳에 있다. 서울은 국제적인 첨단 도시로 발전했지만 조선 시대 전통 가옥과 성곽의 일부도 지금까지 잘 보존되고 있다. 또 조선 시대 유교 전통을 잘 보존하고 있는 대표적인 지방 도시는 안동 하회마을이다. 한국을 대표하는 서울, 경주와 안동, 그리고 그밖의 도시에 남아 있는 문화 유산은 후손에 물려줘야 할 소중한 자산이다.

1) 경주시에는 어떤 불교 유적이 남아 있는지 인터넷에서 찾아 소개해 보세요.

2) 안동시에는 어떤 유교문화가 남아 있는지 인터넷에서 찾아 소개해 보세요.

3) 중국에서 불교문화와 유교문화가 잘 보존된 지역은 어디인지 소개해 보세요.

4) 윗글을 읽고 전통문화를 지키는 것이 어떤 의미가 있는지 친구들과 토론해 보세요.

〈속담〉

1. "낫 놓고 기역자도 모른다"라는 속담을 쓸 수 있는 상황을 찾아보세요.

1) 김범준 씨는 모르는 단어가 나올 때마다 인터넷 검색창을 이용하여 찾아본다.
2) 최희경 씨는 어렸을 때부터 할머니의 한복 입으신 모습을 봤지만, 한복을 어떻게 입는지 잘 모른다.
3) 박서현 씨는 업무 때문에 스마트폰을 구입했는데 사용해 보니까 정말 기능도 많고 편리했다.
4) 홍석이는 올해 네 살인데 아버지, 어머니가 하시는 말씀을 다 알아들을 수 있고 말도 잘한다.

〈보충 단어〉

고궁	（名）	故宫
북해	（名）	北海
운거사	（名）	云居寺
십삼릉	（名）	十三陵
천안문	（名）	天安门
전문	（名）	前门
옹화궁	（名）	雍和宫
옥연담	（名）	玉渊潭
팔달령	（名）	八达岭长城
이화원	（名）	颐和园

第15课 颐和园

십찰해	（名）	什刹海
용경협	（名）	龙庆峡
천단	（名）	天坛
지단	（名）	地坛
담자사	（名）	潭柘寺
향산	（名）	香山
원명원	（名）	圆明园
자죽원	（名）	紫竹院
구룡유원지	（名）	九龙游乐园
유곡신담	（名）	幽谷神潭
십도	（名）	十渡
강서초원	（名）	康西草原
백화산	（名）	百花山
흑룡담	（名）	黑龙潭
경도제일폭	（名）	京都第一瀑
발길이 끊이지 않다	（词组）	脚步不停
기념비적이다	（形）	里程碑式的
경비	（名）	经费
쇼핑센터	（名）	购物中心
친동생	（名）	亲弟弟，亲妹妹
목이 쉬다	（词组）	嗓子干哑
넘어지다	（动）	跌倒
발목을 삐다	（词组）	崴脚
119구조대	（词组）	119急救
견디다	（动）	经受，忍受
짜증나다	（词组）	心烦
야유회	（名）	郊游
에어컨	（名）	空调
바탕화면	（名）	桌面
폴더	（名）	文件夹
파일	（名）	文件
푸켓섬	（名）	（泰国）普吉岛
자외선 차단 로션	（词组）	防晒霜

왕릉	（名）	王陵，陵墓
사찰	（名）	佛刹，庙
석탑	（名）	石塔
첨단 도시	（名）	顶尖都市
성곽	（名）	城郭
하회마을	（地名）	河回村
검색창	（名）	查询窗口
스마트폰	（名）	智能手机

第16课 银行 은행

<핵심 사항>

은행과 관련 있는 단어와 표현법을 배운다.
-(으)로
-(으)려고
-이/가 아니라
-에다(가)
-(이)든지

<발음 point>

1. 다음 용언의 활용형을 소리 나는 대로 읽어 보세요.

용언	품사	연결어미			종결어미		
받다	동	받고	받아서	받지만	받았다	받는다	받겠다
찾다	동	찾고	찾아서	찾지만	찾았다	찾는다	찾겠다
보내다	동	보내고	보내서	보내지만	보냈다	보낸다	보내겠다
바꾸다	동	바꾸고	바꿔서	바꾸지만	바꿨다	바꾼다	바꾸겠다
담기다	동	담기고	담겨서	담기지만	담겼다	담긴다	담기겠다

2. 다음 밑줄 친 부분의 발음에 유의하면서 소리 나는 대로 읽고 써 보세요.

1) <u>시계</u>를 보니 <u>약속</u> 시간은 <u>30분밖에</u> 안 <u>남았다</u>. [   ]
2) <u>지금은</u> <u>현금이</u> 없어서 사용할 수 <u>없습니다</u>. [   ]

<어휘 check>

1. 다음 은행 금융 거래에 필요한 단어를 서로 결합하여 동사구를 만들어 보세요.

| 계좌, 계좌 번호, 도장, 수수료, 수표, 돈, 현금, 현찰, 비밀번호, 창구, 번호표, 통장, 잔액, 잔고, 현금 자동 입출금기, 환율, 신용 카드, 현금 카드, 출금표, 입금표, 금융 실명제, 수수료, 송금, 입금, 출금, 인출, 실명 확인 | 개설하다, 찍다, 새기다, 만들다, 내다, 받다, 발행하다, 입금하다, 출금하다, 입력하다, 바꾸다, 잊어버리다, 찾다, 뽑다, 받다, 개설하다, 정리하다, 인출하다, 사용하다, 계산하다, 발급하다, 분실하다, 사용하다, 작성하다, 계산하다, 서명하다, 사인하다, 시행하다, 확인하다, 제출하다 |

<문법 point>

1. "-(으)로"를 사용하여 물음에 답하세요.

1) 가: 약속 시간을 언제로 바꿔야 합니까?
   나: (이번 주 금요일 오후 3시 - 4시)

2) 가: 영업부의 해외판매 업무 담당자를 누구로 교체할까요?
   나: (김 과장 - 이 대리)

3) 가: 학생들의 교복 색상을 어떻게 바꾸는 게 좋을까요?
   나: (자주색 - 짙은 남색)

4) 가: 이번 식목일날 식수 행사 때 심을 수종을 무엇으로 바꿀까요?
   나: (소나무 - 사과나무)

5) 가: 주문하신 메뉴를 바꾸시겠습니까?
   나: (추어탕 - 삼계탕)

2. 다음 "-(으)려고" 용법을 참고하여 괄호 안을 연결하여 문장을 완성하세요.

결합 가능 품사	결합 조건	결합 양상
동사	개음절	-려고
	폐음절	-으려고

1) 가: 왜 외투를 입으셨어요?

　　나: (바람을 쐬다, 바깥에 나가다)＿＿＿＿＿＿＿＿＿＿＿＿＿＿＿＿＿

2) 가: 왜 밥을 남겼어?

　　나: (살을 빼다, 탄수화물을 적게 먹다)＿＿＿＿＿＿＿＿＿＿＿＿＿＿

3) 가: 어디 가세요?

　　나: (돈을 찾다, 은행에 가다)＿＿＿＿＿＿＿＿＿＿＿＿＿＿＿＿＿

4) 가: 오늘은 왜 회사에 안 가셨어요?

　　나: (진찰 받다, 병원에 가다)＿＿＿＿＿＿＿＿＿＿＿＿＿＿＿＿＿

5) 가: 왜 갑자기 런닝머신을 사오셨어요?

　　나: (집에서 운동하다, 할부로 구입하다)＿＿＿＿＿＿＿＿＿＿＿＿＿

3. "-이/가 아니라"를 써서 괄호 안을 완성하세요.

1) 가: 웬 빵을 이렇게 많이 사왔니?

　　나: (혼자 먹을 것, 친구들과 나눠 먹을 것)＿＿＿＿＿＿＿＿＿＿＿＿

2) 가: 웬 핸드폰이 두 개나 있니?

　　나: (내 것, 하나는 동생 것)＿＿＿＿＿＿＿＿＿＿＿＿＿＿＿＿＿

3) 가: 쟤가 네 여자친구니?

　　나: (내 여친, 내 친구의 여친)＿＿＿＿＿＿＿＿＿＿＿＿＿＿＿＿

4) 가: 저 남자는 영화배우니?

　　나: (영화배우, 연극배우)＿＿＿＿＿＿＿＿＿＿＿＿＿＿＿＿＿＿

5) 가: 저분이 사장님이시니?

　　나: (저분, 하늘색 양복을 입은 분)＿＿＿＿＿＿＿＿＿＿＿＿＿＿＿

4. 괄호 안에 적당한 단어를 넣어서 "-에다(가)"를 써서 문장을 완성하세요.

1) 가: 어때요, 제가 만든 북엇국이 입에 맞아요?

　　나: 조금 싱거워요. (　　　　)에다가 간장을 조금 더 넣어야겠어요.

2) 가: 비빔밥은 어떻게 만들어요?

　　나: 밥 위에 여러 가지 나물을 놓고 (　　　　)에다가 참기름, 참깨를 뿌려서 비벼 먹으면 더 맛있어요.

3) 가: 분홍색은 어떤 색과 어떤 색을 혼합하면 만들 수 있습니까?

　　나: (　　　　)에다가 흰색을 섞으면 돼.

4) 가: (　　　)에다가 5를 곱하면 75가 맞죠?

　　나: 예, 맞습니다.

5) 가: 커피에 설탕과 프림을 얼마나 넣어서 드세요?

　　나: 커피 (　　　)에다 설탕 한 스푼, 프림 두 스푼이요.

5. "-(이)든지" 문형의 문장을 완성하세요.

1) 가: 어떤 분들을 돕고 싶으십니까?

　　나: (누구)_____

2) 가: 바쁘지 않으실 때 시간 좀 내주시겠습니까?

　　나: (언제)_____

3) 가: 어느 지역에서 일하고 싶으십니까?

　　나: (어디)_____

4) 가: 어떤 일을 하고 싶으세요?

　　나: (무엇)_____

5) 가: 그분을 다시 만날 수 있을까요?

　　나: (어떻게)_____

<이해와 표현>

1. 다음 문장을 읽고 물음에 답하세요.

여러분은 은행 통장이 몇 개나 됩니까? 사람들은 집을 장만하기 위해서, 아이들 교육비를 모으기 위해서, 생활비를 쓰는 데, 또는 주식을 투자하는 데 필요한 자금을 따로 관리하기도 합니다. 요즘은 통장이나 도장으로 돈을 찾는 것보다 현금 카드와 비밀번호만 있으면 본인의 통장 예치금 한도 내에서 전국 어디라도 간편하게 현금을 찾을 수 있고, 물건 구입도 할 수 있습니다. 서로 다른 은행도 은행 전산망으로 연결되어 있기 때문에 이런 서비스가 가능합니다. 요즘은 한국과 중국에서 공용으로 사용할 수 있는 통장을 개설하는 사람들도 많아지고 있습니다.

1) 여러분은 어떤 통장과 카드를 사용하고 있습니까?

2) 현금 자동 입출금기는 주로 어떤 곳에 위치해 있습니까?

3) 카드나 통장을 분실해본 적이 있습니까? 그때 어떻게 했습니까?

2. 다음 문장을 중국어로 번역하세요.

1) 누구든지 이 차를 한 달 동안만 드시면 5kg을 뺄 수 있습니다.

2) 꽃을 키우려고 꽃씨를 사다가 화단에 심었어요.

3) 이 상자에다 책을 담아서 해외에 사는 친구에게 부치러 우체국에 가요.

4) 서양의 중세 시대에 연금술사들은 납으로 금을 만들 수 있다고 믿었대요.

5) 제가 노래를 잘하는 게 아니라 제 동생이 노래를 잘해요.

6) 이 제품은 진품이 아니라 모조품입니다.

7) 마녀가 마술을 부리자 왕자님은 개구리로 변했어요.

8) 고객님, 먼저 번호표를 뽑으시고 여기서 순서를 기다려 주세요.

9) 저희 항공사는 여러분을 세계 어디든지 안전하게 모시겠습니다.

10) 지금 저에게 필요한 것은 물질적 지원이 아니라 여러분의 따뜻한 격려와 관심입니다.

〈속담〉

1. 아래 〈보기〉의 상황을 이용하여 "내 코가 석 자"라는 속담의 의미와 어울리는 대화문을 만들어 보세요.

> 〈보기〉 나는 집에서 숙제를 하고 있습니다. 내일까지 제출해야 하는데 양이 많아서 시간이 많이 걸립니다. 오늘밤 늦게까지 하지 않으면 제출하지 못할 수도 있습니다. 그런데 동생이 내 방에 들어와서 숙제를 도와달라고 합니다. 나는 시간이 없다고 말했습니다.

가:＿＿＿＿＿＿＿＿＿＿＿＿＿＿＿＿＿＿＿＿
나:＿＿＿＿＿＿＿＿＿＿＿＿＿＿＿＿＿＿＿＿
가:＿＿＿＿＿＿＿＿＿＿＿＿＿＿＿＿＿＿＿＿
나:＿＿＿＿＿＿＿＿＿＿＿＿＿＿＿＿＿＿＿＿
가:＿＿＿＿＿＿＿＿＿＿＿＿＿＿＿＿＿＿＿＿
나:＿＿＿＿＿＿＿＿＿＿＿＿＿＿＿＿＿＿＿＿

〈보충 단어〉

수표	(名)	支票
현찰	(名)	现金
번호표	(名)	号牌，号
잔고	(名)	余额
현금 자동 입출금기	(名)	现金自动存取机
금융 실명제	(名)	金融实名制
실명 확인	(词组)	实名确认
발급하다	(动)	签发
서명하다	(动)	签名
교체하다	(动)	交替
색상	(名)	色相
자주색	(名)	紫色

第16课 银行

수종	(名)	树种
메뉴	(名)	菜单
추어탕	(名)	泥鳅汤
삼계탕	(名)	参鸡汤
외투	(名)	外套
탄수화물	(名)	碳水化合物，糖类
런닝머신	(名)	跑步机
여친(여자친구)	(名)	女(朋)友
북엇국	(名)	明太鱼汤
분홍색	(名)	粉红色
혼합하다	(动)	混合
프림	(名)	护肤奶液
예치금	(名)	储备金，预留款
은행 전산망	(名)	银行网络
공용	(名)	公用

综合练习4 종합연습 4

문항번호	1		2		3	4	5	6	7	총점
	1	2	1	2						
배점	5	5	5	5	10	10	15	20	25	100
점수										

1. (듣기) 다음 문장을 잘 듣고 물음에 답하세요.(5점×2문항 = 10점)

1) 김 대리와 내가 등산을 못 가는 이유는 무엇입니까?

2) 부장님은 김 대리와 나에게 뭐라고 하셨습니까?

2. (듣기) 다음 대화문을 잘 듣고 물음에 답하세요.(5점×2문항 = 10점)

1) 이곳은 어디입니까?

2) 이 제품의 정가는 얼마입니까?

3. 다음 대화문을 읽고 대화 내용과 다른 것을 고르세요. (10점)

> 형: 민수야, 엄마 어디 가셨어?
> 동생: 응, 은행에 돈 찾으러 가신다고 나가셨어.
> 형: 은행에? 집 앞에도 ATM기가 있는데 은행까지 직접 가셨어? 그리고 왜 오늘은 네가 안 갔어?
> 동생: 은행에서 또 다른 볼일이 있으시대.
> 형: 엄마도 텔레뱅킹이나 인터넷 홈뱅킹을 하시면 좋을 텐데.
> 동생: 형이 엄마한테 텔레뱅킹 신청하시라고 말씀드려 봐.
> 형: 너 은행 심부름 가기 싫어서 그러는 거지?
> 동생: 내가 없을 때 형도 많이 가잖아.

1) 집 가까운 곳에 ATM기가 있다.
2) 엄마에게 텔레뱅킹을 신청하시라고 동생이 형에게 말씀드리라고 했다.
3) 형과 동생은 은행 심부름을 별로 좋아하지 않는다.
4) 어머니는 두 형제가 너무 어려서 은행 심부름을 안 시킨다.
5) 어머니는 아직 텔레뱅킹이나 인터넷 홈뱅킹을 이용하지 않고 있다.

4. 다음 문장의 잘못된 곳을 찾아 바르게 고치세요. (1점×10문항 = 10점)

1) 어머니가 나에게 형은 지금 집에 없었다고 하셨다. (   )
2) 아버지가 누나에게 대학의 전공학과를 선택할 때는 신중해야 하다고 말씀하셨다. (   )
3) 아이들이 선생님에게 코뿔소와 코끼리 중에서 어느 동물이 더 키가 크느냐고 여쭤보았다. (   )
4) 어머니가 아이에게 바람이 많이 부니까 밖에 나가지 말고 집안에서 놀으라고 말씀하셨다. (   )
5) 친구들이 점심을 같이 먹으자고 했다. (   )
6) 더 편하게 살으려고 직장 근처로 집을 옮겼어요. (   )
7) 지금 안 먹어도 괜찮아요. 저는 배가 안 고프겠거든요. (   )
8) 신발 한 개는 찾았는데 나머지 오른쪽 한 개를 아직도 못 찾았어요.
(   )
9) 이 기차가 오후 5시까지 서울역에 도착할 수 있으면 됐을 거예요.
(   )
10) 이 최신형 컴퓨터는 속도도 빠르고 기능도 뛰어나서 샀을 만했겠어요.
(   )

5. 다음 <보기>의 단어를 이용하여 <상황>에 맞게 대화문을 만들어 보세요. (15점)

<상황> 오랜만에 대학교 때 친구였던 김영준에게 전화를 걸었는데 전화번호가 바뀌었다고 합니다. 다른 친구들에게 전화해서 김영준의 전화번호를 아는지 물어보세요.

<보기> 묻다   핸드폰을 분실하다   연락이 안 되다   전화번호가 바뀌다
       새 번호   이민 가다   직장을 옮기다   친하게 지내다

6. 다음 <보기>의 체언과 용언을 이용하여 연결어미 "-았/었/였느냐고 하다"의 활용형을 만들어 보세요.(20점)

<보기> 농구공   MP3 player   258   깊다
두껍다   파다   달리다   묻다
운동하다   조용하다

결합 가능 품사	결합 조건		결합 양상	
대명사, 명사, 수사	개음절		과거	1)
			현재	2)
			미래	3)
	폐음절	격식체 낮춤	과거	4)
			현재	5)
			미래	6)
동사, 형용사	양성모음		과거	7)
			현재	8)
			미래	9)
	음성모음	격식체 낮춤	과거	10)
			현재	11)
			미래	12)
	하다		과거	13)
			현재	14)
			미래	15)

7. 다음 주제문으로 짧은 글을 쓰세요.(25점)

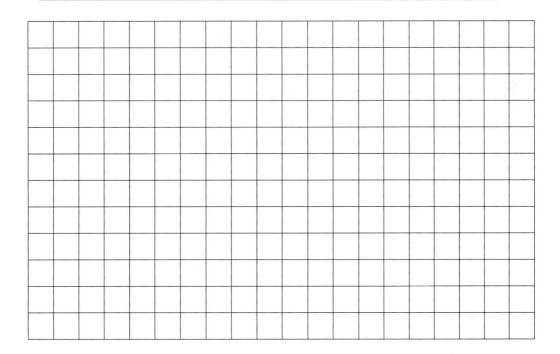

주제: 내 인터넷 블로그에 올릴 "나의 조국 중국"이라는 짧은 소개글 쓰기

조건: 300자 분량(띄어쓰기 포함)
　　　비격식체 해요체 종결어미 사용
　　　한글 맞춤법 적용

第17课 美容院, 理发店 미장원, 이발소

<핵심 사항>

미장원이나 이발소에서 사용하는 단어나 표현법을 배운다.
-는 게 좋겠다
-(으)ㄴ 김에
-아/어/여 보이다
아니면
ㅅ불규칙

<발음 point>

1. 다음 용언의 활용형을 소리 나는 대로 읽어 보세요.

용언	품사	연결어미			종결어미		
짧다	형	짧고	짧아서	짧지만	짧았다	짧다	짧겠다
다듬다	동	다듬고	다듬어서	다듬지만	다듬었다	다듬는다	다듬겠다
감다	동	감고	감아서	감지만	감았다	감는다	감겠다
어울리다	동	어울리고	어울려서	어울리지만	어울렸다	어울린다	어울리겠다
헹구다	동	헹구고	헹궈서	헹구지만	헹궜다	헹군다	헹구겠다

2. 다음 밑줄 친 부분의 발음에 유의하면서 소리 나는 대로 읽고 써 보세요.

1) <u>옆머리하고</u> <u>뒷머리는</u> <u>짧게</u> 자르실 <u>거죠</u>? [   ]
2) 우선 나는 <u>절대로</u> 파마를 하지 <u>않습니다</u>. [   ]

<어휘 check>

1. 다음 <보기>의 단어를 이용하여 괄호 안에 적당한 단어를 써넣어 문장을 완성하세요.

> <보기> 앞머리, 옆머리, 뒷머리, 스포츠머리, 웨이브, 가르마, 구레나룻, 콧수염, 거울, 빗, 면도기, 가위, 손거울, 샴푸, 무스, 린스, 스프레이, 자르다, 깎다, 다듬다, 커트하다, 파마하다, 염색하다, 헹구다, 감다, 손질하다, 기르다, 빗질하다, 빗다, 이발사, 이발소, 미장원, 헤어컷, 헤어 디자이너, 헤어숍

1) (　　　)에서 (　　　　　)를 조금 잘랐어요.
2) 흰머리가 많아서 (　　　　)에서 (　　　　　)을 했어요.
3) (　　　)가 (　　　　　)를 잘라주었어요.
4) 뒷머리를 (　　　　)로 비춰보았어요.
5) 머리를 다 자른 후 (　　　　)로 머리를 감았어요.

<문법 point>

1. "-는 게 좋겠다"를 써서 대화문을 완성하세요.

1) 가: 엄마, 학교 갈 때 우산을 가져갈까요?
   나:_____

2) 가: 제주도로 2박 3일 여행 가려고 하는데 뭘 가져가야 할까요?
   나:_____

3) 가: 코피가 나는데 어떻게 멈춰야 해요?
   나:_____

4) 가: 상대방 전화가 계속 통화 중입니다.
   나:_____

5) 가: 두 사람 중에서 누가 먼저 하는 게 좋을까요?
   나:_____

2. "-(으)ㄴ/는 김에"를 이용하여 밑줄 친 용언을 고치세요.

결합 가능 품사	결합 조건		결합 양상
동사	개음절	과거	-ㄴ 김에
		현재	-는 김에
	폐음절	과거	-은 김에
		현재	-는 김에

1) 가: 오랜만에 부산에 오니까 기분이 정말 좋아요.
　　나: 부산에 오다(　　) 싱싱한 회를 먹고 싶어요.
2) 가: 설날이 되니까 가족들이 다 모였네요.
　　나: 가족들이 다 모이다(　　) 윷놀이를 할까요?
3) 가: 당신 양복을 샀으니까 이제 와이셔츠를 사러 가요.
　　나: 옷을 사다(　　) 당신 블라우스도 삽시다.
4) 가: 오랜만에 뵀는데 더 젊어지셨네요.
　　나: 이렇게 만나다(　　) 저녁 식사도 하고, 술도 한잔 할까요?
5) 가: 신혼여행 잘 다녀왔어요?
　　나: 네, 제주도에 가다(　　) 특산물을 사왔어요.

3. "-아/어/여 보이다"의 용법을 참고하여 대화문을 완성해 보세요.

결합 가능 품사	결합 조건		결합 양상
형용사	양성모음	과거	-아 보였다
		현재	-아 보인다
		미래	-아 보이겠다
	음성모음	과거	-어 보였다
		현재	-어 보인다
		미래	-어 보이겠다
	하다	과거	-여 보였다
		현재	-여 보인다
		미래	-여 보이겠다

1) 가: 그 사람은 나이에 비해서 너무 앳돼 보여요.
   나: _____

2) 가: 이렇게 날씨가 무더운데 머리가 너무 기니까 더워 보여요.
   나: _____

3) 가: 저 신랑 신부는 정말 행복해 보여요.
   나: _____

4) 가: 아이가 저렇게 엄마 말을 잘 들으니까 순해 보여요.
   나: _____

5) 가: 당신이 빵 만드는 걸 보니까 정말 만들기 쉬워 보여요.
   나: _____

4. "아니면"을 써서 대답해 보세요.

1) 가: 지영아, 네 생일 파티에 친구 몇 명이 온다고 했어?
   나: (10명, 11명) _____

2) 가: 일기예보에서 언제 비가 오겠다고 했어요?
   나: (오늘, 내일) _____

3) 가: 이번 여름 휴가 때 어디 가고 싶어요?
   나: (제주도, 설악산) _____

4) 가: 진석아, 나중에 크면 뭐가 되고 싶니?
   나: (아나운서, 성우) _____

5) 가: 주문하신 키위 주스는 지금 다 팔렸는데 다른 걸로 드시겠습니까?
   나: (오렌지 주스, 유자차) _____

5. 다음 "ㅅ불규칙"용언의 활용형을 빈칸에 써넣으세요.

	격식체 높임		비격식체 높임	
	과거	현재	과거	현재
붓다(동)	부었습니다	1)	부었어요	부어
젓다(동)	저었습니다	젓습니다	2)	저어
짓다(동)	3)	짓습니다	지었어요	지어
낫다(동)	나았습니다	낫습니다	나았어요	4)
낫다(형)	5)	낫습니다	나았어요	나아

<이해와 표현>

1. 다음 문장을 읽고 물음에 답하세요.

> 여러분은 옛날 사진에서 이미 유행이 지난 머리 모양을 보면서 살짝 웃음이 나온 적이 없습니까? 여러분에게는 어떤 머리 모양이 잘 어울리는지 알고 있습니까? 사람들마다 잘 어울리는 머리 모양이 있고, 좋아하는 모양이 따로 있습니다. 얼굴 모양에 따라서 어떤 사람은 긴 머리, 아니면 어떤 사람은 짧은 머리가 어울립니다. 또 직모말고 곱슬, 파마 머리가 더 잘 어울리는 사람도 있습니다. 또 사람들은 기분에 따라 자주 머리 모양을 바꾸거나 염색을 하기도 합니다. 또 어떤 사람들은 여름에는 짧게, 겨울에는 좀 길게 기르고 다닙니다. 머리 모양은 시대별로 사회 분위기에 따라 많이 달라지기도 합니다. 요즘 젊은이들은 조금 길면서 자연스럽게 변화를 준 개성 있는 머리 모양을 선호하기도 합니다. 앞으로 또 어떤 머리 모양이 젊은이들에게 인기를 끌면서 유행하게 될까요? 여러분도 한번 요즘 한창 유행인 머리 모양으로 바꿔 볼 자신이 있으세요?

1) 여러분은 어떤 머리 모양을 선호합니까?

2) 파마를 해본 적이 있습니까? 여러분에게는 어떤 파마 머리가 잘 어울립니까?

3) 여러분은 얼마나 자주 이발소나 미용실에 갑니까?

4) 다른 사람의 머리 모양을 따라서 바꿔 본 적이 있습니까?

2. 다음 문장을 중국어로 번역하세요.

1) 길이 막힐지도 모르니까 한 시간 일찍 출발하는 게 좋겠어요.

2) 지금보다 더 나은 미래를 위해서 최선을 다합시다.

3) 오늘따라 왜 그렇게 피곤해 보여요? 어제 잠을 못 잤어요?

4) 장보러 가는 김에 친구들을 만나서 점심도 함께 먹을 거예요.

5) 감기에 걸려서 병원에서 진찰도 받고 약국에서 약도 지어 먹었어요.

6) 이번 일을 내 마음대로 처리해도 되겠습니까?

7) 9월부터 미국 워싱턴으로 파견 근무를 가게 되었어요.

8) 국이 너무 뜨거우니까 숟가락으로 잘 저어서 드세요.

9) 만두 속을 만들 때 꿩고기가 아니면 닭고기를 써도 돼요.

10) 택시가 아니면 지하철을 타고 가는 게 좋겠어요.

3. 다음은 머리 모양을 주제로 친구들끼리 나누는 대화문입니다. 여러분의 상황에 맞게 빈 칸에 적당한 문장을 써넣으세요.

영희: 윤수야, 너 머리 어디서 잘랐어? 잘 어울리는데.
윤수: _____
영희: 그렇구나. 나도 머리 모양을 좀 바꾸고 싶은데 요즘 좀 바빠서 시간이 없네. 짧게 자르면 어떨까?
윤수: 왜 짧게 자르려고 그래?
영희: _____
윤수: 그렇지만 넌 긴 생머리가 잘 어울려. 자르지 마.

〈속담〉

1. "누워서 침 뱉기"를 쓸 수 있는 상황을 고르세요.

1) 수업 시간에 모두 배웠던 내용이 시험 문제로 나와서 아주 쉽게 문제를 풀었다.

2) 내가 다른 사람에게 친절하게 대하면 다른 사람도 나에게 친절하게 대해주게 된다.
3) 남에게 나쁜 짓을 하려다가 자기 스스로 해를 입게 된다.
4) 누워서 장난을 치는 것은 좋지 못하다.

〈보충 단어〉

스포츠머리	（名）	平头
웨이브	（名）	波浪形
가르마	（名）	发缝，头发缝
구레나룻	（名）	络腮胡子
콧수염	（名）	胡子
면도기	（名）	刮胡刀，剃须刀
빗질하다	（动）	梳，拢
빗다	（动）	梳，拢，梳拢
헤어컷	（名）	剪发，理发
헤어 디자이너	（名）	发型设计师
비춰보다	（动）	照（镜子）
2박 3일	（词组）	三天两夜
코피	（名）	鼻血
앳되다	（形）	稚嫩
순하다	（形）	纯洁，温顺
아나운서	（名）	广播员
성우	（名）	配音员
키위 주스	（名）	猕猴桃汁
유자차	（名）	柚子茶
직모	（名）	又直又硬的发质
곱슬	（名）	自来卷
선호하다	（动）	偏爱
생머리	（名）	未加修饰的头发

第18课 金剛山 금강산

<핵심 사항>

> 금강산의 면모를 알 수 있는 단어와 표현법을 배운다.
> -기는 하다
> -뿐만 아니라, -(으)ㄹ 뿐만 아니라
> -(이)나
> -고 싶어하다
> -는가 보다, -(으)ㄴ가 보다

<발음 point>

1. 다음 용언의 활용형을 소리 나는 대로 읽어 보세요.

용언	품사	연결어미			종결어미		
듣다	동	듣고	들어서	듣지만	들었다	듣는다	듣겠다
알다	동	알고	알아서	알지만	알았다	안다	알겠다
찍다	동	찍고	찍어서	찍지만	찍었다	찍는다	찍겠다
아름답다	형	아름답고	아름다워서	아름답지만	아름다웠다	아름답다	아름답겠다
높다	형	높고	높아서	높지만	높았다	높다	높겠다
있다	형	있고	있어서	있지만	있었다	있다	있겠다

2. 다음 밑줄 친 부분의 발음에 유의하면서 소리 나는 대로 읽고 써 보세요.

1) 금강산이 좋다고 했지만 이렇게 직접 보니까 정말 아름답군요.
   [   ]

2) 그 이야기는 많이 들어봤지만 배경이 금강산인 것은 처음 알았네요.
   [   ]

177

<어휘 check>

1. 다음 <보기>에서 적당한 단어를 찾아서 괄호 안에 써넣으세요.

<보기>	봉우리	속	전설	절벽	폭포
	바위	해돋이	능선	약수터	능선
	산비탈	계곡	협곡		

1) 산행을 할 때 목이 마르면 (　　　)에서 시원한 물을 마실 수 있다.
2) 산길 주변에는 크고 작은 (　　　)가 솟아 있다.
3) 저 산에서 제일 높은 (　　　)에서 새벽에 (　　　)를 보면 정말 장관이다.
4) 산의 동남쪽 (　　　)에는 큰 물줄기가 떨어지는 (　　　)가 있다.
5) 이 산의 (　　　)마다 재미있는 (　　　)이 하나씩 있다.
6) 이곳 정상에서 서쪽 (　　　)을 따라 4시간 정도 내려가면 다시 입구에 도착할 수 있다.

<문법 point>

1. "-기는 하다"의 용법을 참고하여 대화문을 완성하세요.

결합 가능 품사	결합 조건	결합 양상
동사, 형용사	과거	-기는 했다
	현재	-기는 한다
	미래	-기는 하겠다

1) 가: 어제 본 영화가 재미있었어요?
　　나: (시간이 너무 길다, 재미있다)_____
2) 가: 몸이 안 좋다면서 왜 아직 병원에 안 갔어요?
　　나: (몸이 안 좋다, 참을 만하다)_____

3) 가: 오늘 일하러 안 나가요?

　　나: (가다, 좀 늦게 가다) _____

4) 가: 이삿짐은 언제부터 쌀 거예요?

　　나: (해야 한다, 지금은 안 하다) _____

5) 가: 요즘은 대학교 친구들을 안 만나요?

　　나: (시간이 없다, 한 달에 한 번은 만나다) _____

2. "-뿐만 아니라, -(으)ㄹ 뿐만 아니라"를 써서 문장을 완성하세요.

1) 가: 그 친구 성격이 어때요?

　　나: (활발하다, 예의가 있다) _____

2) 가: 이 집 어때요?

　　나: (조용하다, 교통이 편리하다) _____

3) 가: 어떤 과일 좋아해요?

　　나: (단맛이 나는 과일, 신맛이 나는 과일) _____

4) 가: 봉준호 감독이 제작한 영화를 본 적이 있어요?

　　나: (본 적이 있다, 좋아하다) _____

5) 가: 제주도 여행할 때 성산 일출봉도 가 봤어요?

　　나: (성산 일출봉, 한라산) _____

3. "-(이)나"를 사용하여 문장을 만들어 보세요.

1) 가: 이번 주말을 어떻게 보낼 거예요?

　　나: (재미있는 책) _____

2) 가: 올림픽공원에 가서 뭘 할 거예요?

　　나: (자전거) _____

3) 가: 점심엔 뭘 먹을 거예요?

　　나: (피자) _____

4) 가: 놀이터도 없는 깊은 산골에서 뭘 하면서 유년 시절을 보냈어요?

　　나: (눈썰매) _____

5) 가: 컴퓨터는 이렇게 늦은 시간에 왜 켜세요?

　　나: (컴퓨터 게임) _____

4. "-고 싶어하다"의 용법을 참고하여 <보기>에서 찾아서 대답해 보세요.

결합 가능 품사	결합 조건	결합 양상
동사	과거	-고 싶어했다
	현재	-고 싶어한다
	미래	-고 싶어하겠다

<보기> 기념사진을 찍다, 야호 하다, 심호흡을 하다, 산 경치를 구경하다, 학생처럼 열심히 공부하다, 운동을 열심히 하다, 여행을 많이 다니다, 밀린 잠을 자다, 컴퓨터 게임을 하다, 친구를 만나다, 휴양지로 여행을 가다, 집에서 쉬다, 책을 읽다, 운전면허증을 따다, 헬스클럽에서 유산소운동을 하다, 등산을 하다, 스키를 타다, 스케이트를 타다, 스노보드를 타다

1) 사람들이 산 정상에 올라가면 가장 하고 싶어하는 것은 무엇입니까?

2) 여러분의 기숙사 친구들이 시간이 있을 때 가장 하고 싶어하는 것은 무엇입니까?

3) 여러분 회사 동료들이 휴가철에 가장 하고 싶어하는 것은 무엇입니까?

4) 여러분 부모님들이 만약 20년 젊어질 수 있다면 가장 하고 싶어하시는 것은 무엇입니까?

5) 직장인들이 가장 배우고 싶어하는 운동은 무엇입니까?

5. "-는가 보다"를 써서 물음에 답하세요.

결합 가능 품사	결합 조건		결합 양상
동사	양성모음	과거	-았는가 보다
	음성모음		-었는가 보다
	하다		-였는가 보다
		현재	-는가 보다

1) 가: 저기 두 사람은 지금 싸우고 있는 거 아니에요?
   나: (장난치다)_____
2) 가: 대진 씨는 전공이 영문학인데 왜 졸업하고 미술잡지 회사에 취직했어요?
   나: (미술에 소질이 있다)_____
3) 가: 미역국이 너무 짜서 못 먹겠어요.
   나: (간장을 너무 많이 넣다)_____
4) 가: 수술실에 들어간 지 4시간이 넘었는데 아직 아무 연락이 없어서 답답해요.
   나: (쉬운 수술이 아니다)_____
5) 가: 엄마, 내가 어제 입었던 파란색 윗도리가 안 보여요. 혹시 빨래하셨어요?
   나: (세탁기 안에 넣다)_____

6. "-(으)ㄴ가 보다"를 참고해서 괄호 안에 있는 단어로 대화문을 완성하세요.

결합 가능 품사	결합 조건		결합 양상
형용사	양성모음	과거	-았는가 보다
	음성모음		-었는가 보다
	하다		-였는가 보다
	개음절	현재	-ㄴ가 보다
	폐음절		-은가 보다

1) 가: 이 지역에서 재배한 쌀로 지은 밥을 직접 와서 먹어보니까 정말 맛있군요.
   나: (토질이 좋다)_____
2) 가: 이 설렁탕 국물을 좀 데워야겠어요.
   나: (설렁탕 국물이 차갑다)_____
3) 가: 어제 내린 눈이 얼어서 길이 아주 미끄러워요. 조심하세요.
   나: (기온이 급강하해서 그렇다)_____
4) 가: 저 산은 해발 몇 미터나 될까요?
   나: (높다)_____
5) 가: 저기 걸려있는 꽃무늬 원피스말고 다른 무늬는 없어요?
   나: (꽃무늬가 싫다)_____

<이해와 표현>

1. 다음 문장을 읽고 물음에 답하세요.

> 　세상에는 험준한 산맥이 많이 있다. 한반도를 남북으로 가로지르는 태백산맥에는 높은 봉우리가 곳곳에 솟아 있고, 동서로 가로지르는 고갯길도 적지 않다. 오대산, 설악산, 태백산, 지리산 등은 태백산맥에서 뻗어 나와 남북을 가로지르는 큰 산이 되었다. 그러나 한국에서 제일 높은 산은 육지에 있는 산들이 아니라 제주도에 있는 한라산이다. 전 국토의 70%가 산악지형인 한반도는 동쪽이 높고, 서쪽이 완만한 평지로 이루어져 있다. 산이 많다 보니 예부터 한국은 산과 관련된 민속이 많이 있다. 그 중의 하나는 산중에 사는 영물, 호랑이를 추앙하던 풍습이며, 또 하나는 산을 다스리는 산신이 있다는 믿음이다. 그래서 오랫동안 산신제를 지내며 인간과 마을의 안녕과 태평을 기원하는 마을이 적지 않다.

1) 중국에는 세계적으로 유명한 어떤 명산이 있는지 소개해 보세요.

2) 베이징 근처에는 어떤 산이 있는지 찾아보세요.

3) 중국에서 등산해 본 경험담을 글로 써 보세요.(200자 이내)

2. 다음 문장을 중국어로 번역하세요.

1) 난 서점에 들렀다가 책이나 한 권 사가지고 집에 갈 거야.

2) 이 요리를 먹기는 하지만 내가 좋아하는 요리가 아니야.

3) 교실 안이 모두 조용한 걸 보니 학생들이 자습하는가 봐요.

4) 모두들 외국어를 배우고 싶어하지만 모국어처럼 잘하기는 참 어렵다.

5) 난 열심히 공부를 하기는 하지만 성적은 별로 좋지 않다.

6) 내 친구는 중국어뿐만 아니라 영어도 잘 한다.

7) 주어진 시간이 너무 촉박할 뿐만 아니라 작업량도 너무 많아서 다 완성하기 어려울 거예요.

8) 여행을 가고 싶어도 같이 갈 사람이 없어서 못 가.

9) 이미자 씨의 음반이 아직도 인기가 있다는데, 정말 노래를 잘 부르는가 봐요.

10) 양들은 초원에서 풀이나 뜯으면서 한가롭게 지내고 있다.

3. 여러분은 등산을 좋아합니까? 아래 <보기>는 서울 근교에 있는 산 이름입니다. 인터넷에서 이 중에 한 곳을 조사하여 도착 시간, 예상 등반 시간, 휴식 시간, 식사 시간, 예상 하산 시간, 예상 귀가 시간 등의 순서에 따라 등산 계획표를 작성해 보세요.

<보기>
등산할 산 이름: 북한산(836m), 도봉산(739.5m), 검단산(657m), 수락산(638m), 관악산(632m), 청계산(618m), 백운산(1,279m), 소요산(587m), 불암산(508m), 수리산(488m), 인왕산(338m), 우면산(293m), 대모산(293m), 구룡산(306m), 아차산(287m)
동행할 친구: 직장 동료, 같은 반 친구, 학교 친구, 동아리 친구, 산악회 회원
등산 준비물: 등산복, 등산화, 등산모, 우비, 우산, 배낭, 식수, 휴대전화, 비상식량, 구급약품, 디지털 카메라, 건전지, 지도, 나침반, 그밖의 물품
교통편: 버스, 지하철, 택시 중 택일
예상 등반 소요 시간: 3~7시간 이내

〈속담〉

1. 다음 〈예문〉을 읽고 "도둑이 제 발 저리다"는 속담과 어울리는 대화문을 만들어 보세요.

> 〈예문〉 선생님께서 학생들에게 조용히 하라고 했지만, 난 옆 학생과 계속 작은 소리로 잡담을 하고 있었다. 선생님은 뒤돌아 서서 계속 판서를 하시면서 조용히 하라고 또 한 번 말씀하셨다. 나는 그래도 옆자리 친구와 작은 소리로 얘기를 계속했다. 그런데 선생님께서 갑자기 누가 떠드는지 다 알고 있으니 조용히 하라고 다시 한 번 말씀하셨다. 나는 정말 선생님께서 내가 떠드는 걸 알고 계시는 줄 알고 말을 멈췄다. 그러자 선생님께서 고맙다 하시면서 계속 판서를 하셨다.

〈대화문 만들기〉

〈보충 단어〉

| 절벽 | (名) | 绝壁 |
| 폭포 | (名) | 瀑布 |

第18课 金刚山

해돋이	（名）	日出
능선	（名）	棱线
약수터	（名）	矿泉水源
간단하다	（形）	简单
산비탈	（名）	山坡
계곡	（名）	溪谷，山谷
협곡	（名）	峡谷
산행	（名）	爬山
이삿짐	（名）	搬家的行李
활발하다	（形）	活泼
예의가 있다	（词组）	有教养
봉준호 감독	（名）	奉俊昊导演
성산 일출봉	（词组）	城山日出峰
올림픽공원	（名）	奥林匹克公园
피자	（名）	比萨
유년 시절	（名）	童年时代
눈썰매	（名）	雪橇
야호 하다	（动）	高喊"呀呼"
심호흡하다	（动）	深呼吸
운전면허증	（名）	驾照
유산소운동	（名）	有氧运动
스케이트	（名）	滑冰
스노보드	（名）	滑雪板
장난치다	（动）	调皮
소질	（名）	素质
수술실	（名）	手术室
세탁기	（名）	洗衣机
재배하다	（动）	栽培
토질	（名）	土质
해발	（名）	海拔
원피스	（名）	连衣裙
험준하다	（形）	险峻
태백산맥	（名）	太白山脉

봉우리	(名)	山峰
고갯길	(名)	坡路
육지	(名)	陆地
영물	(名)	灵物
추앙하다	(动)	仰慕
태평	(名)	太平
북한산	(名)	北汉山
도봉산	(名)	道峰山
검단산	(名)	黔丹山
수락산	(名)	水落山
관악산	(名)	冠岳山
청계산	(名)	清溪山
백운산	(名)	白云山
소요산	(名)	逍遥山
불암산	(名)	佛岩山
수리산	(名)	修理山
인왕산	(名)	仁王山
우면산	(名)	牛眠山
대모산	(名)	大母山
구룡산	(名)	九龙山
아차산	(名)	峨嵯山
동료	(名)	同伴，伙伴
동아리	(名)	社团
산악회	(名)	登山社
우비	(名)	雨具
배낭	(名)	背包
비상식량	(名)	应急食品
구급약품	(名)	急救药品
건전지	(名)	干电池
나침반	(名)	指南针
판서하다	(动)	写板书

第19课 天坛 천단

<핵심 사항>

천단 공원을 소개하는 방법을 배우고, 관련 단어를 학습한다.
-(으)ㄹ 테니까
-는/(으)ㄴ데도
-아/어/여야겠다
-았/었/였었-
-았/었/였던

<발음 point>

1. 다음 용언의 활용형을 소리 나는 대로 읽어 보세요.

용언	품사	연결어미			종결어미		
지내다	동	지내고	지내서	지내지만	지냈다	지낸다	지내겠다
빌다	동	빌고	빌어서	빌지만	빌었다	빈다	빌겠다
어우러지다	동	어우러지고	어우러져서	어우러지지만	어우러졌다	어우러진다	어우러지겠다
주다	동	주고	줘서	주지만	주었다	준다	주겠다
웃다	동	웃고	웃어서	웃지만	웃었다	웃는다	웃겠다
붐비다	동	붐비고	붐벼서	붐비지만	붐볐다	붐빈다	붐비겠다

2. 다음 밑줄 친 부분의 발음에 유의하면서 소리 나는 대로 읽고 써 보세요.

1) 그러면 어제 본 자금성과 비슷한 때에 지어졌겠네요. [   ]
2) 저도 전에 데이트하러 몇 번 온 적이 있어요. [   ]

<어휘 check>

1. 다음 단어와 비슷한 뜻의 어휘를 찾아서 선으로 연결하세요.

1) 가까이   기도하다
2) 비슷하다   상세히
3) 빌다   토지, 토양, 대지, 흙
4) 자세히   일월
5) 정월   유사하다
6) 땅   근접하여, 인접하여, 근처에, 가깝게

<문법 point>

1. "-(으)ㄹ 테니까"로 만든 대화문을 완성하세요.

1) 가: 영희야, _____
   나: 알았어, 언니. 내가 민석이 잠깐 봐 줄 테니까 다녀와.
2) 가: _____
   나: 알겠어요. 내가 사진 찍어줄 테니까 저쪽 나무 옆으로 가서 서 계세요.
3) 가: _____
   나: 알았어. 형 친구가 집에 찾아오면 이 책을 전해줄 테니까 걱정 마.
4) 가: _____
   나: 내가 100,000원 꿔줄 테니까 너무 걱정 마.
5) 가: _____
   나: 내가 택시 잡아올 테니까 당신도 병원 갈 준비해요.

2. "-인/는/(으)ㄴ데도"의 활용형을 참고하여 문장을 완성하세요.

결합 가능 품사	결합 조건		결합 양상
대명사, 명사, 수사	개음절	과거	-였는데도
		현재	-인데도
	폐음절	과거	-이었는데
		현재	-인데도

		과거	-았는데도
동사	양성모음	현재	-는데도
	음성모음	과거	-었는데도
		현재	-는데도
	하다	과거	-였는데도
		현재	-는데도
형용사	양성모음	과거	-았는데도
		현재	-ㄴ데도
	음성모음	과거	-었는데도
		현재	-은데도
	하다	과거	-였는데도
		현재	-는데도

1) 비바람이 몰아치다, 군인들은_____
2) 영화가 다 끝나다, 관객들은_____
3) 저녁밥을 두 공기나 먹다, 아이들은_____
4) 매년 많은 돈을 들여서 새 도로를 건설하다, 교통은_____
5) 동생이 아직 안 일어나다, 큰형은_____

3. "-아/어/여야겠다"의 용법을 참고하여 문장을 완성하세요.

결합 가능 품사	결합 조건	결합 양상
동사, 형용사	양성모음	-아야겠다
	음성모음	-어야겠다
	하다	-여야겠다

1) 날씨가 더우니까 창문을 (열다)_____
2) 직접 현장에 가서 (조사하다)_____
3) 도서관 안에 있으니까 휴대폰을 (무음으로 바꾸다)_____
4) 친구에게 이메일로 편지를 (보내다)_____
5) 친구가 입원을 했으니까 병문안을 (가다)_____

4. "-았/었/였었-"를 써서 대화문을 만드세요.

결합 가능 품사	결합 조건	결합 양상
대명사, 명사, 수사	개음절	-였었-
	폐음절	-이었었-
동사, 형용사	양성모음	-았었-
	음성모음	-었었-
	하다	-였었-

1) 가: 나는 학교 다닐 때 공부를 잘하는 학생이었어요.
   나:_____

2) 가: 대학교 3학년 때 그 여자를 처음 보고 첫눈에 반했었어요.
   나:_____

3) 가: 어제는 너무 피곤해서 집에 오자마자 바로 잠들었었어요.
   나:_____

4) 가: 작년 이맘때는 태풍 때문에 닷새 동안 육지로 나가지 못하고 섬 안에서만 살았었어요.
   나:_____

5) 가: 지금은 신도시가 되었지만 예전에 이곳은 모두 농경지였었어요.
   나:_____

5. "-았/었/였던"을 써서 대화문을 만드세요.

결합 가능 품사	결합 조건	결합 양상
동사, 형용사	양성모음	-았던
	음성모음	-었던
	하다	-였던

1) 가: 어렸을 때 내가 친구들과 함께 놀았었던 곳이 바로 여기야.
   나:_____

2) 가: 내 스무 번째 생일날 가족들이 나에게 불러줬었던 생일 축하노래는 참 감동적이었어.
   나:_____

3) 가: 외할머니가 어렸을 때 만들어 주셨었던 그 음식 맛을 어떻게 잊을 수 있겠어요?
   나:_____

4) 가: 내가 처음 아내를 만났었던 곳은 바닷가였어요.
   나:_____

5) 가: 내가 대학교 4학년 때까지 아르바이트를 했었던 음식점은 지금도 그 자리에 있어.
   나:_____

〈이해와 표현〉

1. 다음 문장을 중국어로 번역하세요.

1) 수영을 하다가 코로 물이 들어가서 죽을 뻔했어요.

2) 이 서류를 제출하고 올 테니까 여기서 잠깐만 기다리세요.

3) 우리 동네에서 가장 바쁜 분은 이장님이시다.

4) 밀가루와 계란을 섞어서 부침개를 좀 만들어 먹어야겠다.

5) 성격만 좀 비슷했어도 지금처럼 두 사람이 그렇게 심하게 싸우지 않을 텐데요.

6) 대학교 때 내가 학교 근처에서 살았던 집은 방 한 칸짜리 원룸이었어요.

7) 어젯밤에 잠을 3시간밖에 안 잤는데도 별로 피곤하지 않아요.

8) 저희 집에서는 가족들이 모두 양력 생일을 쇠지 않고 음력 생일을 쇠요.

9) 청소를 다 끝냈는데도 왜 집안이 깨끗해 보이지 않죠?

10) 내일부터 휴가가 시작되니까 날씨가 화창했으면 좋겠다고 빌어야겠어요.

<속담>

1. "마른 하늘에 날벼락"이란 속담을 적용할 수 있는 상황을 고르세요.

1) 버스 안에서 초등학교 동창생을 만나서 너무 기뻤다.
2) 버스 교통사고가 나는 순간을 목격해서 너무 놀랐다.
3) 내가 탄 버스가 추돌 사고를 당해 왼팔을 다쳤다.
4) 내가 탄 버스가 시동이 꺼져서 약속 시간에 10분 정도 늦었다.

<보충 단어>

기도하다	(动)	祈祷
대지	(名)	大地
유사하다	(形)	类似的，相似的
근접하다	(动)	接近
인접하다	(形)	临近
비바람이 몰아치다	(词组)	风雨交织
군인	(名)	军人
관객	(名)	观众
무음	(名)	无声（手机静音）
병문안	(名)	探病
태풍	(名)	台风
섬	(名)	岛
신도시	(名)	新都市
농경지	(名)	农田

第20课 暑假 여름 방학

<핵심 사항>

> 대학생들이 여름 방학을 주제로 대화하는 표현법을 배운다.
> -느라고
> -(으)ㄹ 뻔하다
> 아무 (명사)도 안/못/없다/모르다
> 만에, 만이다
> ㅎ불규칙

<발음 point>

1. 다음 용언의 활용형을 소리 나는 대로 읽어 보세요.

용언	품사	연결어미			종결어미		
받다	동	받고	받아서	받지만	받았다	받는다	받겠다
바쁘다	형	바쁘고	바빠서	바쁘지만	바빴다	바쁘다	바쁘겠다
바르다	동	바르고	발라서	바르지만	발랐다	바른다	바르겠다
다니다	동	다니고	다녀서	다니지만	다녔다	다닌다	다니겠다
쌓다	동	쌓고	쌓아서	쌓지만	쌓았다	쌓는다	쌓겠다
가지다	동	가지고	가져서	가지지만	가졌다	가진다	가지겠다

2. 다음 밑줄 친 부분의 발음에 유의하면서 소리 나는 대로 읽고 써 보세요.

1) 한국 친구들이 사랑의 집짓기 활동을 하러 갈 때 같이 갔다 왔어요.
  [   ]

2) 얼굴이 많이 탔네요. [   ]

<어휘 check>

1. 다음 단어를 이용하여 문장을 완성하세요.

| <보기> 농촌 | 동네 | 시멘트 |
| 장마 | 집짓기 | 배탈 |

1) 학생들은 내일부터 10일 동안 농번기에 일손이 부족한 (　　　)을 돕기 위해서 봉사활동을 할 예정입니다.
2) 우리집은 서울 근교에 있는 (　　　)인데 주민 수도 많지 않아서 늘 조용하다.
3) 건축물을 지을 때 철근, 골재, (　　　)와 목재 등을 건축 자재로 많이 사용합니다.
4) 6월 (　　　)가 시작되면서 강물이 넘쳐서 많은 재산 피해가 났다.
5) 어려운 이웃의 집을 수리해주거나 (　　　)를 돕는 분들도 있다.
6) 풋과일을 먹고 (　　　)이 나서 병원에서 치료를 받았다.

<문법 point>

1. "-느라고"로 만든 문장을 완성하세요.

1) 치과에서 치아 치료를 받느라고＿＿＿＿＿＿＿＿＿＿＿
2) 할인점에서 좋은 물건을 골라 사느라고＿＿＿＿＿＿＿＿＿＿＿
3) 손님에게 대접할 음식을 만드느라고＿＿＿＿＿＿＿＿＿＿＿
4) 거리를 쏘다니느라고＿＿＿＿＿＿＿＿＿＿＿
5) 잠이 덜 깨서 정신을 차리느라고＿＿＿＿＿＿＿＿＿＿＿

2. "-(으)ㄹ 뻔하다"의 용법을 참고하여 문장을 완성하세요.

결합 가능 품사	결합 조건		결합 양상
동사	개음절	과거	-ㄹ 뻔했다
	폐음절		-을 뻔했다

1) (졸음운전하다, 사고가 나다)

2) (칼, 종이, 자르다, 손을 다치다)

3) (등산을 가다, 늦게 하산하다, 길을 잃다)

4) (김 교수님, 경험담을 듣다, 너무 슬프다, 눈물이 나다)

5) (옷, 다리미, 다리다, 태우다)

3. "아무 (명사)도 안 / 못 / 없다 / 모르다"를 이용하여 대화문을 완성하세요.

1) 가: 사람들이 언제 돌아오는지 알고 있어요?
   나: (연락)_____
2) 가: 여기 책상 위에 있던 서류를 김 비서가 치웠습니까?
   나: (것)_____
3) 가: 지난 여름 방학 동안 아르바이트 많이 했어?
   나: (일)_____
4) 가: 어려운 일을 당해서 힘들었을 텐데 친지들에게 도움을 좀 받았습니까?
   나: (도움)_____
5) 가: 자재 창고에 남은 물품이 좀 있었습니까?
   나: (것)_____

4. "-만에, -만이다"를 사용한 문장을 완성하세요.

1) 고향 친구를 4년 만에 만나서_____
2) _____것은 입학한 지 5년 만이다.
3) 혼자 하면 일주일 정도 걸릴 일인데 세 명이 2일 만에_____
4) 놀이터에서 잃어버렸던 강아지가 3일 만에_____
5) _____것은 시작한 지 6개월 만이다.

5. 다음 "ㅎ불규칙 형용사"의 결합형을 참고하여 빈칸에 알맞은 활용형을 써넣으세요.

	격식체 현재형		비격식체 현재형	
	높임	낮춤	높임	낮춤
	-습니다	-다	-아/어/여요	-아/어/여
파랗다	1)	파랗다	파래요	2)
빨갛다	3)	빨갛다	빨개요	4)
노랗다	5)	노랗다	6)	노래
하얗다	7)	하얗다	하얘요	8)
가맣다	9)	가맣다	10)	가매
그렇다	11)	그렇다	12)	그래
저렇다	13)	저렇다	저래요	14)
이렇다	15)	이렇다	16)	이래

〈이해와 표현〉

1. 다음 〈보기〉는 강원도에 있는 도시들입니다. 어떤 명승고적이 있는지 인터넷에서 찾아서 발표해 보세요.

〈보기〉 춘천시   원주시   강릉시   속초시   태백시
       동해시   삼척시   철원군   화천군   양구군
       고성군   인제군   양양군   홍천군   횡성군
       평창군   영월군   정선군

第20课 暑假

2. 다음 <보기>는 전라남도에 있는 관광지입니다. 어떤 곳인지 인터넷에서 찾아서 아래와 같은 형식으로 한 곳을 소개해 보세요.

<보기> 운주사　　　　　다산 초당　　　　　강진 청자 도요지
　　　 담양 온천　　　　　땅끝마을　　　　　 보성 다원
　　　 낙안읍성 민속 마을

<소개 방법>
1. 관광지 명칭 소개: 이곳은＿＿＿＿＿＿입니다.
2. 관광지 위치 소개: 이곳은＿＿＿＿＿도＿＿＿＿＿시(군)에 있습니다.
3. 유명한 이유 소개: 이곳은＿＿＿＿＿＿＿＿＿＿(으)로 유명합니다.
4. 관련 인물 소개: 이곳은＿＿＿＿＿＿＿＿와/과 관련이 있습니다.
5. 가는 방법: 서울에서＿＿＿＿＿＿＿＿＿＿＿＿면 됩니다.

3. 다음 문장을 중국어로 번역하세요.

1) 인터넷 게임을 하느라고 어제 숙제를 못했어요.

2) 인터넷 게임을 하느라고 어제 숙제를 못할 뻔했어요.

3) 나는 20일 만에 몸무게 3킬로그램을 뺐어요.

4) 은행잎이 노랗게 물들었어요.

5) 두꺼운 안경과 모자를 쓰고 계셔서 아무도 그분이 사장님인 줄 몰랐다.

6) 세탁기 성능이 뛰어나서 하얀색 옷이 아주 하얗게 되었다.

7) 저런 옷차림으로 길거리를 지나다니니까 아무도 그가 영화배우인지 몰랐겠지.

8) 아침마다 아이를 깨워서 학교에 보내느라고 어머니가 아주 힘들어하신다.

9) 일이 너무 힘드니까 아르바이트를 하겠다는 사람이 아무도 없다.

10) 혼자서 그 일을 다 맡아서 하려면 힘들 거예요.

<속담>

1. "바늘 도둑이 소 도둑 된다"를 쓸 수 있는 상황을 고르세요.

1) 어려서부터 바늘을 좋아해서 계속 바늘을 수집하는 습관이 생겼다.
2) 작은 물건을 대수롭지 않게 훔치던 습관이 커서는 큰 물건을 훔치는 나쁜 습관이 된다.
3) 바늘만 훔치던 도둑은 나중에 소를 훔치는 도둑으로 변한다.
4) 작은 물건을 잘 아껴야 나중에 소처럼 중요한 재산을 모을 수 있다.

<보충 단어>

농번기	(名)	农忙季节
일손이 부족하다	(词组)	人手不足
주민	(名)	居民
철근	(名)	钢筋
골재	(名)	（制造混凝土用）骨料
목재	(名)	木材
건축 자재	(名)	建材
강물	(名)	江水
재산 피해	(名)	财产受损
수리하다	(动)	修理
풋과일	(名)	青果，没熟的果子
치과	(名)	牙科
치아	(名)	牙齿
할인점	(名)	折扣店，打折店
고르다	(动)	挑选
대접하다	(动)	接待

거리를 쏘다니다	(词组)	逛街
덜	(副)	少，不够，不如
깨다	(动)	醒；破
정신을 차리다	(词组)	打起精神来
다치다	(动)	受伤
하산하다	(动)	下山
경험담	(名)	经验之谈
다리미	(名)	熨斗
다리다	(动)	烫，烙，熨
태우다	(动)	烧
자재 창고	(名)	材料仓
물품	(名)	物品
춘천시	(名)	春川市
원주시	(名)	原州市
강릉시	(名)	江陵市
속초시	(名)	束草市
태백시	(名)	太白市
동해시	(名)	东海市
삼척시	(名)	三陟市
철원군	(名)	铁原郡
화천군	(名)	华川郡
양구군	(名)	杨口郡
고성군	(名)	高城郡
인제군	(名)	麟蹄郡
양양군	(名)	襄阳郡
홍천군	(名)	洪川郡
횡성군	(名)	横城郡
평창군	(名)	平昌郡
영월군	(名)	宁越郡
정선군	(名)	旌善郡
운주사	(名)	云住寺
다산 초당	(名)	茶山草堂
강진 청자 도요지	(名)	康津青瓷陶窑址

담양 온천	（名）	潭阳温泉
땅끝마을	（名）	位于韩国最南端的旅游村
보성 다원	（名）	宝城茶园
낙안읍성 민속 마을	（名）	乐安邑城民俗村

综合练习5 종합연습 5

문항번호	1		2		3	4	5	6	7	총점
	1	2	1	2						
배점	5	5	5	5	10	10	15	20	25	100
점수										

1. (듣기) 다음 문장을 잘 듣고 물음에 답하세요.(5점×2문항 = 10점)

1) 형민이는 그동안 방학 때마다 무엇을 했습니까?

2) 여러분이 형민이라면 대학교에서 마지막 방학을 어떻게 보내겠습니까?

2. (듣기) 다음 대화문을 잘 듣고 물음에 답하세요.(5점×2문항 = 10점)

1) 영희 씨는 왜 기분이 별로 안 좋습니까?

2) 영희 씨는 연수 기간 동안 왜 베이징에 가게 됩니까?

3. 다음 대화문을 읽고 대화 내용과 다른 것을 고르세요. (10점)

순영: 병수 씨, 가뭄 때문에 남부 지방 농작물들이 피해가 심한가 봐요.
병수: 일기예보를 보니까 남부 지방에는 3개월 동안 한 차례도 비가 안 왔대요.
순영: 정말 가뭄이 심하군요.
병수: 글쎄 말이에요. 옛날 같으면 기우제라도 지냈을 텐데요.
순영: 기우제라도 지내서 비가 왔으면 좋겠네요.
병수: 친구들과 남부지방으로 여행을 가려고 했는데 가지 말아야겠어요.
순영: 여행이 아니라 농촌으로 봉사활동을 가야 하는 거 아니에요?
병수: 맞아요. 순영 씨도 같이 갈래요?

(1) 비가 안 와서 농촌의 농작물 피해가 심하다.
(2) 옛날에는 비가 오지 않으면 기우제를 지냈다.
(3) 병수 씨는 가뭄 때문에 여행을 가지 않기로 했다.
(4) 순영 씨는 병수 씨에게 여행을 가면 안 된다고 했다.
(5) 두 사람은 농촌의 농민들을 도와야 한다고 생각한다.

4. 다음 문장의 잘못된 곳을 찾아 바르게 고치세요.(1점×10문항 = 10점)

1) 백화점에 갈 김에 나도 모자를 하나 살 거예요. (   )
2) 요즘 너무 바쁘느라고 아내 생일도 잊어버렸어요. (   )
3) 지난 7월부터 지금까지 6월 만에 이 어려운 과정을 모두 마쳤어요. (   )
4) 저녁을 먹었기는 했는데도 배가 또 고파요. (   )
5) 먼저 옷이 잘 어울리는지 한번 입어보고 산 게 좋겠다. (   )
6) 감기가 다 났어요? (   )
7) 옷 치수가 100나 105 중에서 어떤 게 더 잘 맞으세요? (   )
8) 나는 나 혼자서 놀을 테니까 너는 다른 친구들과 놀아. (   )
9) 벽을 흰색 페인트로 칠했더니 흰 눈이 내린 것처럼 하얘요. (   )
10) 2009년에 같이 졸업했었던 친구들은 지금 어떻게 지낼까? (   )

5. 다음 <보기>의 단어를 이용하여 <상황>에 맞게 대화문을 만들어 보세요.(15점)

<상황> 중국 베이징의 우다오커우에서 천단공원까지 어떻게 가는지 길을 물어보세요.

<보기>	지하철	택시	버스	타다
	노선	익숙하다	모르다	걷다
	갈아타다	잘 모르다	찾아가다	

_____
_____
_____
_____
_____

6. 다음 〈보기〉의 체언과 용언을 이용하여 연결어미 "-인/는/(으)ㄴ데도"의 활용형을 만들어 보세요.(20점)

| 〈보기〉 | 할머니 | 23 | 짧다 | 헹구다 |
| | 감다 | 있다 | 노력하다 | 중요하다 |

결합 가능 품사	결합 조건		결합 양상
대명사, 명사, 수사	개음절	과거	1)
		현재	2)
	폐음절	과거	3)
		현재	4)
동사	양성모음	과거	5)
		현재	6)
	음성모음	과거	7)
		현재	8)
	하다	과거	9)
		현재	10)
형용사	양성모음	과거	11)
		현재	12)
	음성모음	과거	13)
		현재	14)
	하다	과거	15)
		현재	16)

7. 다음 주제문으로 짧은 글을 쓰세요.(25점)

주제: 나에게 가장 잘 어울리는 머리 모양

조건: 200자 분량(띄어쓰기 포함)
　　　격식체 해요체 종결어미 사용
　　　한글 맞춤법 적용

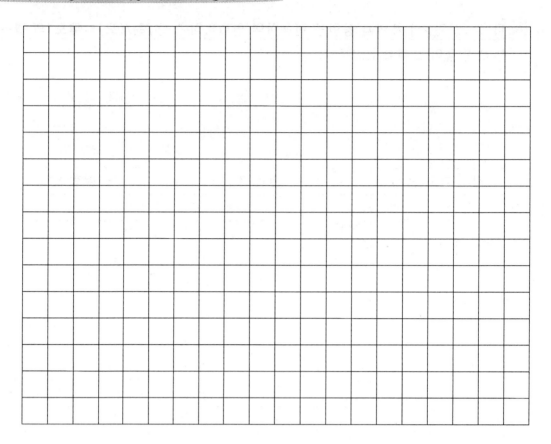

练习册答案

第1课

〈발음〉

1. 생략
2. 1) [바께] [찌거] [드릴께요]
   2) [천사뱅늉년부터] [천사배기심년] [지어젇씀니다]

〈어휘〉

1. 1) 아직   2) 느낌
   3) 국가   4) 도자기
   5) 채   6) 목조건물
   7) 예술품   8) 시대
   9) 여   10) 일부
2. 1) (ㄷ)   2) (ㅁ)
   3) (ㄴ)   4) (ㄱ)
3. 1) 사용되다-쓰이다   2) 오래되다-유구하다
   3) 웅장하다-우람하다   4) 전시하다-진열하다
   5) 지어지다-세워지다

〈문법〉

1. 1) 갔었던 적이 있었다   2) 먹은 적이 있다
   3) 읽은 적이 있다   4) 탔었던 적이 있었다
   5) 못한 적이 있었다
2. 1) (1) (ㄴ)   2) (1) (ㄹ)
      (2) (ㄹ)   (2) (ㄱ)
3. 1) 아니요, 복사하시면 안 됩니다.   2) 예, 붙여도 됩니다.
   3) 아니요, 입어보시면 안 됩니다.   4) 아니요, 그때 연락하시면 안 됩니다.
   5) 아니, 버리면 안 돼.

〈이해와 표현〉

1. 1) 上个月在仁川机场遇到的金科长，今天又在办公室碰到了。
   2) 这台电视具有非常优越的节电性能，可以称之为"超节能型"。
   3) 这里还保存着一千年前建成的木质建筑物，真是了不起。
   4) 这件文物是宋朝的贵族们使用过的瓷器。
   5) 这周四开会的时候需要做一个重要的决定，请大家务必全部出席。
   6) 在我公司成立三十周年之际，我代表公司向各位来宾表示衷心的感谢。
   7) 通过在美国的一个熟人获知了他的消息。
   8) 在首尔近郊建一栋四口之家的房子的话，需要多少钱呢？
   9) 这里是三年前才建成的新城市，所以老建筑物一栋都没有。
   10) 首尔历史博物馆长期陈列着展示首都首尔历史的各种文物。
2. 1) 최고   2) 최소, 최대   3) 최저   4) 최선   5) 최상
3. 1) 뛰어도   2) 놀아도   3) 사용해도   4) 마셔도   5) 다운로드해도

4. 1) 큰 소리로 전화를 하면, 담배를 피우면, 바닥에 누우면
   2) 뛰어다니면, 담배를 피우면, 노래를 하면
   3) 담배를 피우면, 노래를 하면, 사진을 찍으면
   4) 잠을 자면, 노래를 하면, 담배를 피우면, 술을 마시면
   5) 사진을 찍으면, 담배를 피우면, 노래를 하면, 큰 소리로 전화를 하면
5. 1) 살던, 살았던   2) 부르던, 불렀던   3) 걷던, 걸었던
   4) 높던, 높았던   5) 귀엽던, 귀여웠던
6. 1) 신제품이 벌써 나왔어요?
   2) 이 냉장고는 중고품인데 깨끗하죠?
   3) 이 작품을 만들 때 시간이 부족해서 힘들었어요.
   4) 학생들도 명품 가방을 좋아해요.
   5) 이것은 진품입니까?
7. 1) 제 고향은 하북성 청더입니다. 제 고향에는 유명한 명승고적이 많이 있습니다. 그 중에서 특히 피서산장과 열하가 유명합니다. 피서산장은 청나라 시대에 황제의 여름 별장이었던 곳입니다. 열하는 조선 시대 실학자였던 박지원이 이곳을 방문하고 쓴 책인 "열하일기"의 배경이기도 합니다.
   2) 생략
   3) 베이징 자금성에는 수많은 일화가 있습니다. 그 중에서 자금성의 마지막 황제였던 푸이의 일대기를 그린 영화 "마지막 황제"가 유명합니다. 푸이 황제는 자금성 안에서 생활할 때 자전거 타기를 좋아해서 자금성 안에 있는 문턱을 없앴다는 일화는 너무나 유명합니다.

〈속담〉
 1. 2)

第2课

〈발음〉
 1. 생략
 2. 1) [왕보그로] [예매할께요]
    2) [면뿐께서] [숙빠카실] [예정이심니까]

〈어휘〉
 1. 1) 가능하면   2) 5성 호텔
    3) 매우   4) 왕복, 편도
    5) 여행사   6) 안내 책자
    7) KTX   8) 주말
    9) 홈페이지   10) 항공사
 2. 1) 매진되었습니다   2) 취소할 수 있습니까
    3) 문의하신   4) 들러서
    5) 매진되었습니다   6) 예약하시려면
    7) 문의하신   8) 포기하고
    9) 번거롭지만   10) 구하려면

〈문법〉

1. 1) 내가 10살이었을 때 동생은 7살이었다.
   2) 저녁에 집에 돌아갈 때 이 책을 가지고 갈 것이다.
   3) 내가 석간신문의 1면을 다 읽었을 때 아버지가 집에 돌아오셨다.
   4) 뒷동산에 예쁜 꽃이 피었을 때 봄비가 내리기 시작했다.
   5) 용돈이 다 떨어졌을 때 다른 아르바이트가 생겼다.
   6) 12시부터 2시까지 음식점에 손님이 가장 많을 때 종업원들이 가장 바빠요.
   7) 1년 중에서 낮과 밤의 길이가 가장 길 때가 하지와 동지이다.
   8) 아이가 생후 4개월이 되었을 때가 가장 예쁘고 귀엽다.
   9) 하루 중에서 가장 더울 때 나는 냉수를 마시거나 샤워를 한다.
   10) 2년 전에 4년제 대학을 졸업했을 때는 취직하기 어려웠다.
2. 1) 감았으니까   2) 마르니까
   3) 아프니까   4) 준비했으니까
   5) 힘드니까
3. 1) 예, 연주할 수 있습니다 / 아니요, 연주할 수 없습니다.
   2) 예, 할 수 있습니다. / 아니요, 할 수 없습니다.
   3) 예, 할 수 있습니다. / 아니요, 할 수 없습니다.
   4) 예, 사과할 수 있습니다. / 아니요, 사과할 수 없습니다.
   5) 예, 먹을 수 있습니다. / 아니요, 먹을 수 없습니다.
4. 1) 몇 송이밖에 없습니다.
   2) 지금 3인분밖에 없는데.
   3) 큰 것은 없고 작은 것밖에 없습니다.
   4) 오른손잡이용밖에 없습니다.
   5) 10,000원밖에 없어요.
5. 1) 테니스를 치거나 바둑을 둘 거예요.
   2) 내년 2월 초에 가거나 8월 말에 갈 거예요.
   3) 과일을 먹거나 물을 마시면 돼요.
   4) 버스를 타거나 지하철을 타면 돼요.
   5) 언론정보학을 전공하거나 역사학을 전공할 거예요.

〈이해와 표현〉

1. 경기도:
   廣州(광주): 남한산성, 팔당호, 곤지암
   驪州(여주): 세종대왕릉, 신륵사, 여주박물관
   坡州(파주): 율곡선생 유적지, 신사임당 묘, 아시아출판문화정보센터
   楊州(양주): 장흥유원지, 송추유원지, 청암민속박물관
   南楊州(남양주): 남양주종합촬영소, 국립광릉수목원, 정약용선생 묘

   충청남도:
   公州(공주): 계룡산국립공원, 갑사, 동학사

   충청북도:

清州(청주): 무심천, 고인쇄박물관, 국립청주박물관, 세계문자의 거리
忠州(충주): 탄금대, 월악산, 수안보

강원도:
原州(원주): 치악산국립공원, 구룡사, 박경리문학공원

경상남도:
晋州(진주): 진주성, 경상남도 수목원, 진주8경

경상북도:
慶州(경주): 남산, 보문관광단지, 불국사
尙州(상주): 성주봉자연휴양림, 수암종택, 동학교당
榮州(영주): 부석사, 소수서원, 풍기온천
星州(성주): 가야산녹색체험마을, 세종대왕자태실, 성주향교

전라남도:
光州(광주): 국립광주박물관, 무등산 주상절리대, 남도 향토 음식박물관
羅州(나주): 나주영상테마파크, 나주시천연염색문화관, 영산강

전라북도:
全州(전주): 한옥마을, 실상사, 전주한지박물관
完州(완주): 대둔산도립공원, 공기마을 편백, 송광사

제주도:
濟州(제주): 용두암, 한라수목원, 한라산국립공원

2. 1) 一会儿下课先去趟超市再回家吧。
   2) 骑车时出事故了，幸好伤得不重。
   3) 今天是大喜的日子，咱们一起举杯欢庆吧。
   4) 天气可以直接按131咨询。
   5) 这家烤肉店的服务还是不错的。
   6) 钱包里只有2500韩元，所以只能买一点儿橘子。
   7) 最近是旺季，机票最好提前预订。
   8) 如果您想确认预约的情况，请访问我公司主页。
   9) 这次去首尔的话，会住在位于江南的五星级宾馆。
   10) 去地铁咨询台的话，能够免费领取首尔观光手册。

3. 1) KTX를 타기 위해 표를 예매했어요.
   2) 승강장에서 지하철이 오기를 기다리고 있었다.
   3) 택시에서 내리려고 차비를 냈다.
   4) 비행기 자리를 예약했다.
   5) 관광버스를 타고 공항에 갔다.
   6) 서울 시티투어 버스를 타고 서울의 명소를 구경했다.

4. 1) 콩나물국이 뜨거우니까 잠깐 기다리세요.
   2) 안개가 꼈으니까 예약을 취소하세요.
   3) 소나기가 오니까 운전 조심하세요.
   4) 독감에 걸렸으니까 못 가나 봐요.
   5) 지하철역 근처에 사니까 교통이 편리하죠?
5. 1) 편도   2) 이틀   3) 별도   4) 매진
   5) 예매   6) 경주   7) 가능한 한
6. 1) 다닐 때   2) 이었을 때   3) 힘들 때
   4) 결혼할 때   5) 필 때, 피었을 때
7. 1) 특별히 기념할 일이 있을 때 외식을 합니다.
   2) 친구 생일이나, 시험이 끝났을 때, 한 학기가 새로 시작할 때 외식을 합니다.
   3) 세계 여러 나라의 특색 있는 음식을 먹습니다.
   4) 시간이 있을 때는 기다리지만 바쁠 때는 다른 식당으로 갑니다.
   5) 아닙니다. 자리만 예약하고 가서 주문해도 됩니다.

〈속담〉
1. 모든 일에는 반드시 원인이 있다는 뜻입니다.
2. 1)

第3课

〈발음〉
2. 1) [창조저긴니리] [적썽에] [만는] [가타요]
   2) [지븐][경제저그로] [넝너카지] [안씀니다]

〈어휘〉
1. 1) 성격 2) 학기 3) 기자 4) 적성 5) 경쟁률
2. 1) 바뀌어서 2) 취직하려면 3) 제대하고 4) 가려고
   5) 넉넉하지만 6) 활동적이니까
3. (4)
4. 지휘자, 기술자, 평론가, 작곡가, 군인, 전문 경영인, 회사원, 은행원, 조율사, 마술사, 박사, 석사, 감사, 간사, 관장, 이장, 교도관, 소방관
5. 체계적, 시대적, 현대적, 근대적, 가식적, 분석적, 학문적, 계절적, 이성적

〈문법〉
1. 1) 예뻐진다 2) 예뻐졌어 3) 가까워집니다 4) 가까워졌어요 5) 좋아진다 6) 좋아졌어요
   7) 길어진다 8) 길어졌어 9) 귀찮아졌어요 10) 귀찮아졌어 11) 느려집니다 12) 느려졌어
2. 1) 우울해졌어요. 2) 괜찮아졌어요. 3) 추워졌어요. 4) 빨개졌어요.
   5) 가벼워졌어요.

〈이해와 표현〉
1. 1) 这次韩国语阅读考试，我错了两道题。你都答对了吗？
   2) 我做的这道海鲜，还合您口味吗？
   3) 人气明星一下车，人们如潮水般地聚了过来。
   4) 兵务厅的入伍通知书迟早会来的。
   5) 没有梦想的年轻人是没有希望的。
   6) 这次放假吃得多，又不运动，长胖了好多，衣服都穿不进去了。

209

7) 想去金浦机场的话在这里坐公交或坐地铁就行。
8) 需要复印纸，所以下午想去家附近的文具店买。
9) 为什么我房间打扫一上午了还不见干净呢？
10) 我要是像你一样擅长运动就好了。

2. 1) 겨울 방학에 갈까 합니다.
   2) 1시간 후에 먹을까 합니다.
   3) 숙제를 끝낸 후에 청소할까 합니다.
   4) 3년 후쯤 결혼할까 합니다.
   5) 대학을 졸업하기 전에 배울까 해.
3. 1) 이번 여름 방학에 학교 근처로 이사 가면 좋겠어요.
   2) 다음 학기부터 영어를 배우면 좋겠어요.
   3) 장사를 해서 돈을 많이 벌면 좋겠다.
   4) 기말 시험에서 1등을 하면 좋겠다.
   5) 시원한 아이스크림을 먹으면 좋겠다.
4. 1) 저는 국가의 발전을 위해 도움이 되는 일을 하고 싶습니다.
   2) 제 전공 지식과 외국어, 컴퓨터, 경제 지식 등을 공부하고 있습니다.
   3) 예, 저학년 때는 외국어를 공부하고, 고학년 때는 경제 지식을 공부할 것입니다. 시간이 있을 때 체력 단련도 게을리하지 않을 것입니다.
   4) 국가의 발전을 위해 헌신하는 것은 매우 보람있는 일이기 때문입니다.

〈속담〉

1. 3)
2. 가: 뭘 그렇게 열심히 하고 있어요?
   나: 예, 제 컴퓨터 하드디스크에 분명히 자료를 보관한 것 같은데 못 찾겠네요.
   가: '시작' 메뉴에서 검색 기능을 활용해 보세요.
   나: 언제 만들었는지, 제목이 뭔지, 어떤 프로그램으로 만들었는지 기억이 안 나서 검색을 할 수가 없어요.
   가: 주제어도 모르겠어요?
   나: 역사 방면의 자료였는데 잘 모르겠어요.
   가: 서울에서 김서방 찾기네요. 잘 생각해 보세요.

第4课

〈발음〉

2. 1) [떡꾹] [마니] [드셔써요]
   2) [윤노리는] [어렵찌] [때무네] [쉽께] [쑤] [이써요]

〈어휘〉

1. 설 – 설빔   생일 – 선물   추석 – 송편   단오 – 씨름
2. 1) 복 2) 차례 3) 세뱃돈 4) 떡국 5) 간 6) 명절 7) 세배
   8) 널뛰기 9) 윷놀이 10) 집안 어른

〈문법〉

1. 1) 간식을 먹었어요.   2) 퇴근 준비를 했어요.
   3) 음악을 듣고 책을 읽었어요.   4) 아침 준비를 했어요.
   5) 봄맞이 대청소를 했어요.   6) 전화를 받았어요.

7) 사진을 많이 찍었어요.   8) 역사 공부를 많이 했어요.
9) 조상님들께 소원을 빌었어요.   10) 귤을 까먹었어요.
2. 1) 아르바이트를 시작했어요.
   2) 항상 최선을 다해요.
   3) 노래방에서 노래연습을 많이 했어요.
   4) 봉사활동을 하기로 했어요.
   5) 하루에 30분씩 운동을 해요.
   6) 지금부터 계획을 잘 세워서 준비할 거예요.
   7) 효도 관광을 보내드릴 거예요.
   8) 쉬는 시간에 찬물로 세수를 했어요.
   9) 가까운 거리는 걸어다니고 있어요.
   10) 3시간 전에 집에서 출발했어요.
3. 1) 찍어야만 2) 입원해야만 3) 만나야만 4) 뛰어야만 5) 해야만

◇ 〈이해와 표현〉
1. 1) 돈을 저금하기 위해서 은행에 갔어요.
   2) 식료품을 사기 위해서 슈퍼마켓에 갔어요.
   3) 건강 검진을 받기 위해서 병원에 갔어요.
   4) 자료를 찾기 위해서 도서관에 가야 해요.
   6) 컴퓨터를 배우기 위해서 학원에 다닐 거예요.
2. 1) 边跑边说话太累了。
   2) 正在一边浇花一边唱歌。
   3) 一边上网一边打电话来着。
   4) 我性格过于内向，所以周围没有什么朋友。
   5) 内心明明喜欢，嘴上却说讨厌。
   6) 门锁采用的是门卡和钥匙同时使用才能打开的双保险设计。
   7) 我三个儿子里，老大学习最好。
   8) 楼里不能抽烟，所以公司职员都到外面去抽。
   9) 为了每天早上都能早起，第一得买一个闹钟，第二得晚上11点之前就睡觉。
   10) 你在家待着，都不知道弟弟跑出去了？
3. 1) 키가 커요.
   2) 운동을 열심히 하는 것은 아니에요.
   3) 회사에 출근할 수 있어요.
   4) 공부를 할 때는 창문을 닫는 게 좋아요.
   5) 시내 대형서점까지 갈 필요가 있을까요?
4. 시, 한국, 이창동, 이다윗. 윤정희, 우연히 시 강좌를 듣게 된 노년의 여성이 직접 시를 쓰면서 변해가는 모습, 2010
5. 1) 집에서 만두를 만들어 먹습니다.
   2) 4천 년 전부터 있었고, 1949년 9월 중국인민정치협상회의에서 양력 1월 1일은 원단, 음력 1월 1일은 춘절로 정했습니다.
   3) 恭喜发财, 过年好, 春节快乐

◇ 〈속담〉
1. 윗사람이 모범을 보여서 잘하면 아랫사람도 따라서 잘하게 된다는 뜻.

2. 아빠: 영석아, 양말을 벗었으면 세탁기에 넣어야지.
   영석: 아빠도 이렇게 거실에 벗어두잖아요.
   엄마: 윗물이 맑아야 아랫물이 맑지, 애들 앞에서 행동을 조심해야죠.
   아빠: 알았어. 다음부터 조심할게.

综合练习 1

1. (듣기)
   경철: 영민아, 너 베이징에 있는 자금성에 가본 적 있다고 했지?
   영민: 응, 대학교 2학년 때 가 봤어, 왜?
   경철: 수업 시간에 발표를 해야 하는데 자금성과 관련 있는 자료가 필요해서 너에게 부탁하려고.
   영민: 그래? 어떤 내용인데?
   경철: 자금성 안에 있는 시계박물관에 들어가 봤어? 혹시 그때 찍은 사진 있니?
   영민: 있어. 그런데 난 몇 장밖에 못 찍었어. 인터넷에 자료가 더 많을 텐데.
   1) 대학교 2학년 때 가본 적이 있습니다.
   2) 시계박물관을 찍은 사진을 좀 달라고 부탁했습니다.

2. (듣기)
   영희 엄마: 순영 엄마, 오랜만이에요. 잘 지냈어요?
   순영 엄마: 영희 엄마, 반가워요. 얼굴 표정이 밝은 걸 보니까 뭐 좋은 일이 있는 거 같아요. 맞죠?
   영희 엄마: 그렇게 보여요? 사실은 우리 영희가 이번에 학교에서 성적장학금을 받았어요.
   순영 엄마: 축하해요. 어려서부터 그렇게 착하던 영희가 공부도 잘 하니까 좋으시겠어요.
   영희 엄마: 고마워죠. 순영이도 공부 잘 하죠?
   순영 엄마: 우리 애는 요즘 살을 빼려고 운동을 열심히 하고 있어요.
   1) 영희가 성적장학금을 받았기 때문입니다.
   2) 살을 빼기 위해서입니다.

3. 5)

4. 1) 놀던 2) 까매졌어요. 3) 먹어야만 4) 쓰기 5) 걸었으면
   6) 끝내도 7) 모르는 8) 불 9) 맞는 10) 드신

5. 가: 할아버지, 잘 지내셨어요? 새해 인사 드리러 왔어요.
   나: 오, 그래. 어서 와라.
   가: 이쪽에 앉으세요. 제가 세배 올릴게요. 새해 복 많이 받으세요.
   나: 그래, 이젠 절도 잘 하는구나.
   가: 새해 건강하세요.
   나: 그래, 너도 공부 잘하고, 건강해라.

6. 1) -였으니까 2) -이었으니까 3) -니까 4) -이니까 5) -일 것이니까 6) -았으니까 7) -었으니까 8) -였으니까 9) -니까 10) -으니까 11) -ㄹ 것이니까 12) -을 것이니까

7. 나는 올해 22살이다. 대학교 3학년이다. 2년 후에 대학을 졸업한다. 그렇지만 아직 취직을 할지 대학원에 갈지 진로를 결정하지 못했다. 취직을 한다면 10년 후쯤 나는 어떤 모습일까? 내가 원하는 좋은 회사에 취직해서 지위가 높고 능력 있는 직장인이 되어 있을 것이다. 대학원에 진학한다면 내가 연구하고 싶은 분야에서 인정받는 젊은 학자가 되기 위해 박사 과정을 다니고 있을 것이다. 나는 운동에는 소질이 없기 때문에 인기 있는

운동 선수는 될 수 없을 것이다. 10년 후 멋진 내 미래를 위해서 최선을 다해야겠다.

第5课

〈발음〉

2. 1) [생각뽀다] [머신네요] 2) [말리장성은] [사람드레] [자랑꺼리임니다]

〈어휘〉

1. 1) 계단 2) 달 3) 자랑 4) 과학기술 5) 돌 6) 장관 7) 주변 8) 이야말로 9) 바로 10) 워낙

〈문법〉

1. 1) 지어진 2) 굉장한 3) 쌓은 4) 올라간/올라갈
2. 1) 박 선생님이 오늘 오후에 병원에서 퇴원하신대요.
   2) 다음달 중순에 서울에서 중요한 국제회의가 열린대요.
   3) 그 선수가 올림픽대회에서 금메달을 받았대요.
   4) 친구가 버스에 가방을 두고 내렸대요.
   5) 내일 비가 온대요.
3. 1) 올라오시겠습니까? / 올라가겠습니다.
   2) 내려가세요. / 내려오세요.
   3) 들어가 / 들어오세요.
4. 1) 얼음   2) 치즈   3) 흙   4) 옷감   5) 종이
5. 1) 기록하지 않으면   2) 연습하지 않으면
   3) 입으니까   4) 피곤해서

〈이해와 표현〉

1. 1) 보관하지 않으면   2) 활동하지 않으면   3) 공부하지 않으면
   4) 보면   5) 없으면
2. 1) 아름답네요. 2) 귀엽네요. 3) 일을 빨리 끝냈네요. 4) 부럽네요. 5) 이겼네요.
3. 1) 7년이 되었습니다.   2) 3년 되었습니다.   3) 5개월 되었습니다.
   4) 2년 되었습니다.   5) 2시간 지났습니다.
4. 1) 上个周末你们去郊外赏花，感觉很棒吧。
   2) 希望明天能去城外赏花。
   3) 到公司已经七年了。
   4) 这道数学题太难解了。
   5) 刚出门就下起了雨，所以又返回来了。
   6) 据说万里长城是用大石头堆积而成的。
   7) 昨天一个人吃饭，肯定没啥味道。
   8) 沿着这条山路大概走五个小时就能到达山顶。
   9) 没胃口，饭菜难以下咽。
   10) 头发太长了，想稍微剪剪。
5. 1) 예, 학교 다닐 때 친구들과 함께 가본 적이 있습니다.
   2) 올라가서 아래를 내려다 보면 기분이 상쾌해집니다.
   3) 사계절 모두 경치가 아름답습니다.

〈속담〉

1. 1) 다른 사람의 도움이 필요한 상황에서 모두 바빠서 나를 도와줄 수 없을 때.
   2) 가: 저랑 이 물건 좀 옮겨 주시겠어요?

나: 미안해요. 지금 출장 때문에 밖에 나가야 해요.
가: 알겠어요. 그럼 혼자 해야겠네요.
나: 갔다 와서 도와드릴게요.

第6课

〈발음〉
2. 1) [삼십뿌니나] [느전네요]
   2) [할마리] [만치만] [주리겓씀니다]

〈어휘〉
1. 1) 도저히 2) 오히려 3) 너무나도 4) 자꾸 5) 그래도 6) 어디선가
2. 1) 으뜸 2) 상황 3) 사실 4) 볼거리 5) 진동
3. 1) 물든다 2) 울렸다 3) 울린다 4) 당황스러웠다 5) 당황스럽다 6) 아쉬웠다 7) 아쉽다
4. 1) 제출한 2) 당황스러운 3) 물든 4) 아쉬운 5) 연기하는 6) 울린 7) 이상한 8) 줄인
   9) 지루한 10) 가르쳐준

〈문법〉
1. 1) 갈증이 날 때마다 조금씩 물을 마셔요.
   2) 3개월이나 못 뵈었어요.
   3) 1년 동안 운전을 했습니다.
   4) 고등학교에 다니는 동안 방학 때마다 봉사 활동을 했습니다.
   5) 회의를 하는데 전화가 와서 받을 수 없었습니다.
2. 1) 지하철을 타고 회사에 가는 동안 저는 신문을 읽어요.
      지하철을 타고 집에 돌아올 때마다 석간신문을 사서 읽어요.
      퇴근하기 위해서 지하철을 탔는데 사람이 너무 많았어요.
   2) 명절날 떡을 빚을 동안 아이들은 방 안에서 장난감을 갖고 놀고 있었다.
      떡을 빚을 때마다 딸들이 도와주니까 도움이 많이 돼요.
      떡을 빚고 있는데 갑자기 남편이 손님들을 데리고 오겠다는 전화가 왔어요.
   3) 내가 수학 문제를 다 푸는 동안 다른 친구들은 먼저 답안지를 제출하고 교실 밖으로 나갔다.
      어려운 수학 문제를 풀 때마다 수학 공부를 더 열심히 해야겠다는 결심을 한다.
      수학 문제를 푸는데 모르는 게 너무 많다.
   4) 공원에서 그림을 그리는 동안 날씨가 매우 좋았다.
      내가 야외에서 그림을 그릴 때마다 날씨가 좋았다.
      그림을 그리는데 날씨가 점점 흐려졌다.
   5) 자동차를 운전하는 동안 위험하니까 전화하지 마세요.
      자동차를 운전할 때마다 마음이 불안해진다.
      고속도로에서 자동차를 운전하는데 너무 피곤해서 휴게소에서 잠깐 쉬었어요.
3. 1) 昨天本想买书包，去了趟打折店，可什么也没看上就直接回来了。
   2) 给男朋友发了三条短信，可是还没有回信。
   3) 让您久等了，抱歉。
   4) 旅行时吃了没熟的水果，腹泻难受得要命。
   5) 没跟家里打招呼，跟朋友们玩到很晚才回家，结果爸妈非常生气。
   6) 每次称体重都怕长肉而惴惴不安。

7) 新郎已经在婚礼现场等待，新娘还没来吗？
8) 去餐厅，可是没有位置，等了三十分钟。
9) 从这里开始，请每隔两米放一个花盆。
10) 在店里试穿这件衣服的时候觉得很漂亮，怎么回到家里再试就不满意了呢？

<이해와 표현>

1. (듣기)

   (가)

   김 부장: 최인영 씨, 오늘 오후 약속 시간이 몇 시였죠?

   최인영: 오후 4시입니다, 김 부장님.

   김 부장: 벌써 3시 20분이나 됐는데 회의가 아직 안 끝나서 약속 시간을 지키기 어렵겠어요.

   최인영: 그럼 제가 전화해서 30분쯤 늦겠다고 할까요?

   김 부장: 그렇게 해주세요. 회의 끝나고 상황을 봐서 내가 다시 전화하겠다고 윤 과장에게 전해 주세요.

   최인영: 예, 알겠습니다.

   1) 윤 과장과 약속을 했습니다.
   2) 4시 30분으로 변경하려고 합니다.

   (나)

   최인영: 안녕하세요? 윤 과장님. YGI 기획실 최인영입니다.

   윤 과장: 안녕하세요? 최인영 씨.

   최인영: 저희 김 부장님이 회의가 아직 안 끝나셔서 약속 시간에 30분 정도 늦겠다고 하십니다.

   윤 과장: 그래요? 알겠습니다.

   최인영: 죄송합니다. 회의 끝나면 김 부장님이 직접 전화하시겠답니다.

   윤 과장: 괜찮습니다. 전화 기다리겠습니다.

   1) 김 부장님이 약속 시간에 30분 늦겠다고 했고, 회의 끝나면 직접 전화할 것이라고 했습니다.
   2) 괜찮다고 했습니다.

2. 1) 세상에서 가족들과 함께 보내는 시간이 제일 행복합니다. 특히 춘절에 가족들이 다 모였을 때가 제일 행복했습니다. 부모님께 새해 인사도 하고, 맛있는 음식도 먹고, 재미있는 놀이도 하면서 즐겁게 지낼 때가 제일 행복합니다.

   2) 제 주변 분들이 저를 이해해 주시지 않을 때가 가장 화가 납니다. 저는 최선을 다해서 제 인생을 즐겁고 보람있게 살려고 합니다. 그런데 저의 가족들이 저를 이해해 주지 않을 때 가장 슬프기도 하고, 또 가장 화가 납니다.

   3) 대학교 때 아르바이트를 하면서 학업을 계속 했을 때가 가장 힘들었습니다. 저는 사회 경험을 쌓기 위해서 대학교 4년 동안 계속 아르바이트를 하면서 공부를 했는데 그때가 가장 힘들었던 것 같습니다.

3. 1) 저는 7시간 잠을 잡니다.
   2) 정중하게 사과를 해야 합니다.
   3) 화를 내지 않고 상대방을 이해해 줍니다.

4. 아버님, 어머님, 그동안 제가 부모님 말씀을 잘 듣지 않고 제 주관대로 판단하고 행동해서 죄송합니다. 저는 대학에 입학한 후에 제가 성인이 되었다고 생각해서 제가 생각하

는 대로 행동하려고 한 것입니다. 그러다보니 어떤 경우에는 아버님 어머님의 충고를 듣지 않은 때도 많았습니다. 그렇지만 부모님께 반항하려고 한 게 아니라 제가 스스로 책임을 지는 행동을 하기 위해 그렇게 한 것입니다. 저의 독단적인 행동 때문에 속이 많이 상하셨겠지만 저를 이해해 주시기 바랍니다. 그리고 더 신중하게 판단하면서 제 행동에 책임을 지는 그런 사람이 되겠습니다. 지켜봐 주세요.

〈속담〉

1. 2)

第7课

〈발음〉

2. 1) [토요일빰] [열씨쯤] [이료일] [새병네시쯤] [서락싼] [미테] [도차칼쑤] [이쓸꺼야]
   2) [정시넙씨] [바쁠껄] [가타]

〈어휘〉

1. 1) 내려오 2) 넘어 3) 도착하 4) 복습하 5) 빡빡하
   6) 연장하 7) 예습하 8) 출발합 9) 특별하

〈문법〉

1. 1) 만났어 2) 만날래 3) 살아 4) 살까? 5) 사니? 6) 줘 7) 주지 8) 줘라 9) 받았어 10) 받을래 11) 떠나 12) 떠나지 13) 갔어 14) 갈래 15) 와 16) 올까? 17) 와라 18) 뛸까? 19) 뛸래 20) 사 21) 살래 22) 써 23) 썼어 24) 써라 25) 발표했어 26) 발표할래 27) 발표하자 28) 뽑을래 29) 뽑니? 30) 찍었어 31) 찍자 32) 예뻤어 33) 예쁘지 34) 길지 35) 기니? 36) 높았어 37) 높지 38) 짧아 39) 짧을까? 40) 좋을까? 41) 좋으니? 42) 기뻐 43) 기뻤어 44) 행복해 45) 행복했어

2. 1) 예요 2) 입니다 3) 아니에요 4) 있어 5) 없습니다

3. 1) 먹었어 2) 이야 3) 가 4) 만나, 만나자 5) 멋었어 6) 말해 7) 살래, 살 거야 8) 만나자 9) 들어 10) 찍자

4. 1) 야 2) 아

5. 1) 많은데 2) 나는데 3) 샀는데 4) 왔는데 5) 정했는데

〈이해와 표현〉

1. 12월 6일-10일: 교과서 본문 읽고 모르는 단어 정리 - 단어장 작성
   12월 11일-15일: 교과서 본문 중에서 문법 항목 정리 - 문법 항목표 작성
   12월 16일-19일: 교과서 연습 문제 복습 - 틀린 문제 반복 학습

2. 1) 这次假期，决定和朋友们一起去雪岳山国立公园。
   2) 你坐在树荫下静静地听音乐吧。
   3) 实行每周工作五天的公司渐渐地多了起来。
   4) 能把这本书借给我看看吗？
   5) 想要赏红叶的话，得选好日期。
   6) 你抽烟吗？
   7) 我家孩子最近总不听话，太让人不省心了。
   8) 用新米做饭，味道非常好。
   9) 你也希望我这次考试及格吧？
   10) 自行车的链子掉了，能帮帮忙吗？

3. (듣기)

　　사람들은 새해가 되면 한 해를 어떻게 보낼 것인지 계획을 세웁니다. 운동을 시작해야겠다, 외국어를 배워야겠다, 담배를 끊어야겠다, 운전을 배워야겠다, 결혼을 해야겠다, 일을 더 열심히 해야겠다… 그리고 새해가 시작하기 전에 지난 한 해 동안 어떻게 살았는지 되돌아보기도 합니다. 또 미리 달력을 준비해서 벽에 걸거나 새 수첩을 사기도 합니다. 방을 깨끗하게 청소하면서 책상 주변을 정리하기도 합니다. 또 친구들과 이메일이나 핸드폰으로 새해 인사를 주고받기도 합니다. 새해가 시작하는 첫날, 여러분은 무엇을 하고 싶습니까?

1) 오전에는 가족들과 함께 맛있는 음식을 먹고 어른들께 신년인사를 하고, 오후에는 친구들을 만나서 밥도 같이 먹고 영화도 봅니다.

2) 연초에 많은 계획을 세웠습니다. 특히 일을 더 열심히 하고, 건강을 유지하기 위해서 규칙적으로 운동을 하려고 했습니다. 지난 한 해 동안 이 계획을 지키려고 노력했고, 잘 지킨 편입니다.

〈속담〉

1. 가: 왜 철수 말은 안 믿고 영철이 말만 믿니? 영철이가 같은 반 친구라서 그러는 거야?
　　나: 내가 보기에는 영철이 말이 맞는 거 같은데…
　　가: 가재는 게 편이라고, 내가 보기에는 너희가 영철이와 같은 반 친구라서 그러는 거 같은데…
　　나: 아니야, 다른 친구들도 영철이 말을 더 믿는 거 같아.

第8课

〈발음〉

1. 1) [북꼉] [주구저미라는] [북꼉워닌] [유적찌가] [나마] [읻씀니다]
　2) [유저근] [이십쎄기] [노동자드리] [서쾨아믈] [발견하엳씀니다]

〈어휘〉

1. 1) 발굴하여 2) 거대한 3) 이용된다 4) 발견된 5) 채취한 6) 귀중한 7) 이라고도 불리는
2. 1) 비용 2) 석회암 3) 세기 4) 유적지 5) 석기 6) 인류사 7) 자료 8) 초 9) 화석 10) 치아

〈문법〉

1. 1) 앉아 있었다 2) 서 있다 3) 잠재해 있다 4) 나 있었다 5) 놓여 있었다
2. 1) 빗길에 과속으로 운전하다가 차 사고를 냈다.
　2) 접시를 닦다가 바닥에 떨어뜨렸다.
　3) 물을 급하게 마시다가 사레가 들렸다.
　4) 텔레비전을 보다가 동생과 말다툼했다.
　5) 뜨거운 음식을 먹다가 혓바닥을 데었다.
3. 1) 잠을 충분히 잤지만 피곤하다.
　2) 물을 많이 마셨지만 목이 마르다
　3) 키가 크지만 농구를 잘 못한다.
　4) 사진관에서 증명 사진을 찍었지만 마음에 들지 않는다.
　5) 지각하지 않았지만 늦을 뻔했다.
4. 1) 춥군요 2) 비싸군요 3) 늦었군요 4) 뜨겁군요 5) 있었군요
5. 2) 이곳 저곳을

〈이해와 표현〉

1) 躺在床上看书，不知不觉就睡着了。

2) 洗手间的门前贴着"正在维修，禁止使用"的字样。
3) 我待会儿回去，你先回家吧。
4) 绿灯的时候过马路，一辆卡车在我旁边急刹车，吓了我一大跳。
5) 这个游泳馆设施非常好，可就是人不怎么多。
6) 我一次吃水果的量不多，但是吃的种类却很丰富。
7) 您要是知道江南地铁站附近有环境不错的咖啡厅的话，给推荐一下吧。
8) 这个房子朝南，很满意，可是离地铁站太远了，交通有些不便。
9) 昨天想买衣服去了趟明洞，可是没有满意的就空手回来了。
10) 亚马逊被称为地球上最后的一片乐土。
2. 1) 하(夏)나라의 우(禹)임금이 치수사업으로 유명합니다.
   2) 황하문명권에서 고대 문명의 유적지를 찾을 수 있습니다.

〈속담〉

1. 1)

综合练习2

1. (듣기)
   슬기: 동현아, 이번 겨울 방학 때는 뭐 할 거니?
   동현: 아직 계획 중이야. 슬기 넌 좋은 계획 있어?
   슬기: 중국 여행을 갈 거야. 베이징과 상하이, 항저우, 쑤저우에 갈 것 같아.
   동현: 그래? 누구랑 같이 가니?
   슬기: 동아리 선배들이 같이 가자고 해서 따라갈 거야.
   동현: 넌 방학 때마다 여행을 자주 가는구나. 부럽다, 나도 따라가고 싶네.
   1) 동아리 선배들과 가려고 합니다.
   2) 아직 계획이 없습니다.

2. (듣기)
   승현: 민규야, 용준아, 이제 너희 두 사람 그만 화해해. 같은 과 친구끼리 말도 안 하니?
   민규: 용준아, 우리 이제 그만 화해하자. 미안해.
   승현: 그래, 용준아, 그만 화 풀어.
   용준: 승현아, 나 화난 거 아니야. 나도 민규 너에게 좀 심하게 말한 거 같아. 사과할게.
   민규: 용준아, 그럼 우리 사과한 거다. 나도 앞으로는 말조심할게.
   1) 민규가 먼저 사과를 했습니다.
   2) 같은 학과 친구 사이입니다.

3. (2)

4. 1) 행복하신 2) 풀기가 3) 조용한데 4) 보는, 볼 5) 하는구나 6) 시작한
   7) 있을 8) 했니? 9) 아파 10) 먹자

5. 가: 야, 저기 봐. 태양이 떠오르고 있어.
   나: 정말 대단하다.
   가: 새해 첫날 태양을 보니까 의욕이 생긴다.
   나: 그래. 나도 용기가 생겼어.
   가: 우리 빨리 기념사진 찍고 친구들에게 전화해서 자랑하자.

나: 알았어. 그럼 나는 부모님께 전화해야지.
6.

결합 조건		동사				형용사			
		갈다	마시다	보다	수영하다	쉽다	예쁘다	가늘다	중요하다
개음절	과거		마신	본	수영한		예쁘던		중요하던
	현재		마시는	보는	수영하는		예쁜		중요한
	미래		마실	볼	수영할		예쁠		중요할
폐음절	과거	간				쉽던		가늘던	
	현재	가는				쉬운		가는	
	미래	갈				쉬울		가늘	

7. 주구점 근처에는 옛날부터 '용골'이라는 뼈가 많이 나왔는데 사람들이 만병통치약으로 사고 팔았다. 여러 고고학자들이 이곳을 조사하다가 1927년 중국의 고고학자인 배문중이 동굴 속에서 원인의 두개골을 발굴하였다.

第9课

〈발음〉

2. 1) [혹씨] [한그를] [만드런는지]
   2) [역싸상] [임그미얼따]

〈어휘〉

1. 1) 과학적 2) 역사상 3) 인재 4) 문자 5) 튼튼히 6) 정치
2. 1) 물리쳐서 2) 안정시키세요 3) 자랑스럽습니다 4) 지켜라 5) 여기면서

〈문법〉

1. 1) 멀었어 2) 태어나 3) 좋았어 4) 잡겠어 5) 지켰어
   6) 옳아 7) 밝았어 8) 훌륭하겠어 9) 운동해
2. 1) 오겠다 2) 있겠습니다 3) 끝내겠어요 4) 주겠어요 5) 쓰겠습니다
3. 1) 하는지 2) 했는지 3) 건조한지 4) 찌는지 5) 재미있는지
4. 1) 재주가 많을 것 2) 여행비가 적게 들 것 3) 영화배우처럼 보일 것 4) 고급대형차 5) 방이 많을 것
5. 1) 편이었다 2) 조용했다 3) 쳤다 4) 못했다 5) 탔다

〈이해와 표현〉

1. 1) 这么慢慢腾腾准备的话肯定就赶不上火车了，抓紧时间啊。
   2) 你这么穿真帅。
   3) 菜太淡了，还是加点儿盐吃吧。
   4) 不知这里能不能照相。
   5) 复印完材料后回家。
   6) 爸妈三天前出去旅行了，明天回家。
   7) 我都上大学了，爸妈还是把我当成孩子看，真不理解。
   8) 你见过滴漏、日晷和测雨器吗？
   9) 训民正音是"教百姓的正确声音"的意思。
   10) 不休息光干活，肯定很辛苦。

2. (듣기)
　　서울 용산에 있는 국립중앙박물관은 한국의 국보급 문화재들을 비롯한 수많은 고대 유물들을 보관하고 있다. 구석기 시대부터 조선 시대 유물까지 22만여 점의 유물을 지하 수장고에 소장하고 있고, 그 중에서 만여 점의 유물을 전시실에서 일반인에게 공개하고 있다. 해마다 다양한 주제로 기획 전시나 특별 전시회를 열기도 한다. 도자기는 물론, 복식이나 서예, 회화 작품도 눈여겨 볼 만하고, 불교 유물도 눈길을 끈다. 원래 경복궁 안에 있었는데 2005년 용산에 지하 1층, 지상 6층 규모로 새 건물을 지어서 옮겼다. 국내외 관람객들을 위해 영상·음성 안내기와 전시 해설 서비스를 제공하기도 한다.

1) 중국 역사박물관은 천안문 광장의 동쪽에 있습니다. 32만 점 이상의 유물을 소장하고 있습니다. 원시시대부터 봉건사회까지 고대 문헌, 청동기 유물 등 진귀한 유물을 전시하고 있습니다. 1961년 정식으로 개관한 이래로 매년 수많은 국내외 관광객들이 전시물을 관람합니다.

2) 저는 고대 한국인의 생활과 사상에 관심이 많습니다. 그래서 고대 문헌 자료에 관심이 많습니다. 한국은 고대사회부터 중국의 한자를 빌어 문자생활을 했기 때문에 15세기 이후에 한글 문헌 자료를 찾아볼 수 있습니다. 그래서 고대 한국 사람들의 사상과 풍습은 한자로 된 문헌자료와 한글로 된 문헌자료를 통해서 살펴 볼 수 있습니다. 그런데 고대 문헌자료는 많이 남아 있지 않습니다. 그래서 관심이 많습니다.

3. 1) 유물의 이름과 종류 : 동국대지도
2) 유물의 유래와 역사 : 이 지도는 정교한 솜씨로 추정해 볼 때 1755년에서 1757년 사이에 조선왕실의 화원인 도화원에서 그린 것으로 추정하고 있다.
3) 유물의 가치 : 한반도를 42만 분의 1 정도로 축소해서 지도의 정확성이 높다. 교통로와 마을, 병영의 위치 등의 지리 정보를 다양한 기호로 표시해서 쉽게 알 수 있다. 보물 1538호로 지정되었다.
4) 유물 보존 방법: 비단 위에 그렸기 때문에 습기와 해충의 피해를 입지 않으려면 온도와 습도를 잘 유지해야 한다.

〈속담〉
1. 1)

第10课

〈발음〉
2. 1) [느껜써요] [사람드리] [탑쏭하기] [시자캐써요]
　2) [뭘뇨] [왕농] [덕뿌네] [즐거월땀니다]

〈어휘〉
1. 1) 机舱内, 飞机餐, 机舱服务, 机舱广播, 机舱免税商品
2) 护照, 发护照, 申请护照, 更新护照, 电子护照, 遗失护照, 护照到期, 护照延期, 重发护照
3) 登机, 登机, 乘客, 登机手续, 登机牌, 登机口, 登机口, 航站楼
4) 免税店, 免税商品
5) 国际机场, 国际航班, 国内航班, 国际航线, 国内航线
6) 换钱/换汇, 换钱, 汇率, 韩币, 人民币, 美元, 日币, 欧元
7) 换乘, 换乘, 换乘口
8) 签证, 签证, 申请签证, 发签证

9) 电子票，机票，出票，出票

10) 托运行李，行李提取处，手提行李，超重

2. 1) 끝내고 2) 둘러보고 3) 깔끔하게 4) 지내고 5) 작성해서

〈문법〉

1. 1) 피기 2) 불편할 3) 끝내자마자 4) 가져온 5) 사과
2. 1) 커피 2) 양복 3) 무거운 물건 4) 현금 5) 바나나
3. 1) 운동을 시작해서 건강해졌어요.
   2) 일찍 일어나서 학교에 늦지 않았어요.
   3) 원하는 직장에 취직해서 자랑스러워요.
   4) 집에 돌아가서 가족들이 안심했어요.
   5) 우수한 성적을 거두어서 흡족해요.
4. 1) 50원뿐이에요.   2) 세 장뿐입니다.
   3) 반뿐입니다.   4) 가봤을 뿐입니다.
   5) 남았을 뿐입니다.
5. 1) 되자마자 2) 나오자마자 3) 출시하자마자 4) 터지자마자 5) 열자마자

〈이해와 표현〉

1. 1) 你现在戴的毛线帽子是谁给你织的？
   2) 注意不要把护照给弄丢了。
   3) 电影一结束，观众们一个个都开始从座位上站起来了。
   4) 和那个朋友在大学毕业后彼此没有联系，有一次在路上邂逅了。
   5) 重量超过了15公斤，您得额外交运费。
   6) 刚刚12月初，就去滑雪？
   7) 我进去转一圈，看看还有没有空座位。
   8) 这个箱子可以带进机舱。
   9) 想要换钱，换汇处在哪儿呢？
   10) 房间还没打扫完，现在不能进。

2. (듣기)

　　한국의 영종도에 있는 인천국제공항은 시설이나 서비스 면에서 세계에서 가장 훌륭한 공항이라는 평가를 받았습니다. 10년 연속 세계 공항서비스평가에서 1위를 차지한 국제적인 공항입니다. 전 세계로 뻗어가는 직항 노선이 있습니다. 특히 한국과 중국을 운항하는 노선은 하루에 수백 편이 있으며, 날마다 수만 명의 승객이 이 노선을 이용하여 중국과 한국을 오갑니다. 승객뿐만 아니라 화물 운송도 적지 않습니다. 비행 시간도 1시간 30분밖에 안 걸리기 때문에 피곤하지 않게 여행할 수 있습니다. 인천국제공항은 중국과 한국의 경제, 문화 교류에 큰 역할을 하고 있습니다.

1) 중국과 한국의 관광, 유학, 경제 협력, 문화교류 등 국제선 이용객 수가 늘어나면서 하루 수백 번의 항공편을 운항하고 있다.
2) 한국의 국제선은 대한항공, 아시아나 등이 있고, 중국의 경우 국제항공, 동방항공, 남방항공 등이 있다.
3) 한 해 백만 명이 넘는다.
4) 먼저 비행기 티켓을 제시하고 좌석을 배정받은 다음 보안검색대를 통과하여 출국 수속을 해야 한다. 그리고 탑승동에서 비행기에 탑승하면 된다.
5) 술을 마시고 소란을 피우거나 청사 내에서 담배를 피우면 안 된다.

<속담>

1. 생략

第11课

<발음>

2. 1) [한구게] [와쏘] [몬 머거써요]

   2) [기름끼가] [만코] [다늠시글] [조아하는데] [한구금식뜨른] [맵꼬] [짣따]

<어휘>

1. 고구마를 튀기다, 멸치국물을 우리다, 감자조림을 조리다, 해물파전을 부치다

2. 1) 간장, 소금: 짭짤하다, 짜다

   2) 고추, 고추장, 겨자, 양파: 매콤하다, 맵다

   3) 된장: 고소하다, 구수하다

   4) 산초: 아리다

   5) 식초: 새콤하다, 시다

   6) 설탕: 달콤하다, 달다

<문법>

1. 1) 힘든지 2) 강한지 3) 놀았는지 4) 유명한지 5) 맑은지 6) 듣는지

2. 1) 산에 가서 바람을 쐬겠다.

   2) 연을 날리면서 친구와 함께 놀겠어요.

   3) 밖에 안 나가고 책을 읽을래요?

   4) 교통방송을 들으면서 운전을 조심하세요.

   5) 밖에 나갈 때 마스크를 쓰고 평소에 물을 많이 마셔요.

3. 1) 준수: 취직했어요?

      소영: 예, 강남에 있는 무역회사에 취직하게 되었어요.

   2) 친구: 요즘 운동 배우니?

      나: 응. 태권도를 배우면서 체력에 자신감을 갖게 됐어.

   3) 연수: 왜 머리를 잘랐어?

      영희: 너무 더워서 머리를 자르게 됐어.

   4) 지수: 이번에 사무실을 개업하게 되었어요.

      친구: 축하해요.

   5) 동민: 다음 달 10일날 결혼하게 되었어요.

      친구: 축하해요.

4. 1) 적극적인 2) 끈기가 있는 3) 소심한 4) 영철, 참을성이 강한

   5) 용감하고 적극적이고 솔직한 성격이 좋은 성격이에요.

5. 1) 너무 적어요. 2) 적어요. 3) 살이 많이 빠졌어요. 4) 남반구, 북반구 5) 시각적이에요.

<이해와 표현>

1. 1) 발라서 2) 깨물어서 3) 맛보세요 4) 썰어야 5) 빨아 6) 핥아 7) 벗겨서 8) 싸서 9) 긁어 10) 씹어서 11) 뜯어 12) 쪼개서 13) 잘라서

2. 1) 半决赛中，我国选手三比二赢了对方，进军决赛。

   2) 这次高考英语题有些难。

   3) 昨天京植的生日聚会，朋友们聚在一起，玩得非常尽兴。

   4) 第12道题不难，就不说明了。

5) 跟这件东西的价格相比，它的质量真是不错。
6) 房间都收拾好了，现在该洗洗吃饭了。
7) 这个大酱汤里都放什么了？真香啊。
8) 吃参鸡汤（里的鸡肉）了，再往里面泡一碗米饭吃的话肯定要变胖的。
9) 汤淡的话就放点儿酱油吃吧。
10) 炒得太久，芝麻都糊了，还能吃吗？

3. 1) 국물이 많으			2) 싱거
   3) 건강에 좋지 않아요		4) 얼큰
   5) 매워요

4. 1) 너무 맵지 않고 담백한 맛을 좋아해요.
   2) 삼계탕이 유명해요. 인삼, 밤, 대추를 넣고 끓여서 영양도 풍부해요.
   3) 김밥을 만들 수 있어요. 잘 구운 김 위에 밥을 펴놓고, 그 위에 시금치, 우엉, 햄, 단무지 계란말이를 올려 놓고 돌돌 말아서 먹으면 돼요.

〈속담〉

1. (듣기)
　영식이는 대학교 2학년 남학생입니다. 컴퓨터 게임을 너무 좋아해서 일주일에 며칠씩 밤 늦게까지 게임을 하기도 합니다. 어떤 날에는 아침에 어머니가 아무리 깨워도 제시간에 일어나지 못해서 아침도 먹지 않고 나가기도 합니다. 너무 늦은 시간까지 게임을 하면 되겠느냐고 부모님이 여러 번 야단을 쳤지만 영식이는 이제 성인이니까 알아서 하겠다고 하면서도 계속 나쁜 습관을 버리지 못하고 있습니다.
　영식이는 오늘도 9시에 시작하는 오전 수업에 늦지 않으려면 8시에 집에서 출발해야 하는데 늦게 일어나서 아침도 안 먹고 8시 20분에 뛰어나갔습니다. 영식이가 또 늦게 일어나서 밥도 안 먹고 나가서 어머니는 화가 많이 나셨습니다. 그리고 영식이 몸이 약해질까 봐 걱정이 되기도 하셨습니다. 그래서 저녁에 아버지가 퇴근하신 후에 영식이를 어떻게 하면 좋을지 상의하려고 하십니다.

어머니: 요즘 밤늦게까지 왜 그렇게 게임만 하니?
영식: 너무 걱정 마세요. 학과 공부도 열심히 하고 있어요.
어머니: 그러다가 건강을 해칠까 봐 그러지.
영식: 제 할 일은 다 하니까 걱정 안 하셔도 돼요.
어머니: 오늘부터 컴퓨터는 하루에 2시간 이내로 해라.
영식: 2시간이요? 너무 짧아요.

第12课

〈발음〉

2. 1) [시푼데] [조을까요]
   2) [유채꼰또] [볼꼄] [가치]

〈어휘〉

1. 중소도시, 대도시, 시내, 외곽, 대도시, 주변, 지방
2. 보행로, 인도, 항로, 하늘길, 고속도로, 일방통행로, 골목길, 바닷길, 뱃길

〈문법〉

1. 1) 중국의 복건성, 운남성과 한국의 전남 보성 지방입니다.

2) 중국의 옌타이와 한국의 경북지방입니다.
2. 생략
3. 1) 맛있는 음식을 먹을 겸 사진도 찍을 겸 지리산에 갔다.
   2) 과월호 잡지를 열람할 겸 친구를 만날 겸 도서관에 갔어요.
   3) 머리를 식힐 겸 여행을 할 겸 경주에 갔어요.
   4) 돈도 벌 겸 사회 경험도 쌓을 겸 아르바이트를 했어요.
   5) 체력을 연마할 겸 살도 뺄 겸 헬스클럽에서 운동을 시작했어요.
4. 1) 네 선물도 사올 걸 그랬다.
   2) 밥을 좀 많이 먹을 걸 그랬어요.
   3) 집에서 두껍게 입고 나올 걸 그랬어요.
   4) 택시를 타고 올 걸 그랬어요.
   5) 저녁 먹고 바로 갈 걸 그랬어요.
5. 1) 마를 거예요.
   2) 볼 수 없을 거예요.
   3) 유실물센터에 연락하면 찾을 수 있을 거예요.
   4) 괜찮을 거예요.
   5) 더 멋있게 보일 거예요.

〈이해와 표현〉
1. 1) 这里的鲍鱼粥很有名，咱们去水产市场逛逛，顺便吃点饭吧。
   2) 上山的路很险峻，竟然花了四个小时才爬上去。
   3) 和朋友们坐在海边上，赏着晚霞唱了歌。
   4) 刚刚来通知，说是弟弟考上了大学。
   5) 请看这张照片。在黄灿灿的油菜花前面拍照，人脸是不是显得非常好看？
   6) 那家生产电子产品的公司更以致力于社会公益事业而闻名。
   7) 同唱歌相比，那位歌手的演技更为著名。
   8) 就这么分手了，之前应该对他更好一些。
   9) 西服上衣上粘了一块儿黑点儿，送去洗衣店的话能洗掉吗？
   10) 这个圣诞节会下雪吗？
2. (듣기)
   지구상에는 고대부터 4대 문명권을 비롯하여 크고 작은 문명이 발전해왔으며, 지금까지 고대 문명의 흔적을 찾은 유물과 유적지도 적지 않다. 반면 인류의 손길이 닿지 않은 청정지역도 많이 남아 있다. 인간의 문명 발전과 자연환경의 보존은 상반된 의미로 이해할 수 있다. 최근 대기, 토양, 수질오염이 심해지고, 남극의 빙하가 녹으면서 전 세계 환경보호론자들은 자연을 보호해야 한다는 목소리를 높이고 있다. 지구 곳곳에서 원시림을 훼손하면서 자연환경을 파괴하고 있는 인간의 욕심 때문에 지구는 몸살을 앓고 있다. 21세기에는 인간과 자연이 공존할 수 있는 최선의 방법이 무엇인지 인간 스스로 해답을 찾아야 할 것이다.
   1) 생략
   2) 생략

〈속담〉
1. 3)

综合练习3

1. (듣기)
   연주: 어휴, 난 이 이상 못 먹겠어.
   승철: 몇 젓가락밖에 안 먹고 그렇게 많이 남겼어?
   연주: 이렇게 매운 냉면은 처음이야. 넌 참 매운 음식을 잘 먹는구나.
   승철: 난 매운 맛을 좋아해. 더 매웠으면 좋겠어.
   연주: 대단하다. 나도 좋아하지만 이건 너무 매워.
   승철: 그래? 그럼 다른 걸 하나 더 시켜.
   1) 냉면이 너무 매워서 남겼습니다.
   2) 연주가 너무 매워서 냉면을 남겼기 때문에 배가 고플까 봐 더 시키라고 했습니다.

2. (듣기)
   캉민: 진욱아, 그럼 나 들어갈게. 잘 있어.
   진욱: 그래. 캉민 잘 가. 도착하면 연락해.
   캉민: 학교 생활 많이 도와줘서 참 고마웠어. 네 덕분에 참 재미있게 보냈어.
   진욱: 나도 즐거웠어. 그리고 부탁한 책 잊지 마.
   캉민: 알았어. 네 친구한테 전해줄게.
   진욱: 고마워. 그럼 조심해서 잘 가.
   1) 공항입니다.
   2) 친구에게 책을 전해 달라는 부탁을 했습니다.

3. 3)

4. 1) 복잡한지 2)돌아오자마자 3) 갈, 찍을 4) 먹을 5) 도와준/도와주신
   6) 나가는 7) 시작할 거예요 8) 맡기로 9) 뿐이에요 10) 모르겠어요

5. 가: 우리 소고기 사다가 불고기 해 먹을까?
   나: 난 닭고기 요리를 먹고 싶은데.
   가: 그럼 불고기 좋아하는 애들도 있으니까 불고기도 하고, 닭고기 사다가 튀김 요리도 해 먹자.
   나: 그래. 그게 좋겠다.

6. 1) 예뻤는지 2) 높은지 3) 조용한지 4) 무거울지
   5) 마셨는지 6) 쌓는지 7) 말했는지

7. 나는 어렸을 때 할머니가 해주셨던 식혜 맛을 아직도 잊지 못한다. 식혜는 요즘에 나오는 음료수보다 별로 달지 않다. 그렇지만 살짝 얼려서 여름에 먹으면 참 맛있다. 겨울에 식혜를 밖에 두었다가 그릇에 따라 마셔도 그 맛이 일품이다.

第13课

<발음>
1. 1) [열락뜨리지] [모태] [죄송함니다]
   2) [감사함니다] [뵙껟씀니다]

<어휘>

2. 1) 생맥주집 2) 안부 3) 지시하셨어요 4) 차 5) 목소리 6) 대리 7) 웬일

〈문법〉

1. 1) 지금 부산에 비가 오고 있다고 했다.
   2) 오늘 저녁에 된장찌개를 먹고 싶다고 했다.
   3) 이 옷이 손님에게 잘 어울린다고 했다.
   4) 이 슈퍼마켓이 우리 동네에서 제일 크다고 했다.
   5) 다음 달에 결혼할 거라고 했다.
   6) 저분은 나의 한국어 선생님이라고 했다.

2. 1) 고등학교 때 친구 주나를 만났다고 했다.
   2) 파란색 코트가 자기가 입던 옷이었다고 말했다.
   3) 책을 읽었다고 했다.
   4) 핸드폰을 분실했다고 했다.
   5) 바다낚시를 갔었다고 했다.

3. 1) 먹었냐고 물었다.   2) 드셨냐고 여쭤보았다.
   3) 너무 짧으냐고 여쭤보았다.   4) 어디까지 가시냐고 물었다.
   5) 어떠냐고 물었다.

4. 1) 재미있었냐고 물었다.   2) 했느냐고 물어보셨다.
   3) 닦았느냐고 물어보셨다.   4) 연습하고 왔느냐고 물었다.
   5) 짰냐고 물어보셨다.

5. 1) 드시라고 말씀하셨다.   2) 마시지 말라고 말했다.
   3) 전해달라고 말했다.   4) 약속하라고 말했다.
   5) 제출하라고 말씀하셨다.

6. 1) 마시자고 했다.   2) 도와주자고 했다.   3) 출발하자고 말씀하셨다.

〈이해와 표현〉

1. 1) 老师问谁知道这个问题的答案。
   2) 工作与爱情哪一个更重要的问题，回答起来非常困难。
   3) 五岁的弟弟问我狮子和老虎哪一个力气更大。
   4) 社长和职工们在送年会上相约明年更加努力地工作。
   5) 朋友说2点之前会过来，可是都过去一个小时了还没到，让人担心。
   6) 我问银行职员能不能把韩元换成人民币。
   7) 身体很不舒服，下午想去趟医院。
   8) 我告诉中国朋友，写论文时如果想查更多的资料就去国立中央图书馆。
   9) 牙科医院的护士说拔牙不疼，叫我不要害怕。
   10) 朋友问我在钓鱼池钓到了几条鱼。

2. 민영이에게서 잘 있었냐고 전화가 왔다. 서준이도 민영이에게 잘 있냐고 말했다. 민영이는 대학원 준비 때문에 바빴다고 했다. 서준이는 합격했느냐고 물었다. 민영이는 합격했다고 말했다. 서준이는 한턱 쏘라고 말하고, 시간 내서 한번 보자고 했다.

3. 경민: 수진아, 넌 어떤 과일을 좋아해?
   수진: 응, 난 사과를 제일 좋아해. 너는?
   경민: 그렇구나. 나는 사과보다 키위가 더 좋아.
   수진: 키위를 좋아하는 이유가 뭐야?
   경민: 부드러워서 먹기 좋고, 비타민도 풍부하기 때문이지.

수진: 그렇지. 나는 매일 아침 사과와 배를 믹서기에 갈아서 주스로 만들어 마셔. 너도 키위를 갈아 마시니?

경민: 키위는 부드러워서 갈지 않아도 돼. 반으로 잘라서 숟가락으로 떠먹으면 쉽게 먹을 수 있어.

〈속담〉

1. 3)

第14课

〈발음〉

2. 1) [일딴] [올께요]
   2) [다른걷뜨른] [아낟찌만] [밥소치] [비싼씀니다]

〈어휘〉

1. 1) 유리컵, 전자레인지 2) 과도, 접시, 포크 3) 밥그릇
   4) 쟁반, 냉장고 5) 프라이팬

2. 1) 골라서 2) 인기 있는 3) 단순해서 4) 적지
   5) 달린 6) 둘러보고 7) 매세요 8) 유행하는

〈문법〉

1. 1) 짜리, 짜리, 짜리 2) 짜리, 어치 3) 짜리, 어치
   4) 짜리, 짜리, 짜리 5) 짜리, 짜리, 짜리

2. 1) 그루 2) 송이, 송이 3) 단 4) 짝, 켤레 5) 채 6) 세 7) 벌 8) 갑 9) 편 10) 초

3. 1) 편지 2) 전구 3) USB드라이브

4. 1) 알고 있기는요, 처음 듣는데요.
   2) 재미있기는요, 지루해서 중간에 나왔어요.
   3) 좋아하기는요, 알러지가 있어요.
   4) 키워보기는요, 전 고양이를 싫어해요.
   5) 책을 읽기는요, 너무 바빠서 잠 잘 시간도 없어요.
   6) 화해하기는요, 말도 안 해요.
   7) 잘하기는요, 음치예요.
   8) 집을 사기는요, 대출금을 갚아야 해요.
   9) 인기가 많기는요, 친구도 별로 없어요.
   10) 건강해보이기는요, 몸이 안 좋아서 병원에 다녀요.

5. 1) 다섯 번 정도 갑니다. 2) 한 번에 마십니다.
   3) 네 시간 정도면 다 읽습니다. 4) 달마다 한 번씩 갑니다.
   5) 두 시간 정도 합니다. 6) 하지 않습니다.
   7) 이틀에 한 번 운동합니다. 8) 스무 통 정도 보냅니다.
   9) 비가 별로 오지 않습니다. 10) 일곱 시간쯤 잡니다.

6. (1) 골라요 (2) 흘러요 (3) 불러요 (4) 게을러요 (5) 몰라서 (6) 말라서 (7) 빨라서 (8) 흘러서 (9) 불러서 (10) 게을러서 (11) 골랐어요 (12) 잘랐어요 (13) 흘렀어요 (14) 불렀어요 (15) 게을렀어요

〈이해와 표현〉

1. 1) 虽然是双胞胎，兄弟俩性格相差很多。
   2) 开始的时候不知道两个人谁是师兄谁是师弟。

3) 这个周末打算挑选一些著名演技派演员们出演的电影看。
4) 把纸剪成细长条，用胶水粘成美丽的花朵。
5) 好久不下雨了，蓄水池的水都干了。
6) 请您合着拍子唱歌，现在太快了。
7) 首尔的清溪川从西流到东。
8) 永哲把朋友叫到家里一起玩了。
9) 我性格疏懒，做事儿做不快。
10) 用锯子把整棵树锯成了两段。

2. (듣기)
(가)
　　조윤희 씨는 시간이 있을 때마다 아이들을 데리고 자주 한강시민공원에 갑니다. 강바람도 쐴 겸 산책도 할 겸 아이들 손을 잡고 길을 걷습니다. 자전거를 타는 사람들도 있고, 의자에 앉아 얘기하는 사람들도 있고, 공놀이를 하는 어린이들도 있고, 잔디밭에 앉아서 음악을 듣는 사람들도 있습니다. 또 강변에서 시원한 음료수를 마시면서 낚시를 즐기는 사람들도 있습니다.
1) 한강시민공원에 자주 갑니다.
2) 강바람도 쐴 겸 산책을 하기 위해서입니다.
(나)
　　박석준 씨는 주말에는 꼭 가족들과 함께 백화점에 갑니다. 백화점에서 물건도 구경하고, 맛있는 음식도 먹고 놀다가 집에 돌아올 때는 집에서 필요한 생활용품을 사옵니다. 주말에는 백화점에 사람이 무척 많습니다. 그렇지만 백화점에 가면 보고 먹고 즐길 게 많아서 자주 가는 편입니다. 아이들도 백화점을 좋아합니다.
1) 백화점에 갑니다.
2) 물건도 구경하고 음식도 먹고 생활용품도 사기 위해서입니다.
(다)
　　최덕진 씨는 시장에서 과일을 파는 과일가게 사장님입니다. 날마다 싱싱한 과일을 도매시장에서 사와서 이른 아침부터 저녁까지 과일 장사를 합니다. 과일은 쉽게 상하기 때문에 싱싱할 때 빨리 팔아야 합니다. 최덕진 씨는 10년 넘게 이 시장에서 과일을 팔았기 때문에 단골 손님들이 많습니다. 그래서 장사가 잘 되는 편입니다. 요즘 과일 가격이 많이 올라서 20개 들이 사과 한 상자에 소매가격이 지난 달보다 5,000원이나 올랐습니다. 가격이 너무 비싸면 손님들이 줄어듭니다. 최덕진 씨는 손님들에게 싱싱하고 맛있는 과일을 싸게 팔기 위해서 날마다 부지런히 일합니다.
1) 시장에서 과일을 팝니다.
2) 가격이 많이 올랐습니다.
3. 생략
4. 생략
5. 생략

〈속담〉
1. 1)

第15课

〈발음〉

1) [북꼉] [고시라고] [생가캐요]
2) [이화워녜] [사부네삼] [이써요]

〈어휘〉

1. 생략
2. 1) 숨쉬는 2) 재건축 3) 동원하여 4) 빼놓을 5) 세워진 6) 차지하고

〈문법〉

1. 1) 하나도 안 남았어요.   2) 하나도 모르겠어요.
   3) 나는 잘못이 하나도 없어요.   4) 시간이 없어서 하나도 못 했어요.
   5) 잘못 꽂아서 충전이 하나도 안 됐어요.
2. 1) 열쇠를 복사하면 돼요.   2) 다음 주 월요일까지 제출하면 돼요.
   3) 배를 깎아 먹으면 돼요.   4) 컴퓨터 수리센터에 전화를 하면 돼요.
   5) 119구조대에 전화를 하면 돼요.
3. 1) 견딜 만해요.   2) 지낼 만해요.
   3) 운전할 만해요.   4) 할 만해요.
   5) 갈 만해요.
4. 1) 시간이 없어도 꼭 가야죠.   2) 아무리 바빠도 끝내야죠.
   3) 몸과 마음이 지쳤어도 뛰어야죠. 4) 날씨가 흐려도 뜰 거예요.
   5) 몸이 아파도 참으세요.
5. 1) 찬 공기를 싫어하거든요.   2) 파일을 빨리 찾을 수 있거든요.
   3) 가방 속에 사전을 가지고 다니거든요.
   4) 차표를 못 구했거든요.
   5) 자외선 차단 로션을 발랐거든요.

〈이해와 표현〉

1. 1) 家里虽然书很多，可是没有什么值得读的。
   2) 开车的时候，如果不认识路的话，跟着导航仪走就行。
   3) 以前这个村子有好多年轻人，现在一个也没有了。
   4) 不管多忙一定要吃饭。
   5) 这家纪念品店没有一件值得买的东西。
   6) 我现在要睡了，明天开始期末考试。
   7) 现在虽然人手不够，不过也不需要太多，再有两个人就行了。
   8) 银行存折里一点儿余额都没有了。
   9) 首尔值得一去的名胜古迹都去了，所以想去其他地方看看。
   10) 现在出不去，就我一个人，所以得看家。
2. 생략

〈속담〉

1. 2)

第16课

〈발음〉

1. 1) [시게를] [약쏙씨가는] [삼십뿐바께] [나만따]

2) [지그믄] [현그미] [업써서] [사용할쑤] [업씀니다]

〈어휘〉

1. 계좌를 개설하다, 번호표를 뽑다, 현금 카드로 계산하다, 송금을 하다, 돈을 인출하다…

〈문법〉

1. 1) 이번 주 금요일 오후 3시를 4시로 바꿔야 합니다.
   2) 김 과장을 이 대리로 바꾸세요.
   3) 자주색을 짙은 남색으로 바꿉시다.
   4) 소나무를 사과나무로 바꿉시다.
   5) 추어탕을 삼계탕으로 바꿔 주세요.
2. 1) 바람을 쐬려고 바깥에 나가요.
   2) 살을 빼려고 탄수화물을 적게 먹는 거예요.
   3) 돈을 찾으려고 은행에 가요.
   4) 진찰을 받으려고 병원에 가요.
   5) 집에서 운동하려고 할부로 구입했어요.
3. 1) 혼자 먹을 게 아니라 친구들과 나눠 먹을 거예요.
   2) 내 것이 아니라 하나는 동생 것이에요.
   3) 내 여친이 아니라 내 친구의 여친이에요.
   4) 영화배우가 아니라 연극배우예요.
   5) 저분이 아니라 하늘색 양복을 입으신 분이에요.
4. 1) 국물 2) 밥 위 3) 빨간색 4) 15 5) 두 스푼
5. 1) 누구든지 2) 언제든지 3) 어디든지 4) 무엇이든지 5) 어떻게든지

〈이해와 표현〉

1. 생략
2. 1) 不管是谁，只要喝这个茶一个月的话，就能减下去五公斤。
   2) 想养花，就买来了花籽种在了花坛里。
   3) 把书装到这个箱子里，去邮局寄给住在国外的朋友。
   4) 据说西方中世纪的炼金士们坚信能够用铅炼出金子。
   5) 不是我唱歌好，是我弟弟唱歌好。
   6) 这不是正品而是赝品。
   7) 魔女一施魔法，王子就变成了青蛙。
   8) 顾客，请您先取号，之后在这里等待。
   9) 我航空公司会安全地陪伴您到世界每一个地方。
   10) 现在对我来说需要的不是物质上的支持，而是各位温暖的鼓励与关怀。

〈속담〉

1. 생략

综合练习4

1. (듣기)

오늘은 목요일입니다. 퇴근 시간이 다 됐을 때 부장님이 직원들에게 이번 주 토요일에 시간이 있으면 함께 등산을 가자고 하셨습니다. 김 대리와 나는 이번 주 토요일까지 꼭 끝내야 할 일이 있어서 사무실에 나와야 한다고 말씀드렸습니다. 송 대리는 친구 결혼식이라서 못 가겠다고 했고, 박 대리는 친구와 선약이 있어서 갈 수 없다고 했습니다. 윤 과

장님이 그럼 다음 주에 가는 게 어떻겠냐고 부장님께 말씀드렸습니다. 부장님은 그러면 다음에 같이 가자고 하시면서 김 대리와 나에게 너무 과로하지 말고 건강에 유의하라고 하셨습니다.
1) 김 대리와 나는 이번 주까지 꼭 끝내야 할 일이 있기 때문에 등산을 갈 수 없습니다.
2) 너무 과로하지 말고 건강에 유의하라고 하셨습니다.
2. (듣기)
손님: 남성용 스킨로션 있어요?
점원: 어떤 제품을 찾으세요?
손님: 그냥 제일 잘 팔리는 것으로 주세요.
점원: 이 신제품 한번 써 보시겠어요? 순하고 감촉이 좋아서 손님들이 많이 찾으십니다.
손님: 그래요? 한 병에 얼마예요?
점원: 원래 정가가 25,000원인데 할인가로 22,000원입니다.
1) 화장품 가게입니다.
2) 정가는 25,000원입니다.
3. 4)
4. 1) 없다고 2) 한다고 3) 크냐고 4)놀라고 5) 먹자고 6) 살려고 7) 고프거든요
   8) 짝, 짝 9) 될 10) 살 만하겠어요/살 만했겠어요
5. 가: 요즘 어떻게 지내니?
   나: 오랜만이다.난 잘 지내. 너도 바쁘지?
   가: 응. 좀 바쁜 편이야. 그런데 너 혹시 영준이 전화번호 아니? 전화 걸었더니 번호가 바뀐 거 같은데.
   나: 영준이? 글쎄. 나도 잘 모르겠는데.
6. 1) 농구공이었냐고 했다 2) 농구공이냐고 한다 3) 농구공이냐고 하겠다 4) MP3 player 였냐고 했다 5) MP3 player냐고 한다 6) MP3 player냐고 하겠다 7)팠냐고 했다 8)파냐고 한다 9)파냐고 하겠다 10)달렸냐고 했다 11)달리냐고 한다 12)달리냐고 하겠다 13) 조용했냐고 했다 14)조용하냐고 한다 15)조용하냐고 하겠다
7. 생략

第17课

<발음>
1. 1) [염머리하고] [뒫머리는] [짤께] [꺼죠]
   2) [절때로] [안씀니다]

<어휘>
1. 1) 미장원, 앞머리   2) 이발소, 염색
   3) 이발사, 머리   4) 거울
   5) 샴푸

<문법>
1. 1) 가져 가는 게 좋겠다.   2) 얇은 옷을 가져가면 좋겠어요.
   3) 머리를 뒤로 제끼는 게 좋겠다.   4) 조금 이따가 다시 하는 게 좋겠습니다.
   5) 내가 먼저 하는 게 좋겠어요.
2. 1) 온 김에 2) 모인 김에 3) 사는 김에 4) 만난 김에 5) 간 김에
3. 생략

4. 1) 10명 아니면 11명 정도 올 거예요.
   2) 오늘 아니면 내일 온대요.
   3) 제주도 아니면 설악산에 가고 싶어요.
   4) 아나운서 아니면 성우가 되고 싶어요.
   5) 오렌지주스 아니면 유자차로 주세요.
5. 1) 붓습니다   2) 저었어요   3) 지었습니다
   4) 나아   5) 나았습니다

〈이해와 표현〉

1. 생략
2. 1) 有可能堵车，最好提前一个小时出发。
   2) 为了比现在更为美好的未来，发奋图强吧！
   3) 您今天怎么看起来这么累啊？昨天没休息好吗？
   4) 去市场的时候打算顺便见见朋友，一起吃个午饭。
   5) 感冒了，所以去医院看病，到药店抓药吃了。
   6) 这件事儿按照我的意志去处理可以吗？
   7) 从9月份开始被外派到美国华盛顿工作。
   8) 汤太烫了，请用勺搅一搅再喝。
   9) 做饺子馅的时候，没有野鸡肉的话也可以使用一般的鸡肉。
   10) 坐出租车或者坐地铁去为好。
3. 윤수: 집 앞 미용실에서 잘랐어.
   영희: 젊어보일 것 같은데.

〈속담〉

1. 3)

第18课

〈발음〉

2. 1) [금강사니] [조타고] [핻찌만] [이러케] [직쩝] [아름답꾸뇨]
   2) [마니] [드러받찌만] [금강사닌] [거슨] [아란네요]

〈어휘〉

1. 1) 약수터 2) 바위 3) 봉우리, 해돋이 4) 절벽, 폭포 5) 봉우리, 전설 6) 능선

〈문법〉

1. 1) 시간이 너무 길기는 했지만 재미있었어요.
   2) 몸이 안 좋기는 했지만 참을 만했다.
   3) 가기는 하겠지만 좀 늦게 가도 돼요.
   4) 해야 하기는 하지만 지금은 안 할 거예요.
   5) 시간이 없기는 하지만 한 달에 한 번은 만날 거예요.
2. 1) 활발할 뿐만 아니라 예의가 있어요.
   2) 조용할 뿐만 아니라 교통도 편리해요.
   3) 단맛이 나는 과일뿐만 아니라 신맛이 나는 과일도 잘 먹어요.
   4) 본 적이 있을 뿐만 아니라 제가 좋아하는 감독이에요.
   5) 성산 일출봉뿐만 아니라 한라산에도 가 봤어요.
3. 1) 재미있는 책이나 읽으면서 보낼 거예요.

2) 자전거나 탈 거예요.
3) 피자나 먹을 거예요.
4) 겨울에는 눈썰매나 타면서 보냈죠.
5) 컴퓨터 게임이나 하려고요.

4. 1) 기념 사진을 찍고 야호 하면서 소리치고 싶어합니다.
2) 친구들은 게임을 하거나 밀린 잠을 자고 싶어합니다.
3) 휴양지로 여행을 가고 싶어합니다.
4) 다시 학생처럼 열심히 공부하면서 학교에 다니고 싶어하십니다.
5) 테니스를 배우고 싶어합니다.

5. 1) 장난치는가 봐요.
2) 미술에 소질이 있나 보군요.
3) 간장을 너무 많이 넣었는가 봐요.
4) 쉬운 수술이 아닌가 봅니다.
5) 세탁기 안에 넣었는가 봐.

6. 1) 토질이 좋은가 봐요.
2) 설렁탕 국물이 차가운가 봐요.
3) 기온이 급강하해서 그런가 봐요.
4) 꽤 높은가 봐요.
5) 꽃무늬가 싫은가 봐요.

<이해와 표현>

1. 생략
2. 1) 我去趟书店买本书之后再回家。
2) 这道菜我虽然吃，不过不是我喜欢的。
3) 教室里这么静，学生们大概都在自习。
4) 所有人都想学外语，可是要学得像母语那么好是非常难的。
5) 我学习是挺努力的，可就是成绩不怎么好。
6) 我的朋友不但汉语好，英语也很好。
7) 不仅给的时间很紧迫，而且工作量非常大，所以完成任务难度很大。
8) 想去旅行，可没有人一起去，所以去不成。
9) 听说李美子的唱片还很有人气，大概是因为歌唱得太好了的缘故。
10) 羊群在草原上吃着草，自由自在地生活。
3. 생략

<속담>

1. 생략

第19课

<발음>

1. 1) [비스탄] [지어졌겐네요]
2) [저네] [면뻬논저기] [이써요]

<어휘>

1. 1) 가까이: 근접하여, 인접하여, 근처에, 가깝게　　　　2) 비슷하다: 유사하다

3) 빌다: 기도하다　　　　　　　　4) 자세히: 상세히
　　5) 정월: 일월　　　　　　　　　　6) 땅: 토지, 토양, 대지, 흙

〈문법〉

1. 1) 민석이 좀 봐 줄래?
　 2) 사진 좀 찍어 줄래요?
　 3) 이 책 좀 내 친구 오면 전해줘.
　 4) 어떡하죠? 돈을 안 가져 왔어요.
　 5) 할아버지가 몸이 안 좋으신가 봐요.
2. 1) 비바람이 몰아치는데도 군인들은 쉬지 않고 행군을 계속하고 있었다.
　 2) 영화가 다 끝났는데도 관객들은 자리에 앉아 있었다.
　 3) 저녁밥을 두 공기나 먹었는데도 아이들은 간식을 달라고 했다.
　 4) 매년 많은 돈을 들여서 새 도로를 건설하는데도 교통은 늘 복잡하다.
　 5) 동생이 아직 안 일어났는데도 큰형은 걱정하지 않았다.
3. 1) 열어야겠다. 2) 조사해야겠다. 3) 무음으로 바꿔야겠다. 4) 보내야겠다. 5) 가야겠다.
4. 1) 공부를 잘해서 주변 친구들이 부러워했겠네요.
　 2) 왜 그 여자와 결혼하지 않았어요?
　 3) 샤워를 하고 자면 더 좋았을 텐데요.
　 4) 지루했었겠네요.
　 5) 그랬었군요.
5. 생략

〈이해와 표현〉

1. 1) 游泳的时候，鼻子进水了，差点儿被淹死。
　 2) 我去交一下这份材料，你在这里等我一会儿。
　 3) 在我们村里最忙的人是村长。
　 4) 想把面粉和鸡蛋搅拌在一起做点儿煎饼吃。
　 5) 哪怕两个人的性格有点儿相似，也不至于打得那么厉害。
　 6) 上大学的时候我在学校附近住的房子是只有一间的单间房。
　 7) 我昨晚只睡了三个小时，可是不是很困。
　 8) 我们家所有人都不过阳历的生日，只过阴历的。
　 9) 卫生都打扫完了，可是家里为什么不显得干净呢？
　 10) 明天开始放假，得祈祷天气晴好。

〈속담〉

1. 3)

第20课

〈발음〉

2. 1) [친구드리] [사랑에 집찔끼] [활똥을] [가치] [갇따와써요]
　 2) [얼구리] [마니] [탄네요]

〈어휘〉

1. 1) 농촌 2) 동네 3) 시멘트 4) 장마 5) 집짓기 6) 배탈

〈문법〉

1. 1) 한 달 동안 고생했어요.

2) 시간이 많이 걸렸어요.
3) 힘이 많이 들었어요.
4) 재미있는 다큐멘터리 프로그램을 못 봤어요.
5) 물을 마셨어요.
2. 1) 졸음 운전을 하다가 사고가 날 뻔했어요.
2) 칼로 종이를 자르다가 손을 다칠 뻔했어요.
3) 등산을 가서 늦게 하산을 하다가 길을 잃을 뻔했어요.
4) 김 교수님의 경험담을 듣다가 너무 슬퍼서 눈물이 날 뻔했어요.
5) 옷을 다리미로 다리다가 태울 뻔했어요.
3. 1) 아무 연락도 없어서 잘 모르겠어요.
2) 저는 아무것도 안 치웠습니다.
3) 공부하느라고 바빠서 아무 일도 못했어요.
4) 제가 혼자 감당하려고 아무 도움도 안 받았습니다.
5) 아무것도 없었습니다.
4. 1) 너무 반가웠다.
2) 내가 대학을 졸업한
3) 다 했다.
4) 집에 돌아왔다.
5) 내가 운전면허증을 취득한
5. (1) 파랗습니다 (2) 파래 (3) 빨갛습니다 (4) 빨개 (5) 노랗습니다 (6) 노래요 (7) 하얗습니다 (8) 하얘 (9) 가맣습니다 (10) 가매요 (11) 그렇습니다 (12) 그래요 (13) 저렇습니다 (14) 저래 (15) 이렇습니다 (16) 이래요

<이해와 표현>

1. 생략
2. 1) 다산 초당 2) 전라남도 강진군 3) 다산 정약용 선생의 초당 4) 정약용 선생 5) 강진까지 가서 택시를 타
3. 1) 昨天玩网游没能做作业。
2) 昨天玩网游差点儿没完成作业。
3) 我20天的时间减了三公斤。
4) 银杏叶变黄了。
5) 戴着厚厚的眼镜和帽子，没有人认出来他是社长。
6) 洗衣机的功能非常好，白色的衣服洗得很干净。
7) 可能是因为他平时穿成那样，所以没有人认出他是电影演员。
8) 每天早上叫孩子起床、送去上学，妈妈非常辛苦。
9) 工作太累了，没有人愿意来打工。
10) 一个人做那件事儿的话，太累了。

<속담>

1. 2)

综合练习5

1. (듣기)
이번 여름 방학은 형민이에게 중요한 의미가 있습니다. 왜냐하면 형민이가 대학교를

졸업하기 전에 마지막으로 보내는 여름 방학이기 때문입니다. 초등학교 6년, 중학교 3년, 고등학교 3년, 그리고 지난 대학 3년 반 동안 형민이는 많은 방학을 보냈습니다. 방학 때마다 형민이는 친구들과 여행을 가거나, 공부를 하거나, 봉사활동을 하거나 아르바이트를 했습니다. 형민이에게는 모두 소중한 시간들이었습니다. 형민이는 지나간 학창 시절의 추억들을 하나씩 떠올려 봅니다. 그런데 이번 방학이 학생으로서 마지막 방학이라고 생각하니까 형민이는 아쉬울 뿐만 아니라 안타깝기도 했습니다. 형민이는 지금까지 정말 최선을 다했는지 반성도 했습니다. 그래서 이번 마지막 여름 방학을 더 보람 있게 보내기 위해서 형민이는 계획을 세우기로 했습니다.
   1) 친구들과 여행을 하거나, 공부를 하거나, 봉사활동을 하거나 아르바이트를 했습니다.
   2) 취업 준비를 위해서 최선을 다하겠습니다.
2. (듣기)
   영희: 정호 씨, 저 다음 주 일주일 동안 중국으로 해외연수를 가게 됐어요.
   정호: 그래요? 회사 직원들과 함께 가세요?
   영희: 예, 가는 김에 베이징도 관광하게 될 것 같아요.
   정호: 재미있겠군요. 그런데 기분이 별로 안 좋아 보여요.
   영희: 작년에 갔었던 선배가 그러는데 일주일 동안 좋은 평가를 받으려면 굉장히 힘들 거래요.
   정호: 준비를 잘 하는 게 좋겠어요.
   영희: 어떻게 평가하는지 아무것도 몰라서 뭘 준비해야 할지 모르겠어요.
   1) 연수 기간 동안 좋은 평가를 받으려면 굉장히 힘들기 때문입니다.
   2) 관광을 하기 위해 갈 겁니다.
3. (4)
4. 1) 간, 가는 2) 바빠서 3) 6개월 4) 먹기는 5) 사는 6) 나왔어요
   7) 이나 8) 놀 9) 하얘요 10) 졸업했었던
5. 생략
6. 1)할머니셨는데도 2)할머니이신데도 3)23이었는데도 4)23인데도 5)감았는데도 6)감는데도 7)헹구었는데도 8)헹구는데도 9)노력했는데도 10)노력하는데도 11)짧았는데도 12)짧은데도 13)있었는데도 14)있는데도 15)중요했는데도 16)중요한데도
7. 저는 얼굴이 계란형이에요. 그래서 나는 긴 머리가 잘 어울려요. 바람이 불 때마다 찰랑찰랑해서 보기가 좋아요. 그렇지만 긴 머리는 관리를 잘해야 해요. 자주 감아야 하고, 머리가 잘 헝클어지기 때문에 신경을 많이 써야 해요. 그리고 머릿결이 나빠지지 않게 해야 돼요.

教科书答案

第1课

1. (1) ㄱ: 김치를 먹어 본 적이 있습니까?
    ㄴ: 네, 먹어 본 적이 있습니다.
       아니요, 먹어 본 적이 없습니다.
   (2) ㄱ: 담배를 피워 본 적이 있습니까?
    ㄴ: 네, 피워 본 적이 있습니다.
       아니요, 피워 본 적이 없습니다.
   (3) ㄱ: 한국어 시험을 본 적이 있습니까?
    ㄴ: 네, 본 적이 있습니다.
       아니요, 본 적이 없습니다.
   (4) ㄱ: 한국 영화를 본 적이 있습니까?
    ㄴ: 네, 본 적이 있습니다.
       아니요, 본 적이 없습니다.
   (5) ㄱ: 외국에 가 본 적이 있습니까?
    ㄴ: 네, 가 본 적이 있습니다.
       아니요, 가 본 적이 없습니다.
   (6) ㄱ: 여자 친구(남자 친구)를 사귀어 본 적이 있습니까?
    ㄴ: 네, 사귀어 본 적이 있습니다.
       아니요, 사귀어 본 적이 없습니다.

2. (1) 담배를 피워도 됩니까?   (2) 창문을 열어도 됩니까?
   (3) 이 책을 빌려도 됩니까?   (4) 안에서 구경해도 됩니까?
   (5) 밥을 먹어도 됩니까?   (6) 오늘 놀러 가도 됩니까?

3. (1) 건물 안에서 담배를 피우면 안 됩니다.   (2) 술을 마시고 운전을 하면 안 됩니다.
   (3) 신호를 위반하면 안 됩니다.   (4) 회사에 지각하면 안 됩니다.
   (5) 남의 물건을 훔치면 안 됩니다.   (6) 쓰레기를 땅에 버리면 안 됩니다.

4. (1) 여행을 다녀 온 것 같습니다.   (2) 전철이 도착한 것 같습니다.
   (3) 친구가 놀러 올 것 같습니다.   (4) 어디가 아픈 것 같습니다.
   (5) 급한 약속이 있는 것 같습니다.   (6) 성실한 사람인 것 같습니다.

5. (3), (6)
   (3)中的"结婚"和(6)中的"吃"既不是过去多次或持续发生的动作,又不是还没有结束的动作。

6. 答案略

7. 자금성은 명 나라와 청 나라 시대에 왕궁이었던 곳입니다. 고궁이라고도 합니다. 자금성은 1406년부터 1420년 사이에 지어졌습니다. 안에 900여 채의 건물과 8,000여 개의 방이 있습니다. 지금 이 건물과 방들은 그림, 도자기 등을 전시하는 박물관으로 이용되고 있습니다.

8. (1) 저는 아직 외국 여행을 해 본 적이 없습니다.

(2) 왕단 씨는 작년에 입원해 본 적 있습니다.
(3) 저는 한국문화를 몰라서 말실수를 한 적이 있습니다.
(4) 서울역에 가고 싶으면 버스를 타도 됩니다.
(5) 요리가 좀 매워도 괜찮아요.
(6) 이번 시험 성적이 너무 나쁘면 안 됩니다.
(7) 그는 아까 태화전 앞에서 사진을 찍은 것 같아요.
(8) 홍단 씨는 여행을 간 것 같아요. 전화를 여러 번 했는데 안 받았어요.
(9) 경복궁은 옛날 조선조의 왕궁으로 쓰던 곳입니다.
(10) 제가 지금 사는 방은 누나가 결혼하기 전에 살던 방입니다.

第2课

1. (1) 친구에게 전화를 할 때 기분이 좋습니다. (2) 화가 날 때 노래를 듣습니다.
   (3) 감기에 걸렸을 때 약을 먹습니다. (4) 친구와 싸웠을 때 화가 납니다.
   (5) 시험을 못 봤을 때 우울합니다. (6) 고등학교 때 처음 만났습니다.
2. (1) 너무 힘드니까 조금 쉽시다.
   (2) 어제 늦게 들어갔으니까 오늘 집에 일찍 들어가야 됩니다.
   (3) 내일이 문수 씨 생일이니까 문수 씨에게 노래 테이프를 사 줍시다.
   (4) 내일 아침에는 바쁘니까 내일 저녁에 전화하겠습니다.
   (5) 너무 위험하니까 지금 가지 마십시오.
   (6) 제가 텔레비전에 나오니까 오늘 저녁에 텔레비전을 보십시오.
3. (1) 얼마 전까지 나는 피아노를 하나도 칠 수 없었습니다. 그렇지만 몇 달 동안 나는 피아노를 열심히 배웠습니다. 그래서 지금은 간단한 곡을 칠 수 있습니다.
   (2) 얼마 전까지 나는 일본말을 하나도 할 수 없었습니다. 그렇지만 몇 달 동안 나는 일본말을 열심히 공부했습니다. 그래서 지금은 일본말로 간단한 대화를 할 수 있습니다.
4. (1) 1명밖에 없습니다. (2) 1미터 65센티밖에 안 됩니다.
   (3) 손수건밖에 없습니다. (4) 반 갑밖에 안 피웁니다.
   (5) 아리랑밖에 모릅니다. (6) 불고기밖에 못 먹어 봤습니다.
5. (1) 친구와 이야기를 하거나 언니와 이야기를 합니다.
   (2) 돈을 빌리거나 잠을 잡니다.
   (3) 다른 곳으로 가거나 못 본 척합니다.
   (4) 책을 주거나 인형을 줍니다.
   (5) 책을 읽거나 쇼핑을 합니다.
   (6) 제주도로 가거나 계림으로 가고 싶습니다.
6. (1) ㄱ: 안녕하세요. 내일이 아버지의 생신입니다. 큰 방 하나 예약할 수 있습니까?
       ㄴ: 몇 분 오십니까?
       ㄱ: 20명쯤 옵니다.
       ㄴ: 몇 시부터 몇 시까지 쓰실 겁니까?
       ㄱ: 저녁 6시부터 8시까지 쓸 겁니다.
       ㄴ: 네, 예약되었습니다.
   (2) ㄱ: 음악회 표를 한 장 예약하고 싶습니다.
       ㄴ: 오후 표는 매진되고 오전 표밖에 없습니다.

　　　　ㄱ: 몇 시 표가 있습니까?
　　　　ㄴ: 아침 8시와 11시 표가 있습니다.
　　　　ㄴ: 그러면 11시 표로 예약해 주십시오.
　　(3) ㄱ: 이번 달 15일에 제주도에 가려고 하는데요. 비행기표 있습니까?
　　　　ㄴ: 몇 시 표를 원하십니까?
　　　　ㄴ: 몇 시 표가 있습니까?
　　　　ㄴ: 오전 10시 표와 오후 2시, 4시 표가 있습니다.
　　　　ㄱ: 오후 2시 표로 예약해 주십시오.
　　(4) ㄱ: 제주호텔입니까?
　　　　ㄴ: 네, 무슨 일이십니까?
　　　　ㄱ: 다음 주 토요일, 일요일 이틀 동안 쓸 방을 예약하고 싶은데요.
　　　　ㄴ: 몇 분이 쓰실 방을 원하십니까?
　　　　ㄱ: 저 혼자 쓸 겁니다.
　　　　ㄴ: 성함을 말씀해 주십시오.
　　　　ㄱ: 조선화입니다.
7. 비행기표를 예약할 때는 항공사에 전화를 겁니다. 그리고 언제, 어디에 간다고 말한 후 이름을 말하면 됩니다. 외국으로 갈 때는 여권번호도 말해야 합니다.
8. (1) 저는 공부할 때 음악을 듣지 않습니다.
　　(2) 저는 비가 올 때 혼자 방에서 커피를 마시기 좋습니다.
　　(3) 내일 일요일이니까 집에서 푹 쉬세요.
　　(4) 제가 잘못했으니까 사과하겠습니다.
　　(5) 좀 도와 주실 수 있습니까?
　　(6) 오늘은 일이 많지 않아서 일찍 퇴근할 수 있습니다.
　　(7) 옷을 한 벌밖에 안 샀는데 돈을 다 써 버렸습니다.
　　(8) 시간이 얼마 안 남았으니까 빨리 가시죠.
　　(9) 내일 날씨가 흐리거나 비가 올 겁니다.
　(10) 일요일 오전엔 늦잠을 자거나 컴퓨터를 합니다.

第3课

1. (1) 의사가 되었습니다.　　　　　(2) 물이 됩니다.
　　(3) 가수가 되는 것이었습니다.　(4) 저녁 6시가 되었습니다.
　　(5) 설날이 되면　　　　　　　　(6) 의사가 되는
2. (1) 제가 어머니(아버지)가 되면 아이를 훌륭하게 키울 것입니다.
　　(2) 저는 자상한 노인이 되고 싶습니다.
　　(3) 제가 우리 대학의 총장/학장이 되면 장학금을 더 많이 주겠습니다.
　　(4) 저는 현명한 교육부 장관이 되고 싶습니다.
　　(5) 저는 인기 있는 슈퍼스타가 되고 싶습니다.
　　(6) 저는 선생님이 되면 숙제를 많이 내지 않겠습니다.
3. (1) 날씨가 많이 따뜻해졌습니다.　(2) 그래서 많이 예뻐졌습니다.
　　(3) 지금은 아주 많아졌습니다.　　(4) 제 지갑이 없어졌습니다.
　　(5) 깨끗해졌습니다.　　　　　　　(6) 흐려졌습니다.

4. (1) 의사가 되면 좋겠습니다.   (2) 가족과 만났으면 좋겠습니다.
    (3) 중국의 미래는 밝았으면 좋겠습니다.   (4) 세계가 하나가 되었으면 좋겠습니다.
5. (1) ㄱ: 주말에 무엇을 할 생각입니까?
       ㄴ: 영화를 볼까 합니다.
   (2) ㄱ: 다음 방학에 무엇을 할 생각입니까?
       ㄴ: 한국어를 배울까 합니다.
   (3) ㄱ: 대학에 입학하면 어떻게 생활할 겁니까?
       ㄴ: 열심히 공부할까 합니다.
   (4) ㄱ: 어떤 회사에 취직할 생각입니까?
       ㄴ: 무역회사에 취직할까 합니다.
   (5) ㄱ: 언제 결혼할 겁니까?
       ㄴ: 내년 여름에 결혼할까 합니다.
6. (1) 꽃
     언니는 꽃처럼 예쁩니다.
   (2) 돼지
     영선이는 돼지처럼 뚱뚱합니다.
   (3) 젓가락
     영선이는 젓가락처럼 말랐습니다.
   (4) 천사
     어머니는 천사처럼 착하십니다.
   (5) 호박
     영선이는 호박처럼 못 생겼습니다.
   (6) 개미
     철수는 개미처럼 열심히 일합니다.
7. 오늘은 매우 바쁩니다. 오전에는 학교에서 수업이 있었고, 오후에는 시내에서 친구를 만나야 합니다. 저녁에 집에 돌아와서 내일까지 제출해야 하는 숙제를 할 것입니다. 문학 작품을 읽고 보고서를 쓰는 숙제입니다. 작품은 어제 다 읽었는데 아직 자료가 부족해서 보고서를 완성하지 못했습니다. 인터넷에서 자료를 찾아서 보완해야 합니다. 숙제가 끝나면 밤에는 전화로 부모님에게 안부인사를 하려고 합니다.
8. (1) 저는 대학교 총장이 되고 싶습니다.
   (2) 훌륭한 의사가 되었으면 좋겠습니다.
   (3) 저는 졸업한 후에 한국에 가서 일년 동안 유학할까 생각하고 있습니다.
   (4) 그의 집에 가기 전에 선물 좀 살까 하는데요.
   (5) 선영이는 천사처럼 예쁩니다.
   (6) 홍단 씨는 나이가 어리지만 어른처럼 일을 해요.
   (7) 마이크로소프트 회사에 취직하려고요?
   (8) 저는 고려대학교 국어국문학과에 가서 공부했으면 해요.
   (9) 저는 점점 말라가는 것 같아요.
  (10) 집 생각나면 더 외로워질 거예요.

第4课

1. (1) 걸으면서 이야기합니다.
   (2) 춤을 추면서 노래합니다.
   (3) 텔레비전을 보면서 밥을 먹습니다.
   (4) 청소하면서 노래합니다.
   (5) 전화받으면서 메모합니다.
   (6) 껌을 씹으면서 말합니다.
2. (1) 열심히 일합니다.
   (2) 열심히 공부합니다.
   (3) 기도를 합니다.
   (4) 한국어 선생님이 되기
   (5) 옷을 사기
   (6) 여행을 가기
3. (1) 열심히 해야 공부를 잘할 수 있습니다.
   (2) 성격이 좋아야 친구가 많은 사람이 됩니다.
   (3) 돈을 열심히 저축해야 세계 여행을 할 수 있습니다.
   (4) 한국 책을 많이 읽어야 한국어를 잘할 수 있습니다.
   (5) 열심히 일해야 부자가 될 수 있습니다.
   (6) 운동을 열심히 해야 건강하게 살 수 있습니다.
4. (1) 밥을 안 먹었기 때문에 기운이 없어요.
   (2) 몸이 아팠기 때문에 파티에 못 갔어요.
   (3) 한국이 좋기 때문에 한국어를 공부합니다.
   (4) 약속 시간에 늦었기 때문에 택시를 탑니다.
   (5) 차가 막혔기 때문에 지각했습니다.
   (6) 오늘이 제 생일이기 때문에 기분이 좋습니다.
5. (1) 부모님을 제일 좋아합니다.
   부모님께서 저를 길러주셨기 때문입니다.
   (2) 여름을 제일 좋아합니다.
   여름에는 맛있는 과일들이 많기 때문입니다.
   (3) 계림을 제일 좋아합니다.
   아주 아름답기 때문입니다.
   (4) 수학을 제일 싫어했습니다.
   저는 계산을 잘 못하기 때문입니다.
   (5) 토끼를 제일 좋아합니다.
   귀엽기 때문입니다.
   (6) 영미를 제일 좋아합니다.
   영미는 착하기 때문입니다.
6. (1) "설날"이라고 합니다.
   (2) 예쁜 한복을 입습니다.
   (3) 웃어른을 찾아가서 세배를 드립니다.
   (4) 박 교수님 댁에서 먹었습니다.
   (5) 나는 명절이 되면 중국에 있는 가족들이 더 많이 보고 싶습니다.
   (6) 한국어와 한국 역사를 더 열심히 공부하는 것입니다.
7. 중국의 음력 정월 초하루를 춘절이라고 합니다. 춘절은 중국의 최대 명절입니다. 그래서 공식적으로 7일 동안 연휴입니다. 이때를 맞아 중국인들은 고향에 내려가 가족들과 함께 명절을 즐깁니다. 맛있는 음식도 먹고, 재미있는 놀이도 하면서 보냅니다. 또 사람들이 거리에 나와 액운을 쫓고 한 해를 무사히 보내려는 뜻에서 폭죽을 터뜨리거나 절에 가서 묘

회에 참석하기도 합니다.
8. (1) 유치원 아이들이 노래를 부르면서 춤을 췄어요.
   (2) 잠을 자면서 꿈을 꿨어요.
   (3) 비가 오기 때문에 그녀는 못 올 거예요.
   (4) 돈이 없었기 때문에 물건을 못 샀어요.
   (5) 그는 다음 달 시험을 위해서 열심히 공부하고 있어요.
   (6) 저는 그 책을 사기 위해서 교보문고에 한번 갔다왔어요.
   (7) 이 책을 다섯 번 이상 읽어야 알 수 있습니다.
   (8) 배를 타야 거기에 갈 수 있어요.
   (9) 이 호수는 세계에서 제일 큰 호수입니다.
   (10) 공부한 언어 중에서 어떤 언어가 제일 어려워요?

第5课

1. (1) 바다가 참 푸르네요. (2) 산이 참 높네요.
   (3) 백화점에 사람이 참 많네요. (4) 천안문 광장은 참 넓네요.
   (5) 겨울은 굉장히 춥네요. (6) 여름은 아주 덥네요.
2. (1) 빗으로 머리를 빗습니다. (2) 녹음기로 녹음을 합니다.
   (3) 컴퓨터로 게임을 합니다. (4) 다리미로 옷을 다립니다.
   (5) 크레파스로 그림을 그립니다. (6) 가위로 종이를 자릅니다.
3. (1) 코트를 벗으세요. 덥겠어요.
   (2) 왕단 씨가 요즘 일이 많아요. 피곤하겠어요.
   (3) 엄마가 참 예뻐요. 아이가 예쁘겠어요.
   (4) 왕단 씨가 다리를 다쳤어요. 아프겠어요.
   (5) 날씨가 추워요. 감기에 걸리겠어요.
   (6) 서두르세요. 늦겠어요.
4. (1) 이사온 지 3년 됐습니다. (2) 졸업한 지 2년 됐습니다.
   (3) 나간 지 1시간 됐습니다. (4) 식사한 지 2시간 됐습니다.
   (5) 배운 지 6개월 됐습니다. (6) 수영을 시작한 지 2달 됐습니다.
5. (1) 가기 싫어요. (2) 가기 싫어요.
   (3) 먹기가 어려웠어요. (4) 이런 날에는 등산하기 좋아요.
   (5) 넘어지기 쉬워요. (6) 참석하기 어려울 것 같아요.
6. (1) 지금부터 2000년 전에 지어졌습니다.
   (2) 6700킬로미터나 됩니다.
   (3) 만리장성의 엄청난 규모 때문에 놀랍니다.
   (4) 지금의 과학 기술로도 이런 건축물은 만들기 어렵기 때문입니다.
7. 지난 여름에 나는 일주일 동안 한국의 강원도로 여행을 다녀왔다. 강원도에는 높은 산도 있고, 맑은 바다도 있어서 사계절이 모두 아름답다. 나는 여행을 준비하면서 인터넷에서 강원도 여행과 관련있는 정보를 찾았다. 그리고 친구들에게 함께 가자고 해서 3명이 함께 가게 되었다. 먼저 서울에 도착해서 북경에서 함께 공부했던 한국 친구를 만났다. 친구와 함께 하루 동안 시내 관광을 했다. 그리고 그 다음날 상봉시외버스터미널에서 설악산까지 가는 고속버스를 탔다. 우리 일행은 그 다음날 새벽에 일찍 일어나서 설악산을 오르기 시

작했다. 등산로를 따라 올라가다가 오후 5시쯤 대청봉 근처에 있는 산장에 도착했다. 경치가 너무 아름다웠다. 그 다음날 새벽에 아침을 먹고 우리는 하산하기 시작했다. 내려올 때는 시간이 덜 걸렸다. 오후 3시쯤 내려와서 우리는 바로 낙산 해수욕장으로 갔다. 그곳에는 피서 온 사람들이 참 많았다. 저녁에 우리 일행은 함께 술을 마시기로 했지만 좀 피곤해서 일찍 쉬었다. 이번 한국 여행은 나에게 강원도가 어떤 곳인지 알게 된 소중한 경험이었다.

8. (1) 오늘 날씨가 진짜 덥네요.
   (2) 그는 한국어 공부를 반 년밖에 안 했지만 진짜 잘하네요.
   (3) 이 옷은 무엇으로 만든 거예요?
   (4) 우리 반에서 그 친구만 왼손으로 글씨를 씁니다.
   (5) 저는 북경에 온 지 벌써 1년이 되었어요.
   (6) 여기에 이사 온 지 이미 3년이 되었지만 친구를 많이 안 사귀었어요.
   (7) 이 영화는 보기가 좋습니다.
   (8) 저는 술 마시기가 싫습니다.
   (9) 문수는 2년 후에 대학생이 될 거예요.
   (10) 부모님의 편지를 받아서 기분이 좋겠어요.

第 6 课

1. (1) 동생이 잠을 자는 동안 (2) 영미가 텔레비전을 보는 동안
   (3) 지숙이가 공부를 하는 동안 (4) 한국 친구를 많이 사귀었습니다.
   (5) 동생이 사과를 모두 먹었습니다. (6) 많은 것을 배웠습니다.
2. (1) 등산을 합니다. (2) 운동을 합니다.
   (3) 잠을 잡니다. (4) 음악을 듣습니다.
   (5) 좋은 꿈을 꿉니다. (6) 사랑하는 사람에게 편지를 씁니다.
3. (1) 4명이나 있습니다. (2) 5년이나 있었습니다.
   (3) 네, 3벌이나 샀습니다. (4) 20만 원이나 받았습니다.
   (5) 네, 9시간이나 잤습니다. (6) 185센티미터나 됩니다.
4. (1) 남자 친구가 없습니다. (2) 표가 매진이었습니다.
   (3) 공부를 많이 못했습니다. (4) 다 잊어버렸습니다.
   (5) 성적이 안 좋았습니다. (6) 옷을 크게 입습니다.
5. (1) 비가 오는데 산에 갔어요.
   (2) 피곤한데 친구하고 놀았어요.
   (3) 친구에게 전화를 했는데 집에 없었어요.
   (4) 서울에 갔는데 사람이 너무 많았어요.
   (5) 비빔밥을 먹었는데 맛이 없었어요.
   (6) 나는 뚱뚱한데 언니는 너무 날씬해요.
6. (1) 바람이 불지 않아서 어제보다 춥지 않습니다.
   (2) 일을 해야 합니다.
   (3) 시험을 못 봤습니다.
   (4) 더 사고 싶습니다.
   (5) 밥을 먹고 나갔습니다.

(6) 병에 걸렸습니다.
7. 영철에게

영철아, 나 민수다.
어제 학교에서 너랑 싸우고 집에 돌아와서 마음이 참 아팠다.
우리가 조금씩 양보했으면 됐을 텐데 내가 네 의견을 너무 감정적으로 받아들여서 정말 미안하다. 사실 난 발표 준비 열심히 했는데, 네가 그렇게 내 발표를 듣고 비판을 하니까 나도 좀 화가 났어. 나도 너에게 심하게 말해서 미안하다. 내일 학교에서 서로 얼굴 보고 화 풀자. 설마 아직도 화가 나 있는 건 아니겠지? 서로 잘 하려고 하다 보니까 좀 감정적으로 대립한 거 같다. 우리 내일 만날 때는 아무일도 없었던 것처럼 서로 화풀자, 알았지? 그럼 내일 학교에서 만나.
민수가.

8. (1) 제가 없는 동안 전화하지 마세요.
   (2) 서울에서 사는 동안 친한 친구를 많이 사귀었어요.
   (3) 그는 밤마다 수영하러 다녀요.
   (4) 지금은 한 시간마다 상해로 가는 비행기가 있어요.
   (5) 그는 정말 열심히 공부하는데요. 날마다 12시간이나 공부합니다.
   (6) 그 드라마 정말 재미있어요. 저는 여섯 번이나 봤어요.
   (7) 북경의 봄은 따뜻하지만 자주 바람이 불어요.
   (8) 그는 춤을 진짜 잘 추지만 노래는 좀 못해요.
   (9) 저는 한국말을 잘 못해요. 그래도 그쪽보다 잘해요.
   (10) 요즘 정말 바빠요. 그래도 고향에 계시는 부모님께 전화를 드려야죠.

第7课

1. (1) ㄱ: 내일 몇 시에 만날까?
       ㄴ: 오후 3시에 만나.
   (2) ㄱ: 뭘 먹을래?
       ㄴ: 난 비빔밥을 먹을래.
   (3) ㄱ: 기분이 안 좋아?
       ㄴ: 아니야. 좋아.
   (4) ㄱ: 어제 어디에 갔다왔어?
       ㄴ: 민속촌에 갔다왔어.
   (5) ㄱ: 요즘 바쁘지?
       ㄴ: 응, 좀 바빠.
   (6) ㄱ: 차 한 잔 줄까?
       ㄴ: 고마워.
   (7) ㄱ: 수미야, 내일이 무슨 날이야?
       ㄴ: 어린이날이야.
   (8) ㄱ: 문수도 같이 여행 갈 거지?
       ㄴ: 나는 일이 있어서 못 가.
   (9) ㄱ: 세민아, 퇴근하자.
       ㄴ: 먼저 가. 나는 이 일을 다 끝내고 나갈게.

(10) ㄱ: 수미야, 오늘 정말 예쁘다. 나는 수미처럼 예쁜 사람을 본 적이 없어.
　　　ㄴ: 놀리지 마.
(11) ㄱ: 고향이 어디야?
　　　ㄴ: 내 고향은 천진이야.
(12) ㄱ: 차 안에서 담배를 피우면 안 되니?
　　　ㄴ: 응, 그러면 벌금을 내야 해.
(13) ㄱ: 내일 서울 극장에 영화를 보러 갈 거야.
　　　ㄴ: 그 영화 보지 마. 정말 지루해.
(14) ㄱ: 천천히 와. 우리가 먼저 가서 기다릴게.
　　　ㄴ: 알겠어. 1시간 안에 갈게.
(15) ㄱ: 세민아, 볼링 치러 가자.
　　　ㄴ: 나는 볼링을 못 치는데.
(16) ㄱ: 최 선생님께서는 어디에 가셨어?
　　　ㄴ: 잠깐 나가셨어. 곧 다시 오실 거야.
(17) ㄱ: 세민 씨의 할아버지께서는 전에 무슨 일을 하셨어?
　　　ㄴ: 우리 할아버지께서는 공무원이셨어.
(18) ㄱ: 점심을 먹으러 밖에 나가기 싫지? 우리 오늘 점심은 시켜서 먹자.
　　　ㄴ: 좋아. 뭘 시킬까?
(19) ㄱ: 홍단아, 김지영 씨의 전화번호 좀 가르쳐 줘.
　　　ㄴ: 수첩을 안 가지고 와서 모르겠는데.
(20) ㄱ: 왕단아, 피곤하면 집에 가서 쉬어.
　　　ㄴ: 괜찮아.

2. (1) 가족
　　　ㄱ: 선화야, 너는 가족이 몇 명이야?
　　　ㄴ: 아버지, 어머니, 오빠 그리고 나 이렇게 4명이야.
　(2) 취미
　　　ㄱ: 선화야, 너는 취미가 뭐야?
　　　ㄴ: 음악 듣는 거야.
　(3) 제일 친한 친구
　　　ㄱ: 선화야, 너의 제일 친한 친구가 누구야?
　　　ㄴ: 정지영이야. 굉장히 착한 친구야.
　(4) 실수한 일
　　　ㄱ: 선화야, 기분이 안 좋아 보여.
　　　ㄴ: 친구한테 책을 빌렸는데 실수로 잃어버렸어.

3. (1) ㄱ: 방학에 어디로 여행을 갈까?
　　　ㄴ: 계림은 어때? 굉장히 아름답다고 들었어.
　　　ㄷ: 좋아. 그런데 어떻게 가야 하지?
　　　ㄴ: 기차를 타고 가자. 기차 안에서 하룻밤 자는 것도 재미있을 거야.
　　　ㄹ: 나는 여행이 처음이야. 뭘 가지고 가야 하지?
　　　ㄱ: 갈아 입을 옷만 조금 가지고 가면 돼.
　　　ㄹ: 계림에 가서는 어디서 자지?
　　　ㄱ: 내 친구가 계림에 살아. 내 친구의 집에서 자면 될 거야.

(2) ㄱ: 우리 겨울 방학에 보람있는 일을 한 가지 하자.
　　ㄴ: 좋은 생각이야.
　　ㄷ: 우리 집 근처에 양로원이 있어. 거기 가는 것이 어때?
　　ㄹ: 우리가 양로원에 가서 무슨 일을 할 수 있지?
　　ㄷ: 할아버지와 할머니들에게 밥도 해주고 빨래도 해주면 좋아하실 거야.
　　ㄱ: 좋아. 그렇게 하자.
(3) ㄱ: 내일이 선화 생일인데 선화 몰래 파티를 해 주자.
　　ㄴ: 좋아. 우리 집에서 하자. 내가 선화한테 우리 집으로 놀러 오라고 할게.
　　ㄷ: 내가 케이크를 살게.
　　ㄹ: 나는 선물을 준비할게.
　　ㄱ: 나는 폭죽을 살게.
　　ㄴ: 내일이 기대된다. 선화가 행복해 할 거야.

4. 보고싶은 친구 지영이에게
그동안 잘 지냈니? 부모님은 안녕하시지?
요즘 북경의 날씨가 참 따뜻해. 우리 학교에 예쁜 꽃들이 많이 피었어. 매일 그 꽃들을 보며 산책하는 것이 나의 즐거움이야.
이제 한 달만 있으면 중국으로 돌아갈 수 있어. 빨리 그날이 왔으면 좋겠다. 그때까지 건강하게 잘 지내. 안녕.

　　　　　　　　　　　　　　　　　　　　　　　　　　　2015년 5월 14일
　　　　　　　　　　　　　　　　　　　　　　　　　　　서울에서 선화

5. (1) 내일 시간이 있니? 같이 영화 보러 가자.
　(2) 날씨가 너무 추우니까 옷을 두껍게 입어라.
　(3) 현수야, 너 숙제 다 했니?
　(4) 빨리 가자, 늦겠다.
　　　—괜찮아, 아직 10분 남았어.
　(5) 이 개 누구의 개야?
　　　—내 개야.
　(6) 가지 말자. 오늘은 너무 바빠.
　(7) 우리 엄마가 만드는 음식은 진짜 맛있다. 시간이 될 때 한번 와서 맛봐.
　(8) 아침 출근시간에 지하철을 타는 사람이 너무 많아.
　(9) 오늘 일요일인데 출근해야 돼?
　(10) 나는 올해 9월에 한국으로 유학을 갈 건데, 나한테 할 말이 있어?

第 8 课

1. (1) 잠을 자고 있었습니다. 　　(2) 놓여 있었습니다.
　(3) 열려 있었습니다. 　　　　(4) 들어 있습니다.
　(5) 입고 계신 　　　　　　　(6) 앉아 계세요.
2. (1) 철수를 만났습니다. 　　　(2) 잠이 들었습니다.
　(3) 다리를 다쳤습니다. 　　　(4) 달력을 보다가
　(5) 설거지를 하다가 　　　　(6) 학교에 가다가
3. (1) 아내는 동물을 무척 좋아하지만 나는 별로 안 좋아합니다.

(2) 밖에 바람이 많이 불고 소나기가 옵니다.
(3) 집에서 일찍 출발했지만 학교에 지각했습니다.
(4) 용우 씨는 키가 작지만 농구를 잘합니다.
(5) 우리는 음악을 들었고 음악에 대해 이야기를 했습니다.
(6) 어제 푹 쉬었지만 아직도 피곤합니다.

4. (1) 그래서 몸이 튼튼하군요.
(2) 그래서 매일 아침 일찍 집에서 나오는군요.
(3) 그래서 한국어를 열심히 공부하는군요.
(4) 그래서 거리에 학생들이 많군요.
(5) 그래서 중국이 환영식을 준비하고 있군요.
(6) 그래서 사람들이 많이 다쳤군요.

5. (1) 곳 (2) 데 (3) 군데 (4) 군데 (5) 곳 (6) 곳

6. 선생님은 칠판에 글씨를 쓰고 계십니다. 학생들은 모두 의자에 앉아 있습니다. 한 학생이 큰 소리로 책을 읽고 있습니다. 다른 학생들은 책을 보고 있습니다. 교탁에는 화병이 놓여 있습니다. 창문이 하나 열려있습니다.

7. 중국은 오랜 역사를 가진 나라다. 일찍부터 황하를 중심으로 고대문명이 꽃을 피웠고, 수많은 왕조가 중국 대륙에서 일어났다가 사라졌다. 하왕조부터 은, 주나라와 춘추전국시대를 거쳐 중국 최초의 통일 국가는 진나라다. 특히 진시황제는 만리장성을 완성한 업적으로 유명하다. 이후 한나라의 유방이 대륙을 통일했다. 이어서 서한과 동한 시대를 거쳐 위, 촉, 오나라의 삼국 시대를 맞이하게 된다. 이후 위진남북조의 분열기를 거쳐서 다시 수나라로 통일되고 이어서 당나라가 전국을 통일하게 된다. 이어 다시 오대십국으로 분열되고, 북송, 남송 시대를 거쳐 원, 명, 청 시대를 거쳐 중화민국에서 1949년 중화인민공화국으로 국호를 정하고 정부를 수립했다.

8. (1) 남동생은 서 있고 여동생은 앉아 있어요.
(2) 왕단 씨가 많이 아파요. 어제부터 지금까지 계속 침대에 누워 있어요.
(3) 제가 거리에 나가다가 다시 돌아왔어요.
(4) 저는 학교에 가다가 왕단 씨를 만났어요.
(5) 비가 왔지만 저는 그래도 산에 갈 거예요.
(6) 저는 음악 듣는 걸 좋아하지만 세민은 싫어합니다.
(7) 한국말 진짜 잘하시는군요.
(8) 오늘 날씨가 정말 춥군요.
(9) 여기는 담배를 피우는 곳이 아닙니다.
(10) 오늘 밤에 서울, 부산, 경주 등 여러 곳에서 비가 올 겁니다.

第 9 课

1. (1) 학교는 아침 9시에 시작한다. (2) 오늘은 날씨가 좋아서 기분이 좋다.
(3) 출근 시간이기 때문에 차가 많다. (4) 오늘은 피곤해서 일찍 퇴근하고 싶다.
(5) 우리 아버지는 학교 선생님이다. (6) 나는 중국 사람이다.

2. (1) 어제는 북한산에 갔다. (2) 작년에는 북경에 있었다.
(3) 우리 할아버지는 의사 선생님이었다. (4) 어제는 친구들을 만나서 기분이 좋았다.
(5) 나는 아직 서울에 가 보지 못했다. (6) 남대문 시장에 가서 옷들을 싸게 샀다.

3. (1) 공부를 열심히 해서 꼭 시험에 합격하겠다.
   (2) 문수 씨가 키가 크니까 문수 씨 동생도 키가 크겠다.
   (3) 저 영화가 재미있겠다.
   (4) 여행이 즐거웠겠다.
   (5) 음식이 맞지 않아서 힘들었겠다.
   (6) 그 옷은 꽤 비싸게 주고 샀겠다.

4. (1) 不定阶
      ㄱ: 나 내일 학교에 안 올 거야.
      ㄴ: 왜? 무슨 일이 있어?
      基本阶
      ㄱ: 나 내일 학교에 안 온다.
      ㄴ: 왜? 무슨 일이 있어?

   (2) 不定阶
      ㄱ: 나 드디어 시험에 합격했어.
      ㄴ: 정말이야? 축하해.
      基本阶
      ㄱ: 나 드디어 시험에 합격했다.
      ㄴ: 정말이야? 축하한다.

   (3) 不定阶
      ㄱ: 옷이 참 예뻐.
      ㄴ: 고마워.
      基本阶
      ㄱ: 옷이 참 예쁘다.
      ㄴ: 고맙다.

   (4) 不定阶
      ㄱ: 음식이 정말 맛있어.
      ㄴ: 그래? 더 많이 먹어.
      基本阶
      ㄱ: 음식이 정말 맛있다.
      ㄴ: 그래? 더 많이 먹어.

   (5) 不定阶
      ㄱ: 어제 온종일 일해서 너무 피곤했어.
      ㄴ: 오늘은 좀 쉬어라.
      基本阶
      ㄱ: 어제 온종일 일해서 너무 피곤했다.
      ㄴ: 오늘은 좀 쉬어라.

   (6) 不定阶
      ㄱ: 하늘을 좀 봐. 곧 비가 오겠어.
      ㄴ: 우산이 없는데 어떻게 하지?
      基本阶
      ㄱ: 하늘을 좀 봐. 곧 비가 오겠다.
      ㄴ: 우산이 없는데 어떻게 하지?

5. (1) ㄱ: 이 세상에서 제일 높은 산이 어디인지 압니까?
      ㄴ: 어디인지 압니다. 에레베스트산 입니다.
   (2) ㄱ: 주구점이 어디에 있는지 압니까?
      ㄴ: 어디에 있는지 압니다. 북경 방산구 중부에 있습니다.
   (3) ㄱ: 이 세상에서 제일 빠른 동물이 무엇인지 압니까?
      ㄴ: 제일 빠른 동물이 무엇인지 압니다. 치타입니다.
   (4) ㄱ: 2008년 올림픽이 어디에서 열렸는지 압니까?
      ㄴ: 어디에서 열렸는지 압니다. 북경입니다.
   (5) ㄱ: 만리장성을 쌓는 데 몇 년이 걸렸는지 압니까?
      ㄴ: 몇 년이 걸렸는지 모릅니다.
   (6) ㄱ: 한글이 모두 몇 글자인지 압니까?
      ㄴ: 모두 몇 글자인지 모릅니다.

6. (1) 사이다 같은 탄산음료를 주세요.
   (2) 아빠 같은 자상한 사람을 좋아해요.
   (3) 빨간색 같은 강렬한 색을 좋아해요.
   (4) 번역 같은 회사에 출근할 필요가 없는 일을 하고 싶어요.
   (5) <수상한 그녀> 같은 재미있는 영화를 보고 싶어요.
   (6) 모택동 같은 정치가가 되고 싶어요.

7. 등소평: 등소평은 1904년 중국 쓰촨성에서 출생했다. 그는 중국 공산당 2세대인물 중에서 1970년대부터 1990년까지 실용주의 노선을 지키며 흑묘백묘 이론을 통해서 중국을 개혁개방으로 이끈 정치지도자이다. 그는 중국식 사회주의를 완성하기 위해 4대 근대화 운동을 전개하기도 했다.

8. (1) 우리는 매일 오전 8시에 수업한다.
   (2) 어제 우리는 백화점에 갈 때 왕 선생님을 만났다.
   (3) 내일 우리는 올림픽 선수촌에 구경하러 갈 것이다.
   (4) 훌륭한 인재가 되기 위해서 우리는 모두 다 열심히 공부하고 있다.
   (5) 우리는 작년 9월에 입학했다. 지금까지 한국어를 공부한 지 이미 8개월이 되었다.
   (6) 외국어를 좀 못하기 때문에 유럽에 여행갈 때 다른 사람들하고 얘기하기 힘들었다.
   (7) 난 그 사람 같은 남자가 싫다.
   (8) 여름에 나는 냉면 같은 시원한 음식을 좋아한다.
   (9) 김 선생님이 출장가신 지 벌써 한 달이 되었다. 언제 돌아오시는지 모른다.
   (10) 한국사람들이 김치를 어떻게 만드는지 모른다. 시간이 있을 때 좀 배우려고 한다.

第10课

1. (1) 시간이 한 시간뿐입니다.
   (2) 이 일을 할 수 있는 사람은 우리뿐이에요.
   (3) 나를 정말 이해해 주는 사람은 문수 씨뿐입니다.
   (4) 머리가 좀 아플 뿐이에요. 그러니까 걱정하지 마세요.
   (5) 저는 조금만 도와 주었을 뿐이에요. 다 그 친구가 했어요.
   (6) 맥주 한 잔만 마셨을 뿐이에요. 그런데 머리가 아파요.

2. (1) 이 구두말고 다른 걸 주세요.　　　　(2) 이 영화말고 다른 거 봐요.

(3) 밀가루 음식말고 다른 거 먹어요.   (4) 이 책말고 다른 책을 주세요.
   (5) 이 색깔말고 빨간색을 주세요.   (6) 버스말고 지하철을 타세요.
3. (1) 일을 시작했습니다.   (2) 취직을 했습니다.
   (3) 집으로 돌아왔습니다.   (4) 잠이 들었습니다.
   (5) 토했습니다.   (6) 관중들이 소리를 질렀습니다.
4. (1) 7살 때부터 등산하기 시작했습니다.   (2) 12살 때부터 배우기 시작했습니다.
   (3) 3년 전부터 사귀기 시작했습니다.   (4) 3달 전부터 방영되기 시작했습니다.
   (5) 3년 전부터 만나기 시작했습니다.   (6) 한 시간 전부터 오기 시작했습니다.
5. (1) 선생님께서 잘 가르쳐 주신 덕분에   (2) 의사 선생님 덕분에
   (3) 컴퓨터 덕분에   (4) 이사를 한 덕분에
   (5) 한국 친구를 사귄 덕분에   (6) 선풍기를 고친 덕분에
6. 저는 지난 주 일요일날 한국에서 오는 친구를 마중나가기 위해서 북경수도공항 제3청사에 갔습니다. 도착 시간보다 조금 일찍 공항 출구 앞에서 기다리고 있었습니다. 그런데 한국에서 오는 비행기가 날씨가 나빠서 제시간에 도착할 수 없다는 표지판 안내가 나왔습니다. 저는 어쩔 수 없이 신 청사 여기저기를 둘러보면서 시간을 보냈습니다. 관광철이 아니라서 공항에는 사람이 그렇게 많지 않았습니다. 저는 3층의 식당에 가서 차를 마시면서 비행기가 도착하기를 기다리고 있었습니다. 예정된 시간보다 한 시간 반이나 늦게 비행기가 도착했습니다. 저와 친구는 피곤했지만 서로 얼굴을 보자마자 환하게 웃었습니다. 우리는 친구의 숙소까지 가는 공항버스를 타고 나왔습니다. 오랜만에 친구와 저녁을 함께 먹고 얘기를 나누다가 학교로 돌아왔습니다.
7. (1) 저는 한국 요리를 먹어봤을 뿐, 만들지는 못해요.
   (2) 저는 그의 이름을 들었을 뿐, 직접 만나지는 못했어요.
   (3) 볼펜말고 다른 건 없어요?
   (4) 목이 아픈데 매운 김치말고 다른 건 없어요?
   (5) 차가 서자마자 그는 내려갔어요.
   (6) 그는 서울에 도착하자마자 유명한 서울대를 구경하러 갔어요.
   (7) 저는 작년부터 한국어를 공부하기 시작했어요.
   (8) 살을 빼기 위해서 나는 작년 3월부터 운동하기 시작했다.
   (9) 도와 주신 덕분에 이사를 순조롭게 했습니다.
   (10) 선생님께서 잘 지도해 주신 덕분에 문수는 훌륭한 의사가 되었어요.

第11课

1. (1) 얼마나 바쁜지 밥 먹을 시간도 없어요.
   (2) 얼마나 심심한지 오늘 하루 영화를 4편이나 봤어요.
   (3) 얼마나 똑똑한지 모르는 것이 없어요.
   (4) 얼마나 예쁜지 첫눈에 반했어요.
   (5) 얼마나 기분이 좋은지 콧노래가 저절로 나왔어요.
   (6) 얼마나 아픈지 온종일 아무것도 못 먹었어요.
2. (1) 너무 재미있어요.   (2) 많이 배우게 돼요.
   (3) 할머니가 계셨어요.   (4) 너무 반가웠어요.
   (5) 아는 것이 많아졌어요.   (6) 잠이 왔어요.

3. (1) 못하게 되었어요. (2) 못 가게 되었어요.
   (3) 도착하게 돼요. (4) 잘하게 될 겁니다.
   (5) 살이 빠지게 될 거예요. (6) 가게 되었어요.
4. (1) 동양에 비해서 서양은 개방적인 편입니다.
   (2) 중국 음식에 비해서 한국 음식은 많이 맵습니다.
   (3) 남자에 비해서 여자가 말이 많습니다.
   (4) 백화점에 비해서 시장의 물건 값이 쌉니다.
   (5) 여름에는 바다가 산에 비해서 바람이 더 강합니다.
   (6) 도시 생활에 비해서 시골 생활이 더 편안합니다.
5. (1) 저는 몸무게가 적게 나가는 편입니다.
   (2) 저는 좋아하는 음식이 많은 편입니다.
   (3) 저는 외국어 실력이 좋은 편입니다.
   (4) 저는 취미가 많은 편입니다.
   (5) 저는 친구가 많은 편입니다.
   (6) 저는 동물을 좋아하는 편입니다.
6. <ㄱ>   <ㄴ>

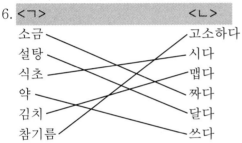

7. 제 고향은 전라북도 전주시입니다. 저의 고향에는 맛있는 음식이 많지만, 그 중에서도 특히 비빔밥이 유명해요. 비빔밥은 따뜻한 밥에 여러 가지 나물과, 잘게 썬 소고기, 달걀, 참기름, 깨소금을 넣고 비벼 먹는 음식이에요. 밥을 따뜻하게 유지하기 위해 돌솥에 직접 밥을 지어서 비며 먹으면 더 맛있어요. 여러 가지 재료를 이용하기 때문에 영양도 풍부하고, 맛도 참 좋아요.
8. (1) 그는 얼마나 슬픈지 눈이 붓도록 울었어요.
   (2) 한국 사람들은 매운 음식을 얼마나 잘 먹는지 모르겠어요.
   (3) 처음에 그는 이런 일을 좋아하지 않았어요. 그런데 한동안 하다 보니까 자신한테 맞다는 것을 알게 되었어요.
   (4) 이 선생님께 전화를 해 보니까 연결이 되지 않았어요.
   (5) 돈을 잃어버려서 여행을 못 가게 되었어요.
   (6) 선생님 덕분에 저는 한국어를 좋아하게 되었어요.
   (7) 그는 영어를 잘하지만 미국사람처럼 하지는 못해요.
   (8) 3반 학생에 비해 4반 학생의 발음이 더 좋아요.
   (9) 북경의 여름은 진짜 더워요. 오늘은 시원한 편이에요.
   (10) 초등학교 1학년 학생 중에서 그 아이는 키가 큰 편이에요.

第12课

1. (1) ㄱ: 지난 주말에 어디에 갔다 왔어요?

ㄴ: 경주에 갔었어요.
ㄱ: 경주는 어떤 곳이에요?
ㄴ: 경주는 불국사로 유명해요.
(2) ㄱ: 어제 어디에 갔다 왔어요?
ㄴ: 수안보에 갔었어요.
ㄱ: 수안보는 어떤 곳이에요?
ㄴ: 수안보는 온천으로 유명해요.
(3) ㄱ: 이번 겨울 방학에 어디에 갔다 왔어요?
ㄴ: 용평에 갔었어요.
ㄱ: 용평은 어떤 곳이에요?
ㄴ: 용평은 스키장으로 유명해요.
(4) ㄱ: 지난 주말에 어디에 갔다 왔어요?
ㄴ: 진해에 갔었어요.
ㄱ: 진해는 어떤 곳이에요?
ㄴ: 진해는 벚꽃으로 유명해요.
(5) ㄱ: 지난 주에 어디에 갔다 왔어요?
ㄴ: 제주도에 갔었어요.
ㄱ: 제주도는 어떤 곳이에요?
ㄴ: 제주도는 신혼여행지로 유명해요.
(6) ㄱ: 어제 어디에 갔다 왔어요?
ㄴ: 강릉에 갔었어요.
ㄱ: 강릉은 어떤 곳이에요?
ㄴ: 강릉은 경포대로 유명해요.

2. (1) 침실 겸 공부방이에요.　　　　(2) 거실 겸 부엌입니다.
   (3) 바람도 쐴 겸 나왔습니다.　　　(4) 기분 전환도 할 겸 영화관에 갑시다.
   (5) 옷도 살 겸 백화점에서 만나요. (6) 친구도 만나고 책도 빌릴 겸 갔습니다.
3. (1) 무엇이 들어 있을까요?　　　　(2) 언제일까요?
   (3) 있을까요?　　　　　　　　　　(4) 재미있을까요?
   (5) 누구일까요?　　　　　　　　　(6) 좋을까요?
4. 答案略
5. 어제 친구들이 계림으로 여행을 갔다 왔습니다. 계림에서 찍은 사진을 보았습니다. 경치가 너무 예뻤습니다. 나도 함께 갈 걸 그랬습니다.
6. 제 고향은 강원도 농촌입니다. 어렸을 때 집 근처에 수박 과수원이 있었습니다. 그래서 여름 방학 때는 수박을 많이 먹었습니다. 또 집 근처에 옥수수밭, 감자밭이 있어서 옥수수, 감자, 고구마 등을 큰 가마솥에 넣고 쪄먹던 기억이 납니다. 또 마을 앞에는 맑고 깨끗한 강이 있어서 동네 친구들과 함께 수영을 하거나 낚시를 하면서 놀았습니다. 강에는 다양한 물고기가 있어서 물고기를 잡아서 매운탕을 끓여 먹기도 했습니다. 지붕 처마에는 주렁주렁 포도가 달려있었습니다. 제 고향의 특산물은 밭에서 나는 깨끗한 농산물과 맑은 강물 속에 사는 물고기입니다.
7. (1) 중국 강서성 경덕진은 도자기로 유명합니다.
   (2) 북경대학은 유구한 역사와 훌륭한 학생으로 유명합니다.
   (3) 비가 와요. 우산을 갖고 올 걸 그랬어요.

(4) 지금 일자리를 구하기가 너무 어려워요. 지난 대학 4년 동안 공부를 더 열심히 할 걸 그랬어요.
(5) 그분 옆에 앉아 있는 아름다운 여자분이 그분의 부인 되시는 분입니까?
(6) 그는 우리의 예전 약속을 잊었을까요?
(7) 북경에서 상해까지 기차를 타면 시간이 얼마나 걸릴까요?
(8) 내일 비가 올까요?
(9) 그는 상해에 출장을 갈 겸 친구도 만나 볼 거예요.
(10) 저는 여기를 서재 겸 응접실로 씁니다.

第13课

1. (1) 정선 씨가 그러는데 정선 씨 어머니는 동물을 기르는 것을 아주 좋아한다고 합니다.
   (2) 텔레비전에서 그러는데 오늘 오후 바람이 많이 불 거라고 합니다.
   (3) 진수 씨는 몸살이 났다고 합니다.
   (4) 왕단 씨가 그러는데 한국 음식이 아주 맛있다고 합니다.
   (5) 문수 씨가 그러는데 오늘이 자기 생일이라고 합니다.
   (6) 수미 씨는 여행을 가고 싶다고 합니다.
   (7) 종호 씨가 그러는데 어제는 친구들하고 밤새도록 술을 마셨다고 합니다.
   (8) 라디오 뉴스에서 그러는데 경부 고속도로에서 큰 사고가 나서 사람이 9명이 죽었다고 합니다.
   (9) 선주 씨는 다음 달 17일에 결혼한다고 합니다.
   (10) 영수 씨는 내일 전화하겠다고 합니다.
   (11) 선주 씨가 그러는데 여기서 담배를 피우면 안 된다고 합니다.
   (12) 영수 씨는 어제 선미 씨한테서 선물을 받았다고 합니다.
2. (1) 정선 씨가 어디에 사느냐고 물었습니다.
   (2) 홍단 씨가 오늘 오후에 시간이 있느냐고 물었습니다.
   (3) 진수 씨가 밤 9시쯤 전화해도 되느냐고 물었습니다.
   (4) 왕단 씨가 무슨 음식을 좋아하느냐고 물었습니다.
   (5) 문수 씨가 무슨 음식을 먹을 거냐고 물었습니다.
   (6) 수미 씨가 언제 한국에 왔느냐고 물었습니다.
   (7) 종호 씨가 까만 양복을 입고 있는 사람이 누구냐고 물었습니다.
   (8) 경희 씨가 특별한 버릇이 있느냐고 물었습니다.
   (9) 선주 씨가 우리 집 전화번호를 아느냐고 물었습니다.
   (10) 영수 씨가 이상현 선생님께서 돌아가셨다는 소식을 들었느냐고 물었습니다.
3. (1) 사장님이 내일까지 이 일을 끝내라고 하셨습니다.
   (2) 선생님이 다음 주 월요일에 시험이 있으니까 열심히 공부하라고 하셨습니다.
   (3) 진수 씨가 이 책은 너무 어려우니까 지금 읽지 말라고 했습니다.
   (4) 왕단 씨가 금요일 저녁 8시에 하는 드라마가 아주 재미 있으니까 꼭 보라고 했습니다.
   (5) 문수 씨가 선영 씨한테 그 사람 만나지 말라고 했습니다.
   (6) 수미 씨가 가지 말고 여기 앉아서 잠깐만 기다리라고 했습니다.
   (7) 종호 씨가 제주도에 도착하면 바로 전화하라고 했습니다.
   (8) 경희 씨가 이사하는 것을 도와 줘야 하니까 그 옷을 벗고 편한 옷을 입으라고 했습니다.

4. (1) 정선 씨가 버스에 사람이 많으니까 택시를 타고 가자고 했습니다.
   (2) 홍단 씨가 왕단 씨가 꽃을 좋아하니까 꽃을 사다 주자고 했습니다.
   (3) 진수 씨가 이야기 하고 나서 탁구를 치자고 했습니다.
   (4) 문수 씨가 졸업한 후에 같이 사업을 하자고 했습니다.
   (5) 왕단 씨가 부모가 없는 아이들을 돕자고 했습니다.
   (6) 수미 씨가 방송국에 항의편지를 보내자고 했습니다.
5. (1) ㄱ: 의사 선생님이 그러는데 김용민 씨가 많이 아파서 나으려면 빨리 수술을 받아야 한대요.
      ㄴ: 김용민 씨는 자기 집이 가난해서 수술을 받을 돈이 없다고 합니다.
      ㄷ: 그러면 우리가 돈을 모아서 용민 씨를 도웁시다.
   (2) ㄱ: 뉴스에서 그러는데 오늘 새벽에 동대문 근처에 있는 시장에서 불이 났다고 합니다. 근처를 청소하던 사람이 처음 불을 발견하고 소방서에 신고를 했대요.
      ㄴ: 저도 그 뉴스를 봤어요. 불은 가게 10여 채를 태우고 꺼졌지만 다행히 아직 시장에서 장사할 시간이 아니었기 때문에 죽거나 다친 사람이 없었대요.
   (3) ㄱ: 수민 씨가 그러는데 한국 사람은 성격이 좀 급하대요. 그래서 한국에 가면 "빨리 빨리"라는 말을 자주 듣는대요.
      ㄴ: 제가 한국에 있을 때도 그런 것을 느꼈어요. 식당에 가면 한국 사람들이 음식을 빨리 달라고 해요. 어떤 사람은 음식이 왜 이렇게 안 나오느냐고 화를 내기도 합니다.
      ㄷ: 나는 한국 사람들의 급한 성격이 나쁘다고만 생각하지 않아요. 일을 빨리 하려는 급한 성격이 있었기 때문에 한국이 빠르게 발전했다고 생각해요.
6. 박효수는 이원영에게 전화를 해서 다음 주 일요일에 만나자고 했다. 그날 오후 세 시에 그들이 늘 만나는 생맥주집에서 만나자고 했다. 원영이는 누구누구 온다고 했느냐고 물었다. 효수는 순신, 시정, 준식, 운도가 온다고 했다고 대답했다. 그리고 병환이는 집에 일이 있어서 못 나온다고 했다. 운도가 원영이를 오랫동안 못봤다고 꼭 나오라고 했다. 원영이는 꼭 가겠다고 했다.
7. 어제 저녁에 지하철을 타고 집에 오는 길이었다. 전동차 출입문이 열릴 때마다 사람들이 내리고 타느라고 열차 안은 몹시 붐볐다. 그때 내 옆에 서 있던 할아버지 한 분이 나에게 사당역에 도착하려면 아직 멀었느냐고 물어보셨다. 나는 할아버지에게 아직 일곱 정차장을 더 가야 한다고 말씀드렸다. 그때 앞자리에 앉아 있던 청년이 할아버지를 보고 자리에서 일어나면서 앉으시라고 자리를 양보했다. 그런데 할아버지는 웃으시면서 괜찮으니까 그냥 서 계시겠다면서 앉으려고 하시지 않았다.
8. (1) 수진이가 내일 백화점에 간다고 했어요.
   (2) 수민이가 저한테 학교에 갔느냐고 물었어요.
   (3) 세민이가 저한테 사전을 사 달라고 했어요.
   (4) 선주가 밤에 맥주를 같이 마시러 가자고 했어요.
   (5) 문수가 그의 집에 놀러 오라고 했어요.
   (6) 홍단이 다음 학기 일본어를 공부할 거라고 했어요.
   (7) 고등학교 친구는 제게 대학 생활이 즐거웠느냐고 물어봤어요.
   (8) 왕단은 한국에 처음 왔을 때 김치를 못 먹었다고 했어요.
   (9) 왕룡이 내년 여름에 친구들하고 여행갈 계획이 있다고 했어요.
   (10) 문수는 공부하고 있어요. 방금 우리에게 조용히 하라고 했어요.

第14课

1. (1) 짜리, 짜리　　(2) 어치　　(3) 짜리　　(4) 어치　　(5) 짜리　　(6) 어치
2. (1) ㄱ: 두 사람은 어떻게 알게 됐어요?
     ㄴ: 알기는요. 오늘 처음 만났어요.
     ㄱ: 참 친해 보여요.
     ㄴ: 그런가요?
   (2) ㄱ: 고향이 전라도이지요?
     ㄴ: 아니요. 왜요?
     ㄱ: 음식을 참 잘 만들어요.
     ㄴ: 잘 만들기는요. 어머니한테 약간 배웠을 뿐이에요.
   (3) ㄱ: 형제가 많지요?
     ㄴ: 많기는요? 저는 오빠 하나밖에 없어요.
     ㄱ: 성격이 너무 좋아서 형제가 많다고 생각했어요.
     ㄴ: 감사합니다.
   (4) ㄱ: 피아노 치는 것이 취미지요?
     ㄴ: 아니요. 왜요?
     ㄱ: 피아노를 자주 쳐서 그렇게 생각했어요.
     ㄴ: 자주 치기는요. 요즘 심심해서 많이 쳤을 뿐이에요. 평소에는 잘 안 쳐요.
3. (1) 자르러　　　　(2) 불렀습니다.　　　　(3) 길렀습니다.
   (4) 말랐습니다.　　(5) 게을러서　　　　　(6) 다릅니다.
4. 答案略
5. 저는 신중하게 판단해서 물건을 사는 편입니다. 한 달 동안 쓸 수 있는 용돈 중에서 일정한 비율만큼만 물건을 사고, 남는 돈은 꼭 저축을 합니다. 요즘 물가가 좀 비싼 편이라서 아껴쓰지 않으면 돈이 늘 부족할 수밖에 없습니다. 그래서 돈을 낭비하지 않기 위해 항상 노력합니다. 그리고 인터넷을 이용하여 최저가가 얼마인지 항상 확인합니다. 지난 주에는 전자사전을 하나 사기 위해 제가 사고 싶은 사전을 어느 사이트에서 제일 싸게 파는지 조사해서 150원이나 싸게 인터넷으로 구매했습니다. 앞으로도 가격과 품질을 잘 비교하여 합리적으로 물건을 구입할 것입니다.
6. (1) 한국 쇠고기는 너무 비싸요. 난 오늘 만 원어치만 샀어요.
   (2) 이 사과는 500그램에 얼마예요?
   (3) 저는 달마다 집에 편지 한 통을 씁니다.
   (4) 그 가게에서 파는 핸드폰은 한 대에 한 85만 원정도예요.
   (5) 우리 아버지는 하루에 담배를 3갑이나 피우세요. 끊으셨으면 좋겠어요.
   (6) 선주 집에서는 고양이 한 마리와 강아지 한 마리를 키웁니다.
   (7) 이 귤은 당신이 고르신 거예요?
   (8) 제 남동생이 너무 게을러서 집청소를 하나도 안 해요.
   (9) 저는 처음 북경에 왔는데요. 북경의 날씨가 진짜 좋아요.
      —좋기는요. 북경의 여름이 얼마나 더운데요.
   (10) 문수 씨, 영어 잘하시네요!
      —잘하기는요. 왕룡 씨는 저보다 훨씬 잘해요.

第15课

1. (1) 하나도 못합니다. (2) 하나도 안 예뻐요.
   (3) 하나도 재미없습니다. (4) 하나도 모릅니다.
   (5) 하나도 안 바쁩니다. (6) 하나도 안 어려웠습니다.
2. (1) 에어컨을 켜면 됩니다. (2) 부모님이 돌아오시기를 기다리면 됩니다.
   (3) 빨리 가면 됩니다. (4) 식당에 가서 사 먹으면 됩니다.
   (5) 친구한테 돈을 빌리면 됩니다. (6) 친구에게 전화를 하면 됩니다.
3. 중국에 가면 이화원이 볼 만합니다. 중국 최대의 황실 정원이거든요. 그리고 샤브샤브(火锅)가 먹을 만합니다. 원하는 야채나 고기를 마음대로 골라 먹을 수 있거든요. 또한 마오타이주(茅台酒)를 살 만합니다. 아무리 마셔서 머리가 안 아프거든요.
4. (1) 학교에 가야 합니다. (2) 성적이 안 좋습니다.
   (3) 살이 안 찝니다. (4) 도서관에 갈 생각입니다.
   (5) 아무리 바빠도 (6) 아무리 마셔도
5. (1) 차가 막혔거든요. (2) 시험을 잘 봤거든요.
   (3) 공부를 하나도 안 했거든요. (4) 친구를 오랜만에 만났거든요.
   (5) 퇴근 시간이거든요. (6) 오늘 아무 것도 안 먹었거든요.
6. (1) 중국 최대의 황실 화원입니다.
   (2) 북경의 천안문 광장에서 북쪽으로 15킬로미터 거리에 있습니다.
   (3) 이화원은 1153년 금나라 때 처음 지어졌습니다.
   (4) 만수산에서 바라보는 이화원의 경치가 가장 아름답습니다.
   (5) 1886년 서태후가 다시 이곳을 재건축한 후 이화원이라는 이름이 지어졌습니다.
   (6) 1914년부터 처음 일반인들에게 개방되기 시작했습니다.
7. 答案略
8. (1) 그 학생들은 저는 한 명도 몰라요.
   (2) 저에게는 한국 음식이 하나도 안 매워요. 아주 좋아요.
   (3) 자전거를 타면 5분만에 그 가게에 도착할 수 있어요.
   (4) 내일 직접 안 오셔도 돼요. 저한테 전화를 주시면 돼요.
   (5) 매주 토요일 밤에 하는 드라마는 진짜 볼 만해요.
   (6) 그는 사귈 만한 친구예요.
   (7) 제가 무슨 말을 해도 그는 안 믿어요.
   (8) 아무리 바빠도 친구들하고 자주 연락해야 돼요.
   (9) 어제 왜 안 왔어요?
       —아팠거든요.
   (10) 한국어를 어떻게 이렇게 잘하십니까?
       —매일 열심히 공부하고 있거든요.

第16课

1. (1) 에서 (2) 으로 (3) 에다 (4) 으로 (5) 로 (6) 에다
2. (1) 한국 친구를 사귀려고 배웁니다. (2) 한국어를 배우려고 왔습니다.
   (3) 건강해지려고 운동합니다. (4) 동생과 함께 입으려고 많이 샀어요.
   (5) 돈을 찾으려고 갔어요. (6) 함께 공부하려고 만났어요.

3. (1) 오늘은 10일이 아니라 11일입니다.
   (2) 왕룽 씨는 한국 사람이 아니라 중국 사람입니다.
   (3) 이 가방은 지영 씨 것이 아니라 지숙 씨 것입니다.
   (4) 7331-3000이 아니라 7331-3001입니다.
   (5) 다음 주에 가는 것이 아니라 이번 주에 갑니다.
   (6) 홍단 씨한테 주는 것이 아니라 왕단 씨한테 주는 겁니다.
4. (1) 거실에다가 놓으세요.   (2) 냉장고에다가 넣으세요.
   (3) 내 방에다가 거세요.   (4) 여기에다가 하세요.
   (5) 영수 가방 안에다가 넣었어요.   (6) 친구 선물 사는 데에다가 쓸 거예요.
5. (1) 무엇이든지   (2) 언제든지
   (3) 어디든지   (4) 어떻게든지
   (5) 누구든지   (6) 어느 도시든지
6. 答案略
7. 저는 대학교 3학년 학생입니다. 중국 북경에서 공부하고 있습니다. 저는 한 달에 한 번씩 부모님께 용돈을 받습니다. 저는 주로 학교 안에서 생활하기 때문에 용돈을 많이 쓰지 않는 편입니다. 학교 수업에 필요한 책을 사거나 문구류를 구입하기도 합니다. 식비로 제일 돈을 많이 쓰는 편입니다. 가끔 같은 기숙사 친구들의 생일일 때는 함께 밥을 먹으면서 맥주를 마시기도 합니다. 또 친구의 생일 선물을 사 주기도 합니다. 그리고 부모님과 핸드폰으로 자주 전화를 하기 때문에 통신비도 많이 쓰는 편입니다. 그리고 특히 돈을 많이 써서 부족할 때는 부모님께 전화를 해서 용돈이 좀 더 필요하다고 말씀드리고 더 받기도 합니다.
8. (1) 그 소설은 이미 영화로 제작되었습니다.
   (2) 어제 제가 산 바지를 집에 와서 입어 보니까 너무 짧았어요. 그래서 오늘 판매원이 긴 걸로 바꿔줬어요.
   (3) 나는 연극을 보려고 극장 앞에서 반 시간을 기다려서야 표를 샀습니다.
   (4) 저는 졸업한 후에 한국으로 유학을 가려고 지금 자주 선생님께 여쭤봅니다.
   (5) 이 책가방은 제 것이 아니라 창수의 거예요.
   (6) 안 도와주는 게 아니라 못 도와주는 거죠.
   (7) 그는 물건을 문옆에다가 두고 갔어요.
   (8) 사진을 나의 컴퓨터에다가 저장해 주세요.
   (9) 그는 온종일 사무실에 있으니까 언제든지 만날 수 있어요.
   (10) 저의 방문은 언제나 열려져 있어요.

第17课

1. (1) 한국 친구를 사귀는 게 좋겠어요.
   (2) 살을 좀 빼는 게 좋겠어요.
   (3) 다음에 가는 게 좋겠어요.
   (4) 잠깐 갔다 오는 게 좋겠어요.
   (5) 데이트를 다음으로 미루는 게 좋겠어요.
   (6) 운동을 하는 게 좋겠어요.
2. (1) ㄱ: 오늘 월급을 탄 김에 쇼핑을 하러 갑시다.
       ㄴ: 좋아요.

(2) ㄱ: 술을 왜 마셨어요?
　　ㄴ: 오랜만에 친구를 만난 김에 술 한잔 했어요.
(3) ㄱ: 선화 씨가 내일 회의에 참석할까요?
　　ㄴ: 말 나온 김에 전화를 해 봅시다.
(4) ㄱ: 일주일 동안 집에만 있었어요.
　　ㄴ: 그래요? 외출 나온 김에 바다나 보러 갈까요?
(5) ㄱ: 나는 홍단 씨를 너무 사랑해요.
　　ㄴ: 그럼 오늘 술을 마신 김에 고백을 하세요.
(6) ㄱ: 오랫동안 등산을 못 갔어요.
　　ㄴ: 말 나온 김에 오늘 등산해요.

3. (1) 그 옷을 입으니까 더 귀여워 보여요.
　(2) 그 신발을 신으니까 더 멋있어 보여요.
　(3) 그 치마를 입으니까 더 예뻐 보여요.
　(4) 그 옷을 입으니까 키가 더 작아 보여요.
　(5) 우등상을 받으니까 기분이 좋아 보여요.
　(6) 잠을 못 자니까 아파 보여요.

4. (1) 냉면 아니면 비빔밥을 먹고 싶어요.
　(2) 버스 아니면 지하철을 타고 갈 겁니다.
　(3) 한국어 아니면 일본어를 배우고 싶어요.
　(4) 편지를 쓰세요. 아니면 선물을 해 주세요.
　(5) 오늘 밤을 새서 공부를 해 보세요. 아니면 포기하세요.
　(6) 운동을 하세요. 아니면 쇼핑을 해 보세요.

5. (1) 나왔어요.　　　(2) 부으세요.　　　(3) 더 적으세요.
　(4) 나아요.　　　(5) 부었어요.　　　(6) 지을 거예요?

6. 答案略

7. 요즘 한국 젊은이들은 어려서부터 텔레비전에서 배우들의 다양한 머리 모양과 의상을 보면서 자랐다. 그래서 늘 사회 유명인사들의 머리와 옷차림에 관심이 많다. 짧은 머리가 유행인 적도 있었고, 긴 머리, 또는 펌 머리, 또 어떤 젊은이들은 여러 가지 색깔로 머리를 염색하기도 한다. 옷차림도 정장처럼 격식을 갖춘 옷차림을 좋아하기도 하고, 활동하기 편한 옷차림도 유행이다. 단조로운 색깔에서 은은하거나 화려한 색깔의 옷도 많이 입는다.

8. (1) 안색이 안 좋아 보이네요. 먼저 기숙사에 가서 쉬는 게 좋겠어요.
　(2) 거기까지 아주 멀어요. 비행기를 타고 가는 게 좋겠어요.
　(3) 북경에 이미 온 김에 만리장성에 한번 가보는 게 좋겠어요.
　(4) 학교에 이미 온 김에 도서관에 가서 책 한 권을 빌리는 게 좋겠어요.
　(5) 그는 건강해 보이는데, 왜 갑자기 입원하게 되었어요?
　(6) 그는 성격이 아주 좋아 보이지만 사실은 그렇지 않아요.
　(7) 그 책은 이철 아니면 선주가 가져갔을 거예요.
　(8) 저는 졸업한 후에 중학교 선생님이 되지 않으면 외국으로 유학 갈 거예요.
　(9) 그는 병이 좀 나은 것 같아요.
　(10) 왠지 모르겠지만 그의 눈이 많이 부었어요.

第18课

1. (1) 키가 크기는 한데 몸이 뚱뚱해요.
   (2) 바쁘기는 한데 왕단 씨를 만날 시간은 있어요.
   (3) 많이 하긴 했는데 자신이 없어요.
   (4) 많이 마시기는 했는데 취하지는 않았어요.
   (5) 좋아하기는 한데 잘하지는 못해요.
   (5) 배우기는 했는데 잘 못해요.
2. (1) 그녀는 머리가 좋을 뿐만 아니라 열심히 노력해요.
   (2) 그녀는 예쁠 뿐만 아니라 귀여워요.
   (3) 상해는 경치가 좋을 뿐만 아니라 교통이 편리해요.
   (4) 이 물건은 값이 쌀 뿐만 아니라 품질이 좋아요.
   (5) 이제 시험 준비는 시간이 없을 뿐만 아니라 하기도 싫어요.
   (6) 그는 공부를 잘 할 뿐만 아니라 운동도 잘해요.
3. (1) 영화관이나 가요.   (2) 영화나 볼래요.
   (3) 소설책이나 봐요.   (4) 공부나 할래요.
   (5) 책이나 살래요.   (6) 쇼핑이나 해요.
4. ㄱ: 선화 씨는 한국어를 배운 후에 뭘 할 겁니까?
   ㄴ: 한국어 선생님이 되고 싶습니다. 그리고 번역이나 통역 일도 같이 하고싶습니다.
5. (1) 많이 아픈가 봐요.   (2) 많이 피곤하셨나 봐요.
   (3) 급한 일이 있나 봐요.   (4) 무슨 좋은 일이 있는가 봐요.
   (5) 안 좋은 일이 있는가 봐요. (6) 입맛이 없나 봐요.
6. 答案略
7. 황산은 중국에서 가장 아름다운 산 중의 하나입니다. 이곳에는 2개의 호수, 3개의 폭포, 24개의 계곡, 해발 1000미터가 넘는 72개의 봉우리가 있습니다. 또한 많은 절벽과 특이한 돌들이 있어서 매년 많은 관광객들이 이곳을 찾습니다.
8. (1) 저는 금강산에 가보기는 했지만 날씨가 안 좋아서 마음껏 놀지 못했습니다.
   (2) 오늘 구름이 많기는 한데, 사진을 찍는데는 별 문제 없을 거예요.
   (3) 한국 사람뿐만 아니라 금강산을 다녀간 외국 사람들도 금강산은 정말 아름답다고 말합니다.
   (4) 우리집에서는 한국의 텔레비전 프로그램뿐만 아니라 영국의 텔레비전 프로그램까지 볼 수 있어요.
   (5) 지영 씨가 일이 있어서 못 온대요. 그래서 우리한테 사진을 많이 찍어서 보여 달래요.
   (6) 저는 그 공연이 보고 싶지 않아요. 집에서 신문이나 보는 게 좋아요.
   (7) 하늘을 보니까 비가 오려나 봐요.
   (8) 이것이 바로 당신이 공부를 잘하는 비결인가 봐요.
   (9) 왕룽 씨는 어릴 적부터 선생님이 되고 싶어 했어요.
   (10) 문수 씨는 자기가 좋아하는 가수 콘서트에 가보고 싶어 해요.

第19课

1. (1) 제가 케이크를 살 테니까 선화 씨는 음식점을 예약하세요.
   (2) 제가 짐을 정리할 테니까 쉬세요.

(3) 제가 야채를 사 올 테니까 선화 씨는 설거지를 하세요.
(4) 제가 비행기표를 예약할 테니까 선화 씨는 호텔을 예약하세요.
2. (1) 옷을 많이 입었어요. (2) 쓰지를 않아요.
(3) 우산을 안 써요. (4) 피해가 없었어요.
(5) 총각 같아요. (6) 계속 노래를 불러요.
3. (1) 운동을 해야겠어요.
(2) 이제부터 저축해야겠어요.
(3) 따라다니지 말라고 해야겠어요.
(4) 밤에 일찍 자야겠어요.
(5) 메모하는 습관을 가져야겠어요.
(6) 영화 보면서 기분 전환을 해야겠어요.
4. 새해에는 더욱 열심히 살아야겠어요. 영어 공부도 열심히 하고 컴퓨터도 배워야겠어요. 그리고 운동도 꾸준히 해야겠어요.
5. (1) 예전에는 소극적이었었는데, 지금은 적극적으로 변했습니다.
(2) 예전에는 뚱뚱했었는데 지금은 날씬해졌습니다.
(3) 예전에는 매운 것을 못 먹었었는데 지금은 잘 먹어요.
(4) 예전에는 서울에 살았었는데 지금은 안양에 삽니다.
(5) 중국 사람들이 예전에는 양식을 별로 안 먹었었는데 지금은 많이 먹습니다.
(6) 예전에는 의사가 가장 인기 있는 직업이었었는데 지금은 공무원으로 바뀌었어요.
6. (3) 不表示回忆过去完成的行为。
7. (1) 불렀던 (2) 갔던 (3) 준 (4) 착한
(5) 슬픈 (6) 입고 있는 (7) 줄 (8) 사용하는, 산
(9) 파는 (10) 안 쓰는
8. (1) 그 일은 제가 할 테니까 걱정하지 마세요.
(2) 내일 아침에 난 학교 운동장에 가서 운동할 테니까 같이 하자.
(3) 그는 무척 괴로웠는데도 참고 울지 않았습니다.
(4) 매일 방을 청소하는데도 깨끗해 보이지 않아요.
(5) 건강을 위해서 일찍 자고 일찍 일어나야겠다.
(6) 지금 길이 많이 막히니까 지하철을 타고 가야겠어요.
(7) 제가 한국에 있을 때 대통령을 한 번 봤었어요.
(8) 그때는 우리 자주 같이 놀았었어요.
(9) 예전에 가졌던 것들이 언제 없어졌는지 모르겠습니다.
(10) 어릴 때 불렀던 노래를 몇 곡이나 기억하십니까?

第20课

1. (1) 어제 몸이 아파서 자느라고 모임에 못 왔습니다.
(2) 친구의 생일이어서 선물을 전해주느라고 친구를 만났습니다.
(3) 길에 차가 막혀서 지하철로 갈아타느라고 약속 시간에 늦었습니다.
(4) 숙제를 하느라고 밤을 새워서 정신이 없습니다.
(5) 숙제가 많아서 모두 끝내느라고 어제 잠을 두 시간밖에 못 잤습니다.
(6) 은행원이 잡담을 하느라고 일 처리를 늦게 해서 화가 났습니다.

2. (1) 다리를 다칠 뻔했어요.　　　(2) 못 탈 뻔했어요.
   (3) 떨어질 뻔했어요.　　　　　(4) 힘들어서 죽을 뻔했습니다.
   (5) 길을 잃어버릴 뻔했습니다.　(6) 힘들어서 죽을 뻔했습니다.
3. (1) 아무 데도 안 갔어요.　　　(2) 아무 것도 안 먹었어요.
   (3) 아무도 안 만났어요.　　　　(4) 아무 것도 모릅니다.
   (5) 아무 것도 못 만들어요.　　(6) 아무한테도 안 했어요.
4. (1) 1년 만에 술을 마셨어요.
   (2) 오래간만에 친구한테 편지를 썼어요.
   (3) 병원에서 퇴원한 이후로 1년 만에 운동을 다시 시작했어요.
   (4) 2년 만에 고향에 갔어요.
   (5) 일주일 만에 방 청소를 했어요.
   (6) 3년 만에 제일 친한 친구를 만났어요.
5. (1) 모두 하얘졌어요.　　　(2) 하얀　　　　　(3) 빨간
   (4) 까매진다고　　　　　　(5) 빨개집니다, 하얘집니다.
   (6) 파란
6. 答案略
7. 여름방학이 되면 저는 미국으로 어학 연수를 떠날 계획입니다. 미국에는 친척들과 친구들이 많이 있습니다. 그곳에서 영어를 열심히 배울 생각입니다. 짧은 시간이지만 미국에서 영어를 배우고 돌아오면 더 자신감이 생겨서 외국인을 만날 때 더 적극적으로 교류할 수 있을 것입니다.
8. (1) 어젯밤에 그는 늦게까지 책을 보느라고 아침에 늦게 일어났어요.
   (2) 요즘 계속 시험 준비를 하느라고 친구를 만날 시간조차 없어요.
   (3) 이번 반 년 동안 공부를 열심히 안 해서 시험에 떨어질 뻔했어요.
   (4) 오늘 학교 앞에서 교통사고가 날 뻔했어요.
   (5) 아무도 모르는 낯선 도시에서 그는 어디로 가야 할지 몰랐습니다.
   (6) 그는 온종일 아무것도 안 해요. 부모님과 친구들이 다 걱정해요.
   (7) 20년 만에 우리가 옛날에 다니던 초등학교에서 다시 만났어요.
   (8) 자전거를 고친 지 1주일 만에 또 고장났어요.
   (9) 뭐 했는데 얼굴이 이렇게 까맣게 탔어?
   (10) 가을입니다. 푸른 잎사귀들이 모두 황금색 부채로 변했습니다.